Peter Sutter
Die Schule neu erfinden

Peter Sutter wurde 1950 geboren. Er ist verwitwet, Vater von drei erwachsenen Kindern und Grossvater von sechs Enkelkindern im Alter zwischen einem und zehn Jahren. Nach der Ausbildung zum Sekundarlehrer an der Universität Zürich war er während 38 Jahren als Oberstufenlehrer in Buchs SG tätig, war Mitbegründer des Werdenberger Kleintheaters fabriggli und der Freien Volksschule Buchs, heute «La Nave». Während acht Jahren war er Mitglied des Buchser Gemeinderates, wo er sich unter anderem für den Aufbau der offenen Jugendarbeit engagierte. Zudem wirkte er als Initiant und Regisseur von zahlreichen Kinder- und Jugendtheaterprojekten. Im Jahre 2000 erschien sein Buch «Schafft die Schule ab – Vision einer neuen Lern- und Bildungskultur.» Seinen Traum von einer Schule, die nicht vor allem auf Lehrpläne, Schullektionen, Prüfungen und Selektion ausgerichtet ist, sondern sich an den tatsächlichen Lern- und Lebensbedürfnissen von Kindern und Jugendlichen orientiert, hat er bis heute nicht aufgegeben. Denn er ist davon überzeugt, dass die Kinder in freieren, offeneren und selbstbestimmteren Formen des Lernens nicht weniger, sondern viel besser und viel mehr lernen würden als in der traditionellen Jahrgangsklassen- und Lehrplanschule.

Peter Sutter

DIE SCHULE NEU ERFINDEN

Damit das Lernen wieder Freude macht

Herstellung und Verlag: BoD – Books on Demand, Norderstedt
Erstdruck: Juni 2024
Copyright: © Peter Sutter, Buchs SG, Schweiz
ISBN: 9783759743534

Für Hedy

«Die Schule ist künftig vielleicht nicht mehr das, was wir
darunter verstehen, mit Fussböden, Bänken, Stühlen;
sie wird vielleicht ein Theater, eine Bibliothek, ein Museum,
eine Unterhaltung sein.»

Leo Tolstoi, Pädagogische Schriften, 1911

VORSPANN

Dieses Buch ist meiner im Alter von 59 Jahren leider viel zu früh verstorbenen Frau Hedy gewidmet. Wir lernten uns kennen, als wir im Schuljahr 1982/83 gemeinsam eine «Sonderklasse» auf der 3. Oberstufe unterrichteten. Hedy war für Handarbeit und Hauswirtschaft zuständig, ich für die Fächer Deutsch, Mathematik und Realien. Immer wieder staunten wir über das immense Intelligenzpotenzial unserer Schülerinnen und Schüler und fragten uns, wie es dazu gekommen war, dass sie eines Tages in dieser «Sonderklasse» gelandet waren. Wir trafen auf tragische Einzelschicksale, oft äusserst fragwürdige und willkürliche Entscheide, momentane Entwicklungsverzögerungen oder persönliche Lebenskrisen, die ein Mithalten in der «Regelklasse» offensichtlich verunmöglicht hatten. Allen unserer damaligen Schülerinnen und Schüler war gemeinsam, dass sie unter dem Stigma, «anders» zu sein als die sogenannt «Normalen», mehr oder weniger erheblich litten, was vor allem zu einem verheerenden Verlust ihres Selbstvertrauens und Selbstwertgefühls führte. Hedy und ich träumten schon damals von einer Schule, in der alle Kinder und Jugendlichen ohne Ausgrenzung gleichberechtigt Platz haben und miteinander und voneinander lernen können.

Meine Enkelkinder, die in diesem Buch eine wichtige, ja eigentlich die Hauptrolle spielen, heissen in Wirklichkeit anders. Die Namen, die sie im Buch haben, wurden von ihnen selber gewählt.

Für die Titelseite habe ich ein Bild ausgewählt, das mein älterer Sohn Andri im Alter von 6 Jahren gemalt hat. Erst ein paar Tage später ist mir aufgefallen: Der schwarze Handabdruck könnte das traditionelle Schulsystem sein. Der bunte Handabdruck: Der Sprung nach vorne, die Auflösung der traditionellen Jahrgangsklassen- und Lehrplanschule, die Öffnung zur unbegrenzten weiten Welt des Lernens …

INHALT

127 EINE NEUE WELT DES LERNENS

PROLOG

Als ich vor rund 50 Jahren an der Universität Zürich die Ausbildung zum Oberstufenlehrer absolvierte, waren es vor allem die Schriften von Johann Heinrich Pestalozzi, die mich begeisterten, insbesondere seine Kernaussagen, es sei «unermesslich», was ein Kind aus eigener Kraft zu lernen vermöge, Lernen ohne Freude sei «keinen Heller wert» und dass man beim Lernen nie ein Kind mit dem andern vergleichen dürfe, sondern stets nur «jedes mit sich selber». Diese Grundsätze wurden sozusagen zu meinem pädagogischen Credo. Ich wusste: Bei allem, was ich zukünftig als Lehrer tun würde, stets würden mich diese Worte Pestalozzis begleiten und mich auch in möglicherweise schwierigeren Zeiten den Glauben daran, was für ein unermessliches Geschenk der Natur das Lernen eines jeden einzelnen Kindes ist, nicht verlieren lassen.

So stieg ich mit viel Idealismus in den Lehrerberuf ein. Eine wunderbare Zeit begann. Jeder und jede Jugendliche, die mir anvertraut wurden, bedeuteten so etwas wie eine immer wieder neu beginnende Entdeckungsreise durch die Welt des Lernens. Oft ging es leichter, manchmal war es schwieriger und mühsamer. Aber es kam immer zu einem guten Ende. Und als die Reise dann nach 38 Jahren endgültig zu Ende war, wusste ich: Ich hatte während dieser Zeit unvergleichlich viel mehr von meinen Schülerinnen und Schülern gelernt als sie von mir.

Und doch gab es auch die andere Seite. Die manchmal kaum aushaltbare Schwierigkeit, den Spagat zwischen meinen ursprünglichen Idealvorstellungen und den durch das bestehende Schulsystem vorgegebenen Leitplanken zu bewältigen. Am meisten machte mir zu schaffen, dass ich – im totalen Widerspruch zur vielleicht wichtigsten Forderung Pestalozzis – gezwungen war, mittels Prüfungen die Lernfortschritte der Jugendlichen zu messen und in Form von Noten miteinander zu vergleichen. Ich musste mitansehen, wie manch ein Schüler, manch eine Schülerin durch wiederholte Misserfolgserlebnisse die ursprüngliche Freude am Lernen nach und nach verlor, und ich fühlte mich dafür mitverantwortlich, obwohl dies nie meine Absicht gewesen war. So gab es nicht wenige Tage, an denen ich, trotz der vielen schönen Erfahrungen und Erlebnisse, am liebsten aus dem Lehrerberuf wieder ausgestiegen wäre, nicht weil mich Jugendliche oder Eltern genervt hätten, sondern nur, weil ich gezwungen war, Dinge zu tun, die ich mit meinem pädagogischen «Gewissen» schlicht und einfach nicht in Einklang zu bringen vermochte.

Doch zum Glück gab es dann auch immer wieder diese wunderbaren Momente, in denen die ursprüngliche Lernfreude der Jugendlichen aufblitzte wie die Sonne, wenn sie am Morgen aufgeht. In Projekten, in denen eigene Ideen verwirklicht werden konnten und die nicht einer vergleichenden Notengebung unterworfen waren. In Klassenlagern, auf Schulreisen und Exkursionen, wo sich vielfältigstes zwischenmenschliches und lebensbezogenes Lernen entfaltete, das nichts mit dem mühsamen Auswendiglernen von Wissensstoff zu tun hatte, der nur wenig Nutzen für das tägliche Leben hat. Vor allem aber in den alljährlichen Theaterprojekten, die ich gemeinsam mit den Jugendlichen entwickelte und in denen alle Schülerinnen und Schüler ihre individuellen Begabungen verwirklichen konnten, von der Schauspielkunst über das Tanzen und Singen, das Bauen von Kulissen und Requisiten, das Schminken, Frisieren und Schneidern von Kostümen, das Installieren und Bedienen von Scheinwerfern und Musikanlagen bis zum Verfassen der Dialoge und zum Entwerfen von Zeitungsartikeln, Flyern und Plakaten. Am Ende war es jedes Mal ein Gesamtwerk, alle hatten mit ihren so unterschiedlichen Fähigkeiten zum Gelingen des Ganzen Unentbehrliches beigetragen, alle waren erfolgreich, *niemand* wurde mit jemand anderem verglichen, es gab keine Noten, keine Bewertungen, keine Ranglisten. Und doch, oder gerade deshalb, erzielten die Jugendlichen bei alledem fast beiläufig ungeahnte Fortschritte ihres Lernens, lernten seitenweise Dialoge auswendig, entwickelten Sicherheit und Selbstvertrauen bei ihren Auftritten vor grossem Publikum, feilten an ihrem sprachlichen Ausdruck, eigneten sich beim Zimmern der Kulissen, beim Spielen von Musikinstrumenten, beim Erlernen und Einüben von Tanzschritten, beim Herstellen der Kostüme und beim Entwickeln von Storys als Textgrundlagen sozusagen spielerisch und voller Freude und Begeisterung zahlreiche neue Fertigkeiten an. Das war die Schule, von der ich immer geträumt hatte.

Und dies war auch der Grund, dass ich diesen Traum einer von Grund auf anderen Schule, die nichts mit Langeweile, Prüfungsängsten, Misserfolgen, Enttäuschungen und dem Verlust von Selbstvertrauen, Lern- und Lebensfreude zu tun hat, sondern sich vollumfänglich an den Lern- und Lebensbedürfnissen von Kindern und Jugendlichen orientiert, bis heute nicht verloren habe. Im Gegenteil, er ist im Laufe der Zeit immer noch stärker geworden. Jetzt, wo ich sechs Enkelkinder im Alter zwischen einem und zehn Jahren habe, holt mich alles wieder ein, das unermessliche Wunder des Lernens ebenso wie die Überzeugung, dass Schule auch ganz anders sein könnte, als sie heute ist, und dass wir das eigentlich schon längst wissen müssten und dass es wahrscheinlich nur die Macht der Gewohnheit ist, dass diese neue Schule nicht schon längst Wirklichkeit geworden ist …

DAS WUNDER DES LERNENS

DIE GRÖSSTE ABENTEUERREISE DES LEBENS

«Es ist unermesslich, was die Natur für unsere Kraftentwicklung selbst tut», stellte der Schweizer Pädagoge und Schriftsteller Johann Heinrich Pestalozzi schon vor über 250 Jahren fest, «es übersteigt allen Glauben, was das Kind weiss, was es fühlt, wozu es Kraft hat und was es will.» [1]

In der Tat. Kaum ist das Kind geboren, beginnt die wohl grösste Abenteuerreise seines Lebens. Man muss sich das einmal vorstellen: Innerhalb eines klitzekleinen Augenblicks wird das Kind in eine Welt geworfen, die ihm noch viel fremder und unbegreiflicher erscheinen muss, als wenn wir Erwachsene über Nacht auf einem fremden Planeten landen würden, auf dem alles ganz anders ist als auf der Erde. Jeder noch so kleinen Einzelheit seiner Umgebung muss das Kind nach und nach erst einen Sinn abgewinnen und all die in seinem Körper und seinem Geist schlummernden Kräfte kennenlernen, dank denen es mit dieser vorerst so unbegreiflichen Welt schrittweise in Berührung treten kann. Allein die Sprache: Es ist etwa so, wie wenn wir als Erwachsene einen Wald betreten und rundherum von Vogelgezwitscher umgeben sind. So wenig, wie wir verstehen, was die Vögel sagen wollen, so wenig versteht das Kind die unerklärlichen Laute, die an sein Ohr dringen. Und dennoch wird es ihm gelingen, all diesem Wirrwarr nach und nach einen Sinn abzugewinnen und ihn mit Handlungen, Menschen und Gegenständen in einen sinnvollen Zusammenhang zu bringen, bis zu dem Tag, an dem es sein erstes «richtiges» Wort sagen wird.

Und das ist bloss ein kleiner Teil all dessen, was das Kind in seinem ersten Lebensjahr erlernen wird. Das Greifen nach Dingen in seiner Umgebung, Finger und Hände als Werkzeuge, um mit der Welt nach und nach in Beziehung zu gelangen, dreidimensionales Sehen und die Wahrnehmung von Farben, Gerüchen und dem

Unterschied zwischen Hell und Dunkel, Gefühle von Zuneigung, Wärme und Geborgenheit – all dies ist alles andere als selbstverständlich und muss in winzig kleinen Schritten durch grösste Anstrengung angeeignet werden. Liegt das Kind vorerst hilflos wie ein Käfer auf dem Rücken, wird es irgendwann herausfinden, wie es sich auf die Seite drehen kann, seine Muskeln, seine Beweglichkeit, die Koordination zwischen seinen Willenskräften und seinem Körper nach und nach entwickelnd. Eines Tages wird es zu krabbeln beginnen, unter Aufbietung aller Kräfte, ohne je aufzugeben, auch wenn die Widerstände und die Hindernisse noch so gross sein mögen. Und später wird es sich, wieder unter Aufbietung aller seiner Kräfte, an einem Stuhl- oder Tischbein hochzuziehen versuchen, um dann, in einer späteren Phase, sein Gleichgewicht zu finden und, ohne sich noch irgendwo festzuhalten, frei stehen zu können und früher oder später seinen allerersten Schritt zu wagen wie ein Akrobat, der zum allerersten Mal das Seil betritt, auf dem er in schwindelerregender Höhe seine Kunst zum Besten geben wird. Als gäbe es so etwas wie einen «Plan», eine «Gebrauchsanleitung», die das Kind schon bei seiner Geburt mitbekommen hat und wo jeder einzelne Schritt zur Vervollkommnung seiner selbst in aller Ausführlichkeit beschrieben ist. «Je mehr ich der Spur der Kinder zu folgen versuchte», schreibt Pestalozzi, «umso mehr erkannte ich, dass ich nicht zu führen brauchte, sondern nur aufzuladen auf einen Wagen, der von selbst geht.»[2]

Lernen, das sind die Fäden, die zwischen einem Kind und seiner neuen Welt wachsen, fast unsichtbar fein, einer um den andern, in unendlicher Anstrengung, in unendlichem Wissen um die letzten Geheimnisse, bis zuletzt alle diese Fäden miteinander ein genug starkes Netz bilden, in welchem sich das Kind, geborgen in seiner neuen Welt, zum ersten Mal wieder zur Ruhe legen kann. Bald schon wird es durch den Garten springen, aus Legosteinen einen Turm bauen, der Mama und dem Papa beim Kochen helfen und schon im Alter von fünf Jahren Abertausende von

Wörtern kennen, jedes von ihnen in jeder beliebigen Situation sinngemäss verwenden und alle möglichen Endungen, Mehrzahlformen, Zeitformen, Frageformen, Möglichkeitsformen und Nebensätze mit der richtigen Wortstellung fehlerfrei beherrschen. Und so hat das Kind aus eigener Kraft, ohne je zur Schule gegangen zu sein, in seinen ersten wenigen Lebensjahren die grösste Lernleistung seines Lebens vollbracht, hinter der alle weiteren Lernleistungen der späteren Lebensjahre ganz und gar verblassen werden...

WERKZEUGE DES LERNENS

So also kommt das Kind sozusagen mit einem reichlich ausgestatteten Werkzeugkasten zur Welt, in dem bereits alle Instrumente vorhanden sind, welche es dem Kind möglich machen werden, sich die Welt und all ihre Geheimnisse nach und nach zu erschliessen.

Eines der wichtigsten Werkzeuge ist die Beobachtungsgabe. Als ich mit meiner Enkelin Leonie, sie war gerade zwei Jahre alt, spazieren ging, blieb sie immer wieder stehen und blickte wie gebannt auf den Boden. Ich konnte mir das zunächst nicht erklären. Was erregte ihre Aufmerksamkeit so sehr, dass sie immer wieder wie angewurzelt stehen blieb? Da war doch nichts als ein grauer Teerbelag, öde und langweilig wie nur irgendetwas. Bis ich herausfand, was es war: Winzige weisse Punkte auf der grauen Fläche, vielleicht Rückstände von Kaugummis oder etwas Ähnliches. Bis heute weiss ich nicht, was Leonie an diesen weissen Punkten dermassen fasziniert hat. Auch mein Enkel Nic, er war noch nicht ein Jahr alt, reagierte ganz aufgeregt, wenn er beim Blick durchs Wohnzimmerfenster draussen irgendetwas erblickte, was sich bewegte, feiner Rauch aus einem Schornstein,

ein Vogel, der von einem Dach abhob, ein Blatt im Wind. Kinder nehmen Dinge wahr, die wir Erwachsene schon längst nicht mehr wahrnehmen, wandern wie kleine Seismographen durch die Welt, saugen kleinste Kleinigkeiten in sich auf wie Schwämme jeden Tropfen Wasser.

Ein weiteres wichtiges Werkzeug besteht darin, dass das Kind alles, was es selber bewältigen kann, tatsächlich auch ohne fremde Hilfe leisten will. Jede unnötige Einmischung seitens der Erwachsenen wäre dabei nur hinderlich. Den Teller, das Besteck und die Gläser auftischen. Den Geschirrspüler ausräumen. Die Treppe hoch- und niedersteigen. Sich anziehen. Den Reissverschluss schliessen: Alles, was meine Enkelin Mila – sie war bald zwei Jahre alt – selber tun konnte, tat sie selber. Auch das, was sie eigentlich noch nicht konnte: sich die Schuhe zubinden, sich den Po putzen. Und wollten ihr die Eltern mit einer Handreichung behilflich sein, so wehrte sie das energisch ab. «Iiiii!», schrie sie dann immer, was so viel heissen sollte wie «Ich will es selber machen!». Auch meine Tochter hatte diese Phase etwa im gleichen Alter, ich erinnere mich gut. Sie wurde sogar richtig wütend, wenn man ihr helfen wollte, und rief dann immer «Sel!», ihr eigentliches Lieblingswort zu jener Zeit, was ebenfalls so viel bedeutete wie «Ich will es selber machen!».

Ein anderes unentbehrliches Werkzeug ist die Imitation. Deshalb lernen Kinder so viel von anderen Kindern. Als Leonie sechs Jahre alt war und ihre jüngere Schwester Mila zweieinhalb, gab es eine Zeit, in der Mila regelmässig das letzte Wort jedes Satzes wiederholte, den Leonie soeben gesagt hatte, meist ohne zu wissen, was dieses Wort bedeutete. So lernen Kinder eigentlich alles: Indem sie schauen, was die älteren Menschen alles können und machen, und es ihnen dann nachzumachen versuchen, vom ersten Wort über das aufrechte Gehen bis zur Art und Weise, wie man mit Löffel und Gabel hantiert.

Ist die Sprachentwicklung weiter vorangeschritten, nimmt das Kind weitere Werkzeuge aus seinem Kasten. Eines der wichtigsten ist das Fragen. Warum läuten die Kirchenglocken? Entstehen aus weissen Samen weisse Menschen und aus schwarzen schwarze? Hat mich meine Schwester wohl lieb? Haben Schafe auch ein Herz? Und die Bäume? Fliegen unsere Seifenblasen bis Amerika? Kann sich der Doktor auch ein Bein brechen? Und kann der Pfarrer auch sterben? Papa, gab es noch Ritter, als du klein warst? Mama, wie hast du gemerkt, dass du Papa liebhast? Wachsen die Pantoffeln auch? Wenn die Käferlein fliegen, sind sie dann Vögel? Warum gibt es eigentlich Menschen? Ist es schön, erwachsen zu sein? Ist das Nilpferd der Gott der Fische? Ist die Welt überall? Dies einige wenige der abertausenden Fragen, mit denen unsere Kinder im Alter zwischen zwei und zehn Jahren uns Eltern Tag um Tag Löcher in den Bauch gebohrt haben. Ganz in der Art und Weise, wie ein Baugerüst errichtet wird: Hält eine Plattform mein Gewicht, hole ich mir die nächste Stange, setze sie oben auf, errichte eine neue Plattform, steige höher hinauf, und so immer weiter. Jedes schon vorhandene Wissen ist Ausgangspunkt für neues Wissen, die Welt wird grösser und grösser.

Und spätestens an dieser Stelle, doch freilich schon viel früher, kommen auch die Eltern ins Spiel. Je nachdem, wie aufmerksam sie ihren Kindern zuhören und wie ernsthaft sie sich bemühen, auch die schwierigsten Fragen kindgerecht zu beantworten, oder ob sie das Kind damit abfertigen, nicht so «dummes Zeug» zu fragen, üben sie einen riesigen Einfluss auf das Lernen ihrer Kinder aus, aber nicht in der Weise, dass sie die Kinder zu etwas drängen oder zwingen müssten, sondern nur in der Weise, dass sie den «Wagen, der von selbst geht», mit aller Liebe und Aufmerksamkeit begleiten und unterstützen.

«LERNEN OHNE FREUDE IST KEINEN HELLER WERT»

Oft wird behauptet, «richtiges» Lernen müsste etwas besonders Mühsames sein, etwas, was Menschen nur tun, wenn man sie auf die eine oder andere Weise dazu zwingt. Die Kinder beweisen in ihren ersten Lebensjahren Tag für Tag genau das Gegenteil: Sie lernen ohne jeglichen äusseren Zwang, allein aus eigenem Feuer, eigener Leidenschaft, ganz «freiwillig» die allerschwierigsten Dinge und erst noch so gründlich und nachhaltig, dass sie nichts von dem, was sie auf diese Weise lernen, jemals wieder vergessen werden.

Der Grund ist einfach: Richtiges Lernen macht einfach Spass, ist etwas vom Lustvollsten, was man sich nur vorstellen kann. Gerade deshalb tun es die Kinder ja auch so gern. Wäre das nicht der Fall, würde nichts funktionieren. Niemals könnten wir das Kind auffordern oder es gar dazu drängen, frei auf seinen beiden Beinen zu stehen, ein erstes Wort zu sagen oder sich seine Schuhe selber anzuziehen – es tut dies alles ganz von selber, sobald es Lust darauf hat und die Zeit dafür reif ist. Und wenn dann der richtige Augenblick gekommen ist, wird sich das Kind dermassen tief in sein Lernen versenken, dass die ganze Welt rundherum still zu stehen scheint. Auch die Konzentration, eine der wichtigsten Voraussetzungen für erfolgreiches Lernen, muss dem Kind nicht aufgezwungen werden, sondern stellt sich immer dann ganz von selber ein, wenn sich die Lernbedürfnisse des Kindes und die äusseren Umstände seines Lernens miteinander in Einklang befinden.

Lernen ist nicht zuletzt deshalb so lustvoll und macht so viel Spass, weil das Kind dabei immer wieder erlebt, wie es dazu führt, etwas zu können oder zu wissen, was es soeben noch nicht konnte oder wusste. Gutes Lernen ist Lernen von Erfolg zu Erfolg. Seine Kräfte wachsen zu spüren, Hindernisse überwinden zu können, erfolgreich zu lernen, all das gibt Kraft und Energie, auf dem eingeschlagenen Weg unbeirrt weiterzugehen, um stets wieder neue, zusätzliche Kraft und Energie zu schöpfen für neues Lernen. Ich erinnere mich noch gut, als mein älterer Sohn seine allerersten Schritte machte. Es war ein so unglaubliches Gefühl von Triumph, der Abschluss und zugleich der Höhepunkt eines Prozesses, für den er ein ganzes Jahr lang geübt und gearbeitet hatte, mit allen damit verbundenen Rückschlägen. Beim natürlichen, kindgemässen Lernen geht es stets aufwärts, sämtliche vorübergehende «Unzulänglichkeiten», «Schwächen», «Defizite» und «Fehler» verwandeln sich früher oder später in Fähigkeiten und Stärken. Ohne Fehler gibt es kein Lernen. Lernen ist stets ein Weg von Versuch und Irrtum, nur so kann das Kind lernen: Um ein Wort richtig zu sagen, muss es dieses Wort zuvor ein paar hundert Male falsch gesagt haben. Ein halbes Jahr lang gibt das Neugeborene Laute und Wörter von sich, die kein Mensch versteht und die doch Voraussetzung dafür sind, dass sich das Richtige nach und nach herauszubilden vermag. So gibt es nicht wenige Kinder, welche noch über längere Zeit, wenn sie alle anderen Laute schon beherrschen, immer noch anstelle eines «r» ein «l» bilden, also «Lad» statt «Rad» sagen. Doch wie durch ein Wunder kommt bei allen von ihnen früher oder später der Tag, an dem die korrekte Lautbildung gelingt – ohne dass hierfür so etwas nötig wäre wie eine gezielte Therapie oder Sprachschulung.

Wie Erfolgsgefühle Menschen zu verwandeln vermögen, erleben wir auch immer wieder als Zuschauerinnen oder Zuschauer sportlicher Wettkämpfe. Eben noch hat die Fussballmannschaft A unglaublich träge, langsam, umständlich und fehlerhaft gespielt. Doch plötzlich, ein Zufallstreffer, 1:0, Riesenjubel, alle fallen dem glücklichen Torschützen um den Hals. Und schon beginnt sein Team in einer Leichtigkeit über den Platz zu fliegen und sich die Bälle so schnell und geschickt zuzuspielen, als wären alle Spieler ausgewechselt und sähen wir eine komplett andere Mannschaft als die, welche uns eben noch so enttäuscht hatte.

Immer wieder erleben wir diese Verwandlung durch Erfolg, Anerkennung und Wertschätzung auch im ganz gewöhnlichen Alltag. Um wie viel besser fühlen wir uns, wenn das mit viel Aufwand gekochte Essen bei unseren Gästen gut ankommt. Wie grossen Spass macht es, einen Text, an dem man tagelang herumgebastelt hat, endlich in eine gute Form und zum Abschluss gebracht zu haben. Und wie gut tut es, wenn dir jemand sagt, wie sehr er deine ruhige, liebenswerte Art, deine Hilfsbereitschaft oder deinen Humor schätze.

Wie viel Erfolgserlebnisse zu bewirken vermögen, konnte ich auch als Lehrer auf der Oberstufe immer wieder feststellen. Den Schülerinnen und Schülern einfach am Ende des Semesters ein Zeugnis mit ein paar nackten Zahlen in die Hand zu drücken und dann «Tschüss!» zu sagen, das fiel mir je länger je schwerer. Und so begann ich eines Tages, jedem Zeugnis einen individuell verfassten Brief beizulegen, in dem ich all jene Stärken zu beschreiben versuchte, die im Zeugnis nicht zum Ausdruck kamen. Mit der Zeit perfektionierte ich das, indem ich mir im Verlaufe des Schuljahrs immer wieder etwas besonders Positives, das mir bei der betreffenden Schülerin oder dem betreffenden Schüler aufgefallen war, notierte. Und siehe da: Je aufmerksamer ich hinschaute, umso mehr fiel mir auf. Oft waren es nur kleine Begebenheiten, über die man auch achtlos hätte hinwegsehen können, die besonders originelle Einleitung eines Vortrags, ein Wort der Anteilnahme gegenüber einer Mitschülerin, die gerade eine schlechte Note bekommen hatte, eine total unkonventionelle Frage zu einem geschichtlichen Ereignis, ein wunderschön verziertes Blatt Papier, die Empörung oder gar Wut darüber, wenn einem Mitschüler Unrecht widerfahren war. Meistens lasen die Jugendlichen zuerst den Brief, dann erst das Zeugnis. Zahlreich waren auch die Rückmeldungen von Eltern, welche nun endlich auf ihren Sohn oder ihre Tochter so richtig stolz sein konnten. Und selbst zehn oder zwanzig Jahre später erzählten mir ehemalige Schülerinnen und Schüler immer wieder, sie hätten diese Briefe bis heute aufbehalten und würden sie sogar gelegentlich immer wieder mal lesen, während die Zeugnisse schon längst im Abfall oder in einer verstaubten Schachtel auf dem Dachboden verschwunden sind.

So wie Erfolg Freude schafft, so beflügelt Freude wiederum zu weiterem erfolgreichem Lernen – tatsächlich so etwas wie ein «Engelskreis», der in totalem Gegensatz steht zu jenem vielbeschworenen «Teufelskreis», der einen immer weiter in die Tiefe zieht. Und deshalb wissen die Kinder auch ganz genau, weshalb sie den Erwachsenen nicht glauben, wenn diese stets postulieren, zuerst müsse jeweils die Arbeit erledigt sein, erst dann komme das Vergnügen. Die Kinder wissen nämlich ganz genau, weshalb sie viel lieber zuerst all das tun, was sie am liebsten tun, denn genau das gibt die nötige Kraft und das nötige Selbstwertgefühl, mit dem dann auch schwierigere oder mühsamere Schritte besser bewältigt werden können.

ZWISCHEN ANPASSUNG UND WIDERSTAND

Doch wie alles, haben auch die Imitation und die Anpassung ihre Kehrseite. Kinder wollen nicht nur möglichst *gleich* sein wie die Welt, in die sie hineinwachsen. Gleichzeitig möchten sie auch möglichst *anders* sein.

Es beginnt schon mitten in der Nacht, wenn Fatima, meine dreidreiviertel Jahre alte Enkelin, ihren Teddybären aus dem Bett wirft und nach einem anderen Stofftier verlangt. Am Morgen weigert sie sich, die Kleider anzuziehen, die Mama am Vorabend für sie ausgesucht hat, und holt sich andere, die ihr besser gefallen. Wenn sie mit Papa durch die Stadt zieht, kommt es an jeder Strassenecke zu einem kleinen Machtkampf. Will Papa in diese Richtung, dann will Fatima ganz bestimmt genau in die entgegengesetzte Richtung. Die quadratische Einbuchtung einer Drahtumzäunung ist für Fatima eine «Dusche», in der sie sich abwechslungsweise mit kaltem und heissem Wasser besprühen lässt und sich genauso lange dort aufhält, wie sie es für richtig hält, da kann ihr Papa sie noch so lange auffordern, weiterzugehen. Im Supermarkt entdeckt Fatima Dinge, die sie unbedingt kaufen möchte, obwohl sie nicht auf der Einkaufsliste stehen, Papa braucht eine Engelsgeduld, um sie davon abzubringen. Wieder zuhause angekommen, beim Brettspiel mit Opa, stellt Fatima alle Regeln auf den Kopf und erfindet laufend neue Variationen, was man mit den Spielfiguren, den Würfeln und den Bilderkarten alles noch anfangen könnte. Beim Abendessen ist sie ganz und gar nicht einverstanden mit dem Teller, aus dem sie essen soll, der andere mit dem aufgemalten Elefanten ist doch so viel schöner. Den Brotaufstrich schmiert sie auf die Karotte. Und auch das Buch mit der Seejungfrau, aus dem Opa ihr vorlesen möchte, ist das falsche, viel lieber möchte sie wieder einmal eine so richtig grausliche Räubergeschichte hören.

Mit jedem Kind, das geboren wird, wird die Welt ein klein wenig anders, als sie zuvor gewesen war. Die Werkzeuge des Lernens dienen nicht nur dazu, sich möglichst viele Kenntnisse und Fertigkeiten anzueignen, sondern auch dazu, eine eigene, selbstbestimmte Persönlichkeit heranzubilden, die in ihrer Einzigartigkeit noch nie auf dieser Erde gewesen ist und auch unwiederbringlich nie mehr zurückkehren wird. Lange bevor das Kind «Ja» sagt, sagt es «Nein». Das hat nicht das Geringste mit Lebensverweigerung zu tun, sondern einzig und allein damit, dass das Kind gar keine andere Wahl hat, als seine eigenen Wege zu suchen, wenn es zu einer eigenständigen, selbstbestimmten Persönlichkeit heranwachsen will.

Menschen zeichnen sich nicht vor allem durch das aus, worin sie sich gleichen – sie wären dann ja, in letzter Konsequenz, bloss nur noch so etwas wie ferngesteuerte Roboter, die alle nach den genau gleichen Regeln funktionieren. Nein, Menschen zeichnen sich vor allem durch das aus, was sie voneinander unterscheidet und jedes Kind unvergleichlich und unersetzlich macht. Die oft gehörte, an Kinder gerichtete Erwartung seitens Erwachsener, sie sollten sich nun doch endlich mal so «anständig» benehmen wie alle anderen Kinder in ihrem Alter, verkennt die innerste Bestimmung eines jeden einzelnen Kindes, eben gerade nicht so zu sein wie alle anderen, sondern seinen ureigenen Weg zu gehen, auch wenn die Widerstände noch so gross sein mögen. Nicht der direkte, in der Regel von Erwachsenen vorgegebene Weg von A nach B ist zumeist der beste, sondern möglichst weite Umwege, auf denen das Kind in Gebiete einzudringen vermag und Erfahrungen sammeln kann, die noch nie zuvor ein anderes Kind sammeln konnte. Nur wenn man die Kinder ihre eigenen Wege gehen lässt, wird dies alles möglich.

Von Fatima können wir aber nicht nur lernen, dass Kinder einen untrüglichen Instinkt in sich tragen, ihre *eigenen* Wege zu gehen und nicht jene, die ihnen von aussen aufgezwungen werden. Von ihr können wir auch lernen, dass das Tempo, mit dem sich Kinder durch die Welt bewegen, und das Tempo, mit dem sich Erwachsene durch die Welt bewegen, meilenweit voneinander verschieden sind. Seit ihr Papa herausgefunden hat, wie schön es ist und wie viel Neues er dabei jedes Mal entdecken kann, wenn er seine eigenen Schritte denen von Fatima anpasst, ist alles viel langsamer und zugleich viel reicher geworden. Es ist ihm bewusst geworden, an wie vielen Dingen des Alltags er in seiner Hast, stets pünktlich zu sein und nie auch nur eine Sekunde Zeit zu «verlieren», bisher achtlos vorbeigegangen war. Fatima hat ihm in ihrer manchmal fast nicht aushaltbaren Langsamkeit die Augen dafür geöffnet, dass man Zeit nicht wirklich «verlieren», sondern eigentlich nur gewinnen kann. Und seither wundert sich auch ihr Papa jedes Mal, wenn in den Verkehrsmeldungen am Radio gesagt wird, in diesem oder jenem Stau würden die Autofahrerinnen oder Autofahrer 40 Minuten oder zwei Stunden Zeit «verlieren». Er stellt sich dann Fatima vor, wie sie in einem dieser Autos sitzt und jetzt, wenn das Auto endlich zum Stillstand gekommen ist, eine ihrer wunderbaren Phantasiegeschichten zu erzählen oder ihre Eltern mit einigen ihrer typischen «Warum»-Fragen zu löchern beginnt – augenblicklich würde sich der «Zeitverlust» in einen Zeitgewinn verwandeln...

JEDES KIND IST EIN KLEINER KOLUMBUS

Für gewöhnlich, wenn man mit Kindern spazieren geht, nimmt man sie bei der Hand und sagt, wir gehen nun hierhin oder dorthin. Als ich unlängst bei den dreieinhalbjährigen Zwillingen Star und Bosni zu Besuch war, wollte ich einmal als kleines Experiment das Umgekehrte ausprobieren: Ihnen alle diese Entscheide zu überlassen, sie nicht führen zu wollen, sondern einfach ihnen zu folgen...

Nach einer kurzen Spielzeit im Garten geht Bosni auf einmal ganz von sich aus zum Gartentörchen und öffnet es. Selbstbewusst betritt er das Strässchen, welches dem Grundstück entlang läuft, sein Schwesterchen folgt ihm. Und ich folge wiederum den beiden Kindern und bin höchst gespannt, wohin die Reise gehen wird. Das Strässchen entlang, wo Bosni mir zeigt, wo die Kübel stehen, in die Papa jeweils die Grünabfälle hineinwirft, dann weiter, die beiden Zwillinge nebeneinander tippelnd, quer hinüber zum Schulhaus, wo Bosni einen Wasserschlauch entdeckt, der sich quer durch die Wiese schlängelt. Er möchte unbedingt wissen, wohin das Wasser fliesst. Immer schön dem Schlauch entlang, eine

Treppe zu einer höher gelegenen Wiese, vorne Bosni, dann Star, am Schluss ich. Oben lüftet sich das Geheimnis: Das Wasser aus dem Schlauch wird über ein kleines Fussballfeld gesprüht. Weiter am Wegrand hat ein stachliges Gewächs Bosnis Aufmerksamkeit erregt und er sagt, dass er diese Pflanze ganz und gar nicht schön fände. Star fragt mich, ob dies eine Brennnessel sei, was ich verneine. Einen kleinen Hügel hüpfen die beiden ein paarmal hoch und nieder, dann geht die Reise weiter, an einem kleinen, verschlossenen Holzschopf vorbei. Bosni rüttelt an der Tür, möchte wissen, was in dem Schopf verborgen ist und hätte noch so gerne einen Schlüssel, um die Tür zu öffnen. Auf einer nahegelegenen Wiese pflücken Bosni und Star ein paar Blumen, «für Mama», wie Star mir erklärt. Kurz darauf, auf einem Teersträsschen, fallen Bosni kleine Risse im Boden auf und er möchte wissen, wie diese entstanden sind. Ihn fasziniert, dass manche dieser Risse mit schlangenförmigen Teerstreifen geflickt wurden, andere nicht, und er möchte wissen, weshalb. An jeder Weggabelung bin ich gespannt, für welche Seite sich die Kinder entscheiden. Es kann auch vorkommen, dass sie sich nicht einig sind, dann wird geschwisterlich debattiert, welcher Weg der bessere sein könnte, kein einziges Mal zerstreiten sich die beiden, stets gibt es eine Lösung. Nie fragt mich eines der Kinder, welchen Weg wir gehen sollen, sie wissen es immer selber. Ich brauche ihnen nur zu folgen. Bosni fällt auf, dass in einer Reihe von Randsteinen in der Nähe einer Baustelle ein einzelner Stein fehlt und ein anderer verschoben wurde, und er möchte wissen, ob die Baumaschine, die danebensteht, diesen Schaden angerichtet haben könnte. Erst als es gegen Mittag geht, sage ich, dass es Zeit ist um nach Hause zu gehen. Und sogleich suchen sich die beiden Kinder unseren Heimweg.

Am nächsten Tag wiederhole ich das Experiment. Nun verlassen die beiden den Garten auf der anderen Seite des Hauses und begeben sich auf einen ganz anderen Weg als am Vortag. Wiederum haben wir alle Zeit der Welt. Da es über Nacht geregnet hat, sind überall Schnecken zu sehen. Bosni erklärt mir, dass ihm die kleinen Schnecken besser gefallen als die grossen und dass es bei den Hunden genau gleich sei. Als ein kleiner Quartierweg schliesslich in die Hauptstrasse mündet, wo reger Verkehr herrscht, meint Bosni, das sei kein guter Weg, hier sei es viel zu laut und wir könnten da ja gar nicht mehr miteinander reden. Also zurück auf einen anderen Weg. Eine gefühlte Ewigkeit geht es, bis wir auf der anderen Seite der Häuserzeile angelangt sind. Als Star eine Sitzbank erblickt, meint sie, sie brauche dringend eine Pause. Wir setzen uns auf die Bank und Star zeigt mit drei Fingern, wie viele Hunde wir auf dem bisherigen Weg schon gesehen haben und wie viele Schnecken – jetzt streckt sie alle zehn Finger in die Höhe. In einen Zeichenblock, den sie auf die heutige Entdeckungsreise mitgenommen hat, zeichnet sie verschiedene Figuren und ich soll erraten, was sie darstellen. Auf dem weiteren Weg erregt ein Elektrokasten die volle Aufmerksamkeit der beiden. Unermüdlich klettern sie den danebenstehenden Zaun hoch, stemmen sich auf das Dach des Kastens und springen von dort mit meiner Hilfe unzählige Male auf den darunterliegenden Gehsteig. Plötzlich erweckt ein danebenstehendes Buswartehäuschen Bosnis Interesse. Es scheint ihn zu stören, dass das Dach des Häuschens nur den Wartebereich überdeckt, nicht aber den angrenzenden Gehsteig. Er findet, man müsste das Dach «strecken», damit es auch den Gehsteig überdecken würde. Und ich frage mich, wie um Himmels Willen er auf solche Ideen kommt, woher er nun wohl wieder dieses Wort herhat und weshalb er es erst noch in dieser Situation so treffend anwendet. Dann geht die Reise weiter, Blumen pflückend, auf Gartenmäuerchen balancierend, auf jedem Bänklein eine kleine Pause machend. Beim grossen Parkplatz vor dem Spital fragt Bosni nach den Namen der Automarken – «Mitsubishi» findet er so lustig, dass er laut lachen muss. Und schon ist es wieder Mittagszeit – auch heute genügt mein Hinweis auf das baldige Mittagessen, worauf die beiden wieder ohne Schwierigkeit den Heimweg finden, und ich stets einen Schritt hintennach.

Am dritten Tag wollen die beiden nicht zu Fuss losziehen, sondern mit ihren Rollern, denn so, meinen sie, kämen wir noch viel weiter als an den vorangegangen Tagen. Und wieder beginnt eine neue, spannende Entdeckungsreise ...

Steckt nicht in jedem Kind ein kleiner Kolumbus, der die ganze Welt entdecken möchte? Je mehr die Kräfte wachsen, umso weiter die Kreise, in denen es seine Umgebung erkundet. Liegt es noch in seinem Bettchen, so erkundet es das Kopfkissen und die kleine Spielrassel. Kann es krabbeln, so weitet sich das Gebiet seiner Entdeckungen schon auf einen oder zwei Quadratmeter aus. Kann es erst einmal gehen, durchforscht es schon die ganze Wohnung und bald auch das ganze Haus. Und so immer weiter und weiter, in Kreisen, die immer grösser und grösser werden.

Eigentlich ist es einfach. Für erfolgreiches Lernen sind nur drei Grundvoraussetzungen unabdingbar. Erstens braucht es reichlich immer wieder neue, aufregende Nahrung auf den Entdeckungsreisen in immer grösseren Kreisen. Zweitens buchstäblich grenzenlose Freiheit. Und drittens eine liebevolle Unterstützung durch erwachsene Bezugspersonen. Alles andere ergibt sich daraus, wie mir Star und Bosni an diesen drei Tagen so eindrücklich gezeigt haben, ganz von selber ...

NEUE UMGEBUNGEN WECKEN NEUES LERNEN

Die gleiche Erfahrung, die ich mit Star und Bosni anlässlich unserer Quartiererkundungen gemacht hatte, machte ich ein halbes Jahr später noch einmal in einer etwas anderen Form.

Es war im Dezember 2023, ich lag nach einer Hüftoperation für ein paar Tage im Spital und erhielt Besuch von meinen Enkelkindern. Schon beim Eintreten ins Spitalzimmer schweiften ihre Blicke hellwach und voller Neugierde durch den Raum, als wären sie auf geheimnisvolle Weise elektrisiert. *Alles* wollten sie wissen, nicht das kleinste Detail in der Ausstattung des Zimmers entging ihren Blicken. Warum auf dem Klingelknopf, mit dem das Pflegepersonal gerufen werden kann, ein rotes Kreuz abgebildet sei, wollte Star wissen. Wozu die Urinflasche oben auf dem Nachttisch gebraucht werde, fragte Mila. Bosni interessierte sich vor allem für den über dem Bett schwebenden Bildschirm mit seinen zahlreichen Funktionen, mit denen die Patientinnen und Patienten zwischen Fernsehen, Radio, Telefon, Fragen an das Pflegepersonal und sogar Gesellschaftsspielen wählen können. Blitzschnell hatte er einen kleinen metallenen Ring an der Griffleiste des Bildschirms entdeckt, mit dem durch entsprechende Drehungen der Winkel des Bildschirms verstellt werden kann, was er natürlich sogleich ausgiebig auszuprobieren begann – während ich mir gleichzeitig eingestehen musste, dass mir diese Funktion, obwohl ich nun schon seit drei Tagen mit diesem Gerät herumhantiert hatte, voll und ganz entgangen war. Weitere Fragen waren, weshalb sich unter dem Bett zwei verschiedene Paar Hausschuhe befänden und nicht nur eines, wozu der grüne und der rote Knopf unterhalb des Bettgestells gut sei, ob ich jeweils im Bett oder am Tisch essen würde, ob man bei den Krücken mit den Händen oder mit den Füssen in die blaue Kunststoffhalterung einfahren müsse, wo meine Utensilien versorgt seien, weshalb über dem Bett dieser komische Greifbügel hänge und wozu der aus der Wand ragende Stutzen – vermutlich die Zuleitung für Sauerstoff – nützlich sei. Selbst die zehnjährige Leonie war voller Fragen und wollte unbedingt wissen, wie weit nach oben sich das Bett verstellen liesse. Ich lachte und sagte: Bis zur Decke. Was sie natürlich nicht glaubte und so probierten wir es aus. Als ich in der höchsten Position angelangt war, wollte sie nun natürlich wissen, welches die tiefste Position wäre. Also gings wieder runter, doch – oh Schreck – an der untersten Stelle ertönte plötzlich ein heftiges Knacken und das Bett war plötzlich in der Mitte tief eingeknickt – selten hatte Leonie sich so sehr den Buckel vollgelacht wie in diesem Augenblick. Es blieb uns nichts anderes übrig, als den Pfleger zu rufen, der die Sache dann wieder in Ordnung brachte.

In diesem Moment erinnerte ich mich an eine Erfahrung, die ich während meiner Zeit als Lehrer oft gemacht hatte: Wenn meine Schülerinnen und Schüler nach den fünfwöchigen Sommerferien wieder zur Schule kamen, fiel mir immer wieder auf, wie stark sie sich in dieser kurzen Zeit verändert hatten. Nicht nur, dass viele von ihnen braungebrannt waren oder eine neue Frisur zur Schau stellten. Es war viel mehr als das. Sie waren irgendwie viel stärker, reifer, in ihrer Entwicklung einen Riesensprung nach vorne gekommen, viele von ihnen schienen ein stärkeres Selbstbewusstsein und mehr Lebensfreude auszustrahlen als in den letzten Wochen des vergangenen Schuljahrs. Mir wurde rasch klar: Lernen tut man nicht nur in der Schule, sondern vor allem im Leben, in der Begegnung mit immer wieder neuen Eindrücken, Erlebnissen und neuen Menschen. Lernen ist wie Atmen, man tut es Tag und Nacht, ohne sich dessen bewusst zu sein und gerade dann erst recht. Es gibt kein Lernen ohne Leben, ebenso wenig, wie es Fische gäbe ohne Wasser, Menschen ohne Luft, Pflanzen ohne Erde. «Das Leben», sagte Pestalozzi so kurz und treffend, «bildet.»

Wir ahnen an dieser Stelle bereits, dass die Schule in ihrer heutigen Form, bei der die Kinder während dem grössten Teil der Zeit im Verlaufe von zwei oder drei Jahren immer im gleichen Schulzimmer mit den immergleichen Türen, Fenstern, Lampen und Lichtschaltern sitzen und fast ausschliesslich mit einer einzigen erwachsenen Bezugsperson zu tun haben, möglicherweise nicht die allerbesten Voraussetzungen für jenes Lernen bietet, das durch immer wieder neue und unbekannte Impulse aus der Lebensumgebung geweckt wird. Doch davon später...

KEIN LERNWEG GLEICHT DEM ANDERN

Meine Enkelin Mila im Alter von einem Jahr und neun Monaten: Mit ihrem Körper, der sich in allen möglichen Lagen auf alle möglichen Arten bewegte, mit ihren Armen, die sie manchmal wie Engelsflügel, manchmal wie eine Discotänzerin bewegte, mit ihren Händen, mit denen sie fein säuberlich Rosinen aus ihrem Teller pickte oder dem Opa zum Abschied nachwinkte wie eine kleine Königin, mit ihrem Gesicht, das jeden Schabernack, den sie anstellte, mit leuchtenden Augen quittierte, und mit ihren meist unverständlichen Wörtern, mit denen sie um sich warf, erzählte Mila stundenlange Geschichten, deren Inhalt wir Erwachsene nur erahnen, aber kaum richtig verstehen konnten: Die vorsprachliche Entwicklungsphase, die, man spürte es förmlich, gleich einem Dammbruch schon bald explodieren würde, um sodann all die Wörter und Sätze, die auch wir Erwachsene verstehen können, wie einen lange verborgenen Schatz freizugeben. Alles baut auf allem auf, kein Schritt der Entwicklung kann ausgelassen werden, das Leuchten in Milas Augen, ihre Gestik und Mimik, ihre tausendfachen Verrenkungen am Boden und auf dem Sofa – all das sind notwendige Entwicklungsstufen, auf denen alles Geistig-Rational-Intellektuelle erst nach und nach aufzubauen vermag.

Ein halbes Jahr später war der Damm geborsten. Wie wenn man mitten in der dunklen Nacht ein Feuerwerk angezündet hätte. Innerhalb von rund drei Monaten überpurzelte sich Mila förmlich mit täglich neuen Wörtern und immer häufiger auch kleinen Sätzen, bestehend aus bis zu vier, fünf Wörtern. Wie anders war das bei ihrer dreieinhalb Jahre älteren Schwester Leonie gewesen, die schon im Alter von knapp einem Jahr zu sprechen begann. Wenn man eine Kurve von Leonies Sprachentwicklung zeichnen würde, dann wäre es eine gleichmässig ansteigende Linie ab dem Beginn des zweiten Lebensjahrs gewesen. Milas Kurve dagegen war praktisch flach und hatte beim Anfang des dritten Lebensjahrs einen Knick, um danach fast senkrecht in die Höhe zu schnellen. Irgendwann, etwa im Alter von sechs oder sieben Jahren, würden sich die beiden Kurven wohl treffen, die nahezu perfekte Beherrschung der Muttersprache würde sowohl bei Leonie wie auch bei Mila Wirklichkeit geworden sein. Niemand kann erklären, weshalb das so ist und Mila erst ein Jahr später als Leonie zu sprechen begann. Man hätte nichts beschleunigen und nichts bremsen können, das Lernen des Kindes geht seinen unergründbaren Weg und am Ende ist alles gut, so wie es ist.

Der Schweizer Kinderarzt und Buchautor Remo Largo kam aufgrund zahlloser Langzeitstudien zum Schluss, dass die Entwicklungsunterschiede im Alter von fünf Jahren um bis zu drei Jahre differieren können, bei Zwölfjährigen sogar um bis zu sechs Jahre. Zudem verlaufen die Lernprozesse bei jedem Kind auf höchst individuellen Wegen, das eine Kind ist schneller beim Erlernen der Muttersprache, dafür langsamer, wenn es um kreatives Gestalten geht. Wieder ein anderes Kind kann schon meisterhaft mit Zahlen umgehen, während es seine körperliche Geschicklichkeit noch längst nicht entsprechend entwickelt hat. Jegliches Vergleichen zwischen gleichaltrigen Kindern ist völlig absurd und dient einzig und allein dazu, Unsicherheit, Ängste, übertriebene Erwartungen bei den Erwachsenen, Enttäuschungen und Gefühle des Ungenügens bei den Kindern zu wecken und schlimmstenfalls sogar unnötige, überflüssige und schädliche Massnahmen zur vermeintlichen «Beschleunigung» des Lernens auf den Plan zu rufen.

Doch die Lernwege der Kinder verlaufen nicht nur in unterschiedlicher Geschwindigkeit, mit schnelleren und langsameren Phasen sowie Zeiten, in denen sie scheinbar still stehen. Die einzelnen Lernwege unterscheiden sich auch ganz und gar in Bezug auf die Strategien, die jedes Kind dabei wählt – als gäbe es so etwas wie einen untrüglichen inneren Kompass, der dem Kind stets die Richtung angibt, in welcher sich sein Lernen am optimalsten entfalten kann. Ich erinnere mich an Jannis, einen Jungen griechischer Herkunft. Als ich, es war in einer zweiten Sekundarklasse, den Schülerinnen und Schülern die Aufgabe erteilt hatte, neue Französischwörter zu lernen, hörte ich Jannis, der sich in einen Gruppenraum angrenzend ans Klassenzimmer verzogen hatte, laut singen. Was tust du da, fragte ich ihn. Dann erklärte er mir, dass er herausgefunden hätte, dass er sich auf diese Weise, nämlich singend, neue Wörter am besten einprägen könnte. Die Musik war für Jannis schon damals die halbe Welt, später wurde sie zu seinem Beruf und bald tourte er als weitherum bekannter und beliebter DJ durchs Land ...

ZETTEL IM KOPF UND ZETTEL IM BAUCH

Als mein älterer Sohn fünf Jahre alt war, erklärte er mir Folgendes: «Alles, was ich wieder vergessen möchte, schreibe ich auf einen Zettel und lege ihn in meinen Kopf. Alles, was ich nicht vergessen will, schreibe ich auch auf einen Zettel, diesen aber lege ich in meinen Bauch.»

Er wusste schon in seinem frühen Alter, dass Menschen nicht allein mit dem Kopf erfolgreich lernen können, sondern dass alles andere ebenfalls dazugehört, der Körper, die Seele, die Gefühle, die Intuition, das, was Albert Einstein so treffend als «göttliches Geschenk» bezeichnete. Nur in der Ganzheit seiner Kräfte kann der Mensch so lernen, dass das Gelernte nicht gleich wieder vergessen geht, sondern lebenslang erhalten bleibt. Für Pestalozzi waren es «Kopf, Herz und Hand» – nur in ihrem Zusammenspiel kann Lernen erfolgreich gelingen.

Dass dem tatsächlich so ist, können wir leicht nachprüfen, wenn wir unserer eigenen Lernbiografie auf den Grund gehen. Denke ich an meinen allerersten Schultag zurück, dann erinnere ich mich zuallererst an den Geruch von Kreide. Die Erinnerung an die

Sekundarschulzeit verbindet sich mit der Erinnerung an meine erste grosse Liebe, ein wunderschönes Mädchen in der Parallelklasse. Auch ein Vorfall bei meinem Zeichnungslehrer ist mir in bester Erinnerung: Da der Lehrer auch zehn Minuten nach Unterrichtsbeginn immer noch nicht auf der Bildfläche erschienen war, kamen wir Lausbuben auf allerhand verrückte Ideen. Unter anderem öffneten wir die Schubladen des Lehrerpults, wo grosse Glasscheiben zum Vorschein kamen. Doch das war längst nicht alles. Ich erdreistete mich sogar, auf das Lehrerpult hinaufzusteigen und eine Zeitlang dort oben stehen zu bleiben. Kaum war ich wieder unten, öffnete sich die Tür und der Lehrer betrat das Schulzimmer. Ich konnte gerade noch die geöffnete Pultschublade zuschlagen, wodurch eine der Glasscheiben in tausend Stücke zerbrach. Unter dem strafenden Blick des Lehrers standen wir da wie begossene Pudel. Langsamen Schrittes bewegte sich der Lehrer auf uns zu. Als er Schuhabdrücke auf seinem Pult entdeckte, wollte er wissen, wer von uns diese Frechheit gehabt hätte, keiner meldete sich. Nun befahl uns der Lehrer, die Pantoffeln abzulegen, verglich die Schuhsohlen mit dem Abdruck auf dem Pult und entlarvte mich auf diese Weise als Übeltäter. Ich muss sagen, dass es in meinem Leben sehr viele Augenblicke gegeben hat, in denen ich mich wesentlich besser gefühlt habe als in diesem.

Auch an die Zeit am Gymnasium habe ich besondere Erinnerungen. Zum Beispiel sehe ich noch heute den Schatten des Lateinlehrers an der Wandtafel: Stets zum Zeitpunkt unserer Lateinstunde schien die Sonne so schräg in unser Zimmer, dass sich das Gesicht des Lehrers, zu einer länglichen Fratze verzerrt und mit einer so langen Nase, dass sie Pinocchio alle Ehre gemacht hätte, auf der Wandtafel abbildete, was meinen Sitznachbar und mich weitaus mehr faszinierte als die Schriften von Homer und die unregelmässigen Konjugationsformen lateinischer Vokabeln. Freilich gab es auch Schulstoff, der mich in seinen Bann zog, doch das war eher selten. Geblieben sind mir aus der Gymnasialzeit vor allem die Stunden bei meinem Italienischlehrer und ich staune heute noch, wie viele Kenntnisse der italienischen Sprache mir bis heute geblieben sind. Das hat wohl damit zu tun, dass dieser Italienischlehrer während jeder einzelnen Unterrichtsstunde eine so überschäumende Lebensfreude an den Tag legte und in seiner Muttersprache so köstliche Geschichten zum Besten gab, dass er damit förmlich unsere Herzen zu erwärmen vermochte und wir auch ohne allzu viele Regeln und ohne allzu viel Grammatik dennoch unglaublich viel mitbekamen.

Echtes Lernen ist nicht planbar. Es geschieht überall dort, wo wir es am wenigsten erwartet hätten und hinterlässt gerade deshalb so tiefe Spuren in unserem Leben. Wirkungsvolles Lernen, das nur im Kopf geschieht, gibt es nicht. Zu sehr ist alles mit allem verbunden, Teil eines grossen Geheimnisses, das wir nie zur Gänze ergründen werden. Bevor sie zur Welt gekommen sei, erklärte mir unlängst meine inzwischen sechsjährige Enkelin Mila, sei sie ein Engel gewesen, und sie würde auch, wenn sie einmal gestorben sein würde, wiederum ein Engel sein. Das sagte sie in so voller Überzeugung, dass ich wusste: Dem ist nicht zu widersprechen. Das stellt sie sich nicht nur so vor, sondern das *ist* tatsächlich so. Lernen hat nicht allzu viel mit Auswendiglernen vorgefertigter Wissensinhalte zu tun, dafür umso mehr mit Gefühlen, Engeln und den Zetteln im Bauch, von dem mir mein Sohn so früh schon berichtet hatte. «Nimm dir jeden Tag Zeit, still zu sitzen und auf die Dinge zu lauschen», lehrte der indische Religionsstifter Buddha schon vor 2500 Jahren, «achte auf die Melodie des Lebens, welche in dir schwingt.»

LEARNING BY DOING

Doch alles bisher Gesagte gilt nicht nur für Kinder, sondern ebenso für die Erwachsenen: Lernen im Leben, Lernen durch Tätigsein, Lernen durch Beobachtungsgabe und Imitation, Lernen durch Gefühle, Lernen aufgrund des eigenen, unvergleichbaren, in jedem Menschen schon zu Beginn seines Lebens angelegten Lernplans, Lernen zwischen Anpassung und Widerstand, Lernen aus Fehlern, aus Versuch und Irrtum, Lernen mit Freude und Begeisterung, Lernen von Erfolg zu Erfolg. Dies alles schmilzt sozusagen zusammen in dem, was man wohl ohne Übertreibung als die wirkungsvollste Form von Lernen bezeichnen kann: dem Learning by Doing.

Wenn die mittelalterlichen Steinmetze Kathedralen und andere Prunkbauten derart kunstvoll zu erbauen vermochten, dass es uns darob heute noch den Atem verschlägt, dann hatten sie nichts von ihrem Können in einer Schule gelernt, sondern ausschliesslich in ihrer täglichen Arbeit zusammen mit ihren Meistern, die ihrerseits schon in jungen Jahren von deren eigenen Meistern gelernt und das so Übernommene weiter perfektioniert hatten. Wenn die legendäre sizilianische Nonna für ihre Riesenschar Kinder und Kindeskinder Mahlzeiten zubereitet, von denen alle noch Jahre später schwärmen werden, dann hat auch sie nichts von ihrem Können in einer Schule gelernt, sondern einzig und allein während all der Zeit, da sie als Kind und Jugendliche ihrer eigenen Mutter und ihrer eigenen Grossmutter beim Kochen geholfen hatte. Wenn die Kellnerin von Tisch zu Tisch eilt, dabei – ohne sich auch nur eine einzige Notiz zu machen – weit mehr als ein Dutzend Bestellungen aufnimmt und fünf Minuten später immer noch haargenau weiss, wer an welchem Tisch was bestellt hat, so hat auch sie sich diese Fähigkeit nicht in der Schule angeeignet, sondern einzig und allein in ihrer täglichen Arbeit, und zwar bis zu einem Grad von Perfektion, die selbst den Computerspezialisten oder den Mathematikprofessor, dem sie jetzt gerade sein Bier oder seinen Espresso auf den Tisch stellt, nur ungläubig den Kopf schütteln lässt. Und wenn der 16-jährige Nino nächsten Sommer eine Lehre als Motorradmechaniker beginnen wird, so hat auch er sich das hierfür notwendige Rüstzeug nicht während neun Jahren Schulunterricht angeeignet, sondern ausschliesslich damit, dass er seit zwei Jahren jede freie Minute in der Motorradwerkstatt seines Onkels verbracht hat.

Learning by Doing – Lernen ohne Theorie, Lernen einfach indem man es tut – ist erwiesenermassen die beste, effizienteste und erfolgreichste Art von Lernen. Jene sozusagen ursprüngliche, echte, authentische Art des Lernens, die immer und überall funktioniert, die das Leben uns täglich demonstriert und die auch all jene so verblüffenden und in ihrem ganzen Ausmass wohl erst ansatzweise erforschten Fähigkeiten erklärt, über welche nicht nur schon die kleinsten Inuitkinder verfügen, die mit ihren Eltern Fische fangen, sondern schon so kleine und «einfache» Lebewesen wie Regenwürmer, Ameisen oder Bienen bei ihrer täglichen Nahrungssuche, dem Bau ihrer Behausungen oder der Gabe, sich auch über weiteste Distanzen hinweg zu orientieren.

Wie effizient Learning by Doing ist, zeigt sich auch in der Welt des digitalen Lernens. Die meisten Kenntnisse, über welche eine mit Computern und Internet aufgewachsene Generation verfügt und über die wir «Älteren» oft nur ungläubig den Kopf schütteln können, haben sich diese Kinder und Jugendlichen nicht durch eine theoretische Ausbildung angeeignet, sondern einzig und allein durch unermüdliches, lustvolles, spielerisches und zugleich mutiges Ausprobieren und Experimentieren, durch beständiges Lernen aus «Fehlern», aus Versuch und Irrtum. Und sozusagen nebenbei eignen sie sich gleich noch sozusagen von selber umfassende Kenntnisse der englischen Sprache an.

Learning by Doing bedeutet: Es gibt beim Lernen kein «Vorher» und «Nachher». Die Idee, dass man etwas zuerst theoretisch lernt, um es nachher praktisch zu können, funktioniert nicht. Man lernt nicht sprechen, indem man zuerst die Funktionen des Kehlkopfs, der Stimmbänder, der Lunge, der Zähne und der Zunge studiert; man lernt sprechen nur, indem man spricht. Man lernt nicht singen, indem man zuerst die Tonhöhe einer Musiknote zu bestimmen oder eine Melodie in Form einer Kurvenlinie darzustellen vermag; man lernt singen nur, indem man singt. Man lernt nicht schwimmen, indem man zunächst auszurechnen lernt, in welchem Winkel Beine und Arme abzudrehen sind, um sich über Wasser zu halten und vorwärtszukommen; man lernt schwimmen nur, indem man schwimmt. Und man lernt auch Rad fahren nicht, indem man zuerst die Kräfte zu berechnen vermag, welche auf das Pedal, die Kette und die Räder wirken; man lernt auch Rad fahren einzig und allein dadurch, dass man es tut. Theoretisches und praktisches Lernen lassen sich nicht voneinander trennen, stets gehen sie Hand in Hand, untrennbar miteinander verbunden.

Dies bedeutet auch, dass echtes Lernen und Tätigsein unauflöslich miteinander verbunden sind. Lernen besteht nicht darin, still zu sitzen und sich Wissen in den Kopf zu pressen ohne Bezug zum Leben ringsherum. Ganz im Gegenteil: «Nur die Tätigkeit ist für die Kinder bildend», so Pestalozzi, «und es gibt daher zu ihrer Entwicklung ganz und gar nichts anderes als Tätigkeit. Daher ist ihre Lebhaftigkeit, ihre Unruhe, ihr Treiben die weiseste und wohltätigste Einrichtung der Natur und das einzig mögliche Mittel, Kraft und Fertigkeit, Erkenntnis und Bildung in ihnen hervorzubringen.» Und auch Jean-Jacques Rousseau schrieb in seinem berühmten Erziehungsroman «Emile»: «Unsere ersten Philosophielehrer sind unsere Füsse, unsere Hände, unsere Augen. Zum Denkenlernen gehört also, dass unsere Glieder, unsere Sinne und unsere Organe geübt werden, weil sie die Werkzeuge unserer Intelligenz sind.»

DIE WELT DER KINDER

Kinder bauen sich ihre eigene Welt. Ihre Gedanken sind noch frei. Dies wurde mir einmal mehr so richtig bewusst, als ich mit den dreieinhalbjährigen Zwillingsenkelkindern Schach spielte. Als richtiges Schachspiel konnte man es freilich nicht bezeichnen. Aber sie hatten ihrer älteren Schwester Leonie und mir beim Schachspielen zugeschaut und wollten es nun unbedingt auch selber ausprobieren. Zusammen stellten wir die Figuren auf und dann ging es los. Star und Bosni wussten, dass es darum ging, gegnerische Figuren «aufzufressen». Das taten sie nun vorerst ausgiebig. Doch plötzlich zog die kleine Star ihr Gesicht in die Länge und sagte, das sei doch langweilig. Sie hätte eine bessere Idee: Statt sich gegenseitig aufzufressen, sollten sich zwei gegnerischen Figuren, wenn sie aufeinandertrafen, ineinander verlieben, das sei doch viel schöner und lustiger. Gesagt, getan. Auch ihr Bruder war einverstanden, und so verliebten sich fortan die Figuren eine um die andere, bis alle paarweise friedlich neben dem Spielbrett standen …

Ein Ei ist ein Ei. Oder vielleicht doch eher eine Schildkröte? Auch als Leonie schon sechs Jahre alt war, gab es in ihrer Phantasie immer noch fast keine Grenzen. Die kleinen Spielhasen wurden zu einer Geburtstagsfeier eingeladen, während der Wolf irgendwo auf der Sofadecke fünf Babys zur Welt brachte und extra für das kleine Stachelschwein aus Legosteinen ein wunderbarer Spielplatz gebaut wurde, mit Planschbecken, Rutschbahn und Aussichtsturm. Kinderaugen sehen alles ganz anders als Erwachsenenaugen, voller Wunder, voller phantastischer Bilder, ein Film, in dem laufend neue Wesen auftauchen und die ganze Welt verzaubern. Spiel, Phantasie, Träume und Märchen sind allesamt unersetzliche Bausteine menschlichen Lernens und irgendwann kann man fast nur noch traurig sein, dass auch diese schönste Zeit des Lebens eines Tages ein Ende hat. Die Frage ist schon: Sollen die Kinder möglichst schnell erwachsen werden und das alles vergessen? Oder sollen die Erwachsenen versuchen, so lange wie möglich selber Kinder zu bleiben und sich durch alles noch so «Banale» und «Alltägliche» immer wieder verzaubern zu lassen? «Dass wir wieder werden wie Kinder», sagte Erich Kästner, «ist eine unerfüllbare Forderung. Aber wir können wenigstens zu verhindern versuchen, dass die Kinder so werden wie wir.»

Wenn ich, nachdem ich einen Nachmittag lang in die Wunderwelt meiner Enkelkinder eintauchen durfte, wieder nach Hause radle, dann ist die Welt jedes Mal ein klein wenig anders geworden: Auf einem Stern sitzt jetzt die Hexe Irma, der Wind ist voller Feen und hinter dem nächsten Busch lauert ganz bestimmt ein kleines Einhorn oder der Räuber Hotzenplotz ...

DIE SCHULE UND DAS LERNEN

WAS DIE SACHE DES KINDES WAR, WIRD ZUR SACHE DER ERWACHSENEN

«Man lässt die Kinder bis ins fünfte Jahr im vollen Genuss der Natur», stellte Pestalozzi fest, «man lässt jeden Eindruck derselben auf sie wirken, sie fühlen ihre Kraft. Und nachdem sie also fünf ganzer Jahre diese Seligkeit des sinnlichen Lebens genossen, macht man auf einmal die ganze Natur um sie her vor ihren Augen verschwinden, stellt den reizvollen Gang ihrer Zwanglosigkeit und ihrer Freiheit tyrannisch still, wirft sie, wie Schafe in ganze Haufen zusammengedrängt, in eine stinkende Stube, kettet sie Stunden, Tage, Monate und Jahre unerbittlich an das Anschauen elender, reizloser und einförmiger Buchstaben.»

Freilich tönt das in unseren heutigen Ohren viel zu krass. Und gewiss lassen sich die Schulen zur Zeit Pestalozzis kaum mit den «modernen» Schulen des 21. Jahrhunderts vergleichen. Doch im Kern ist es doch immer noch das Gleiche: Was die Sache der Kinder war, wird zur Sache der Erwachsenen. Fortan kümmern sich speziell hierfür ausgebildete Expertinnen und Experten, die Lehrkräfte, um jenes Lernen, welches die Kinder vier oder fünf Jahre lang so erfolgreich, perfekt und hochprofessionell aus eigener Kraft gemeistert hatten. Lehrerinnen und Lehrer, oft aber auch Eltern gehen sogar so weit, den Kindern weiszumachen, dass erst jetzt der eigentliche «Ernst des Lebens» beginne, ganz so, als hätten die Kinder nicht, ohne jemals zur Schule gegangen zu sein, schon längst die allergrössten Lernleistungen ihres Lebens fast ganz alleine aus eigener Kraft vollbracht.

Kein Wunder, dass die meisten Kinder darauf mit Missmut, Enttäuschung und Widerstand reagieren. Freilich nicht schon am ersten Tag, denn da sind sie noch voller Hoffnung, dass das Lernen auch in der Schule so lustvoll und abenteuerreich weitergehen würde, wie es in den ersten Lebensjahren begonnen hatte. Vielleicht auch noch nicht einmal im Verlaufe des ersten oder zweiten Schuljahrs, denn jedes Kind hat ein beinahe unerschütterliches Vertrauen, dass es die Erwachsenen gut mit ihm meinen. Doch früher oder später verlieren die allermeisten Kinder die Freude am Lernen, zumindest an jenen Formen des Lernens, wie sie von der Schule organisiert werden. Wie auch die Erziehungswissenschaftlerin Margrit Stamm aufgrund zahlreicher Befragungen von Kindern und Jugendlichen feststellte, nimmt die Freude der Kinder an der Schule von Schuljahr zu Schuljahr kontinuierlich ab, bis sie zum Ende der obligatorischen Schulzeit einen absoluten Tiefpunkt erreicht. [3]

Die tiefere Ursache für all dies liegt wohl darin, dass sich die individuellen Lernpläne der einzelnen Kinder und ein von Erwachsenen vorgegebener Lehrplan, in dem festgehalten ist, in welchem Schuljahr welche Lernziele erreicht werden sollen, grundsätzlich widersprechen, ja geradezu gegenseitig ausschliessen. Wie wir beim Lernen der ersten Lebensjahre beobachten konnten, war dieses eben gerade deshalb so erfolgreich, weil die Kinder stets spontan und intuitiv ihren je momentanen Lernbedürfnissen auf ihren je individuellen Lernwegen folgen konnten. Im Gegensatz dazu werden in der Schule die Auswahl und die Reihenfolge der Lerngegenstände und der Unterrichtsthemen sowie das Tempo und die Methoden des Lernens weitgehend von der Lehrperson bestimmt.

Dass die Kinder nichts von dem, was sie in den ersten Lebensjahren lernen, je wieder vergessen, ein grosser Teil des in der Schule Gelernten aber früher oder später wieder in Vergessenheit gerät, ist kein Zufall, sondern die ganz logische Folge davon, dass die Schule, um ihren eigenen *Lehrplan* durchzusetzen, zwangsläufig die individuellen *Lernpläne* der Kinder missachten und verdrängen muss. Das ist nicht die Schuld der einzelnen Lehrerin, des einzelnen Lehrers, sondern die zwangsläufige Folge des herrschenden Schulsystems als Ganzem. Denn es kann, wie schon Pestalozzi feststellte, nicht verschiedene gute Wege für das Lernen geben, gut ist einzig und allein der Weg der «Natur». *Lernen* und *Lehren* sind nicht zwei sich gegenseitig sinnvoll ergänzende Tätigkeiten, im Gegenteil: Zu vieles *Lehren* verunmöglicht echtes *Lernen*. «Alles, was man dem Kinde beibringt», sagt der Entwicklungspsychologe Jean Piaget, «kann es selber nicht mehr entdecken».

MASSLOSE ÜBERSCHÄTZUNG SCHULISCHEN LERNENS

Wie masslos die Wirkung schulischen Lernens nach wie vor überschätzt wird, hat sich jüngst anlässlich der Coronapandemie gezeigt. Politikerinnen, Politiker, Bildungsexpertinnen und Bildungsexperten sprachen im Jahr 2020 bezüglich der schulischen Corona-Massnahmen von einer «verlorenen Generation» und nicht mehr aufzuholenden «Bildungsdefiziten». Nun konnte aber gemäss den Ergebnissen der jüngsten Pisa-Studie kein kausaler Zusammenhang zwischen der Dauer von geschlossenen Schulen und Bildungsleistungen festgestellt werden. Norwegen, das seine Schulen vergleichsweise kurz schloss, und Schweden, das ganz darauf verzichtete, gehören zu jenen Nationen mit höheren Einbussen bei den schulischen Leistungen. Auf der anderen Seite gibt es Länder mit langen und strikten Coronamassnahmen wie Lettland, Irland oder Italien, die fast keine Pisapunkte einbüssten. Die Schweizer Schülerinnen und Schüler schnitten insgesamt genau gleich gut ab wie beim letzten Mal. «Schulschliessungen zwischen einem und sechs Monaten weisen keine negativen Zusammenhänge mit den Kompetenzen bei Mathematik, Lesen und Naturwissenschaften auf», steht im offiziellen Schweizer Pisa-Bericht.[4]

Aber eigentlich hätten wir das auch vorher schon wissen können. Obwohl Kinder und Jugendliche in der Schweiz von Kanton zu Kanton höchst unterschiedlich lange zur Schule gehen und auch die Stundendotation der einzelnen Fächer recht unterschiedlich ist, konnte bis heute noch nicht festgestellt werden, dass die Bewohnerinnen und Bewohner einzelner Kantone in ihrem späteren Berufsleben in Bezug auf ihre Kenntnisse und Fertigkeiten grössere Stärken oder Schwächen aufgewiesen hätten als Bewohnerinnen und Bewohner anderer Kantone. Dies gilt nicht einmal für den Kanton Graubünden, wo früher nur während der Wintermonate schulischer Unterricht stattfand. Wenn ich mit meinem Freund aus dem Engadin über Gott und die Welt philosophiere, habe ich jedenfalls nie den Eindruck, ich wäre ihm auf irgendeine Art und Weise überlegen, bloss weil ich im Verlaufe meines Lebens so viel länger zur Schule gegangen bin als er.

Doch all dessen ungeachtet setzt die Schule auf Teufel kaum raus alles daran, den Kindern und Jugendlichen in möglichst kurzer Zeit möglichst viel beizubringen. Absurderweise wird das sogar von Schuljahr zu Schuljahr immer noch weiter vorangetrieben. Geniesst das Kind in der Spielgruppe noch fast unbegrenzte Freiheiten und kann es stets selber entscheiden, wo und wann es sich mit welchen Dingen beschäftigen will, so tauchen im Kindergarten bereits so etwas wie organisierte «Lektionen» auf, mit denen diese Freiheit eigentätigen Lernens schon ein erstes Mal ein wenig beschnitten wird. Und dann geht es immer so weiter. Von Schuljahr zu Schuljahr wird der Anteil freien, selbstbestimmten Lernens immer mehr eingeschränkt, während der Anteil des von den Lehrkräften organisierten Unterrichts immer grösser wird, bis er auf der Oberstufe ganz und gar die Oberhand gewonnen hat, Schülerinnen und Schüler nur noch im 50-Minuten-Takt von Lektion zu Lektion gehetzt, mit einer immer grösseren Schulstoff abgefüllt, durch eine Vielzahl von Prüfungen permanent unter Druck gesetzt und schon längst nicht mehr gefragt werden, ob sie das, was sie lernen müssen, auch tatsächlich lernen *wollen*. Und dies ausgerechnet in einem Alter, wo ihre Selbständigkeit und

Entscheidungsfähigkeit doch, gegenüber neun Jahren zuvor, um ein Vielfaches zugenommen haben müssten, so dass man ihnen eigentlich bei ihrem Lernen noch viel mehr Freiheit und Selbstbestimmung einräumen müsste, als man dies gegenüber den Kindern in der Spielgruppe oder im Kindergarten getan hatte. Kein Wunder, nimmt die Freude am schulischen Lernen von Schuljahr zu Schuljahr ganz genau in dem Masse kontinuierlich ab, als die Selbstbestimmung systematisch immer mehr von der Fremdbestimmung verdrängt wird.

LEHRPLAN 21: 363 KOMPETENZEN UND 2304 KOMPETENZSTUFEN

Als sich pädagogische Fachleute im Jahre 2006 erstmals trafen, um einen neuen gesamtschweizerischen Lehrplan auszuarbeiten, hätte ja aufgrund aller vorhandenen pädagogischen und lernpsychologischen Erkenntnisse durchaus die Chance bestanden, so etwas wie einen Lehrplan grundsätzlich in Frage zu stellen und stattdessen alle Bemühungen auf eine möglichst optimale Begleitung des individuellen, in jedem einzelnen Kind angelegten Lernpotenzials auszurichten. Herausgekommen ist das Gegenteil: ein 470-seitiges Monstrum, in dem in Form von 363 Kompetenzen und 2304 Kompetenzstufen definiert ist, was die Kinder im Laufe von neun Schuljahren alles lernen sollen. Allein wenn man sich im Folgenden die Unterrichtsziele im Teilbereich Textverständnis anschaut, verschlägt es einem buchstäblich die Sprache.

«Schülerinnen und Schüler können», so lesen wir, «verschiedene Sprachen untersuchen, z. B. in Bezug auf Grussformeln, auf geschlechterbewusste Sprache, auf Gesprächsregeln in vergleichbaren Situationen und in Bezug auf Übersetzungsprobleme. Sie können ein Buch auswählen, indem sie in verschiedenen Büchern schnuppern, z.B. durchblättern, Anfang oder Schluss lesen. Sie können eigene und fremde Gesprächsbeiträge bezüglich ihrer Angemessenheit, z.B. Wortschatz, Artikulation, Verständlichkeit, Logik, Struktur, mithilfe von Leitfragen oder auf gezielte Aufforderung hin einschätzen. Sie können über literarische Texte und die Art, wie sie die Texte lesen, ein literarisches Gespräch führen. Sie reflektieren dabei, wie sie die Texte verstehen und die Texte auf sie wirken. Sie können sich darauf einlassen, immer wieder neue Bilderbücher, Hörbücher, Hörspiele, Filme anzuschauen, zu lesen, zu hören und darüber zu sprechen. Sie können unter Anleitung einzelne Figuren aus Geschichten beschreiben und darüber sprechen, was ihnen an der Figur/Geschichte gefällt. Sie entwickeln Interesse am Austausch ihrer eigenen Erfahrungen mit literarischen Texten und können mitteilen, welche Geschichten ihnen gefallen und welche nicht. Sie können beschreiben, was ihnen an gern genutzten Medien gefällt, z.B. Buch, Fernsehen, Film, Hörbuch, Spielgeschichte. Sie können die persönlichen Lese-/Hör- und Seherfahrungen mit literarischen Texten anderen verständlich mitteilen und im Gespräch Bezug auf den Text nehmen, umschreiben, was sie gelesen, angeschaut oder gehört haben. Sie können sich auch dann auf literarische Texte einlassen, wenn ihnen diese nicht auf den ersten Blick gefallen. Sie können im Gespräch unter Anleitung ihre eigene Leseart des literarischen Textes formulieren. Sie können unter Anleitung beschreiben, wie Figuren, Orte oder Handlungen auf sie wirken. Sie entwickeln Interesse am Austausch unterschiedlicher Lese-, Seh- oder Hörerfahrungen eines literarischen Textes und vergleichen ihr Textverstehen. Sie können ihr Verständnis des literarischen Texts mit Textstellen belegen. Sie können im Gespräch verschiedene Bedeutungen und Verstehensweisen erkennen und sind fähig, einfachere Stellen selbstständig zu analysieren. Sie können einer anderen Person literarische Texte empfehlen, die ihnen gefallen. Sie können dabei ihren Lese-/Hör-/Sehgeschmack erläutern, z.B. mit

Textbeispielen. Sie können ihr Leseverhalten reflektieren: Wann und wo lesen sie was? Sie können im Gespräch ihr Verstehen eines literarischen Textes formulieren und dieses dialogisch weiterentwickeln. Sie können im Gespräch verschiedene Bedeutungen eines literarischen Textes erkennen und daher unterschiedliche Verstehensweisen entwickeln. Sie können ihr Sprech-, Präsentations- und Gesprächsverhalten reflektieren. Sie können mithilfe von Rückfragen beschreiben, welche Vorgehensweisen oder Sprechstrategien sie angewendet haben, um ihre Meinung zu vertreten.» [5]

Mit einem solchen pädagogischen Überaktivismus wird es wohl garantiert gelingen, Kindern und Jugendlichen auch noch die letzten Reste an spontanem, unbefangenem und lustvollem Lesen auszutreiben. Erklären lässt sich etwas so Verrücktes wohl nur damit, dass sich hier offensichtlich Gremien von sogenannten «Bildungsfachleuten» über Jahre hinweg in einer selbergebauten Blase eingeschlossen und sich dabei meilenweit von all dem verabschiedet haben, was mit der Lebenswirklichkeit natürlichen und kindgemässen Lernens zu tun hat. Selbst die optimistischsten Lehrkräfte schätzen, dass die geforderten Ziele des Lehrplans 21 allerhöchstens von einem Drittel der Kinder und Jugendlichen erreicht werden können. In sämtlichen Kantonen hat dennoch, oft auch gegen erbitterten Widerstand breiter Bevölkerungskreise, schliesslich eine Mehrheit der Einführung des Lehrplans 21 zugestimmt. Nur die Kinder selber hat niemand gefragt – ihre Interessenvertreter wie der Dachverband Offene Kinder- und Jugendarbeit und die schweizerischen Schülerorganisationen waren so ziemlich die einzigen Bevölkerungsgruppen, welche bei der Entwicklung und der Vernehmlassung zum neuen Lehrplan nicht einbezogen wurden. An ihnen aber, den Kindern und Jugendlichen, sowie ihren ebenfalls masslos überforderten Lehrerinnen und Lehrern liegt es nun, den angerichteten Schaden so schmerzlos wie möglich auszubaden.

EMIL PLAUDERT AUS DER SCHULE UND WAS DARAUS GEWORDEN IST

Wie weit die tatsächlichen Lern- und Lebensbedürfnisse der Kinder und eine Schule, die am liebsten auch noch die letzten Lebensbereiche «methodisieren», «didaktisieren» und verschulen würde, auseinanderklaffen, zeigt folgendes Beispiel aus dem Unterricht einer dritten Klasse auf besonders drastische Weise. [6]

Ausgangslage für die Unterrichtseinheit ist ein Text, in dem der 80-jährige Kabarettist Emil Steinberger über seine Schulzeit plaudert. Besonders gut kann er sich an seinen Schulweg erinnern: Die Bäckerei sei die erste Versuchung gewesen. Dort hätte er jeweils, wenn er ein paar Batzen im Hosensack gehabt hätte, ein «Mutschli» oder einen Nussgipfel gekauft. Spannend sei auch der Bahnübergang gewesen, wo eine Frau jeweils vor der Vorbeifahrt eines Zuges von Hand die Barriere hinuntergelassen hätte. Danach sei auf der rechten Seite das Paulusheim gekommen, ein besonders wichtiger Ort, weil er dort zum ersten Mal hätte Theater spielen können. Es folgte der Rosshändler, der potenziellen Käufern seine Pferde vorgeführt hätte, indem er sie die Strasse rauf und runter galoppieren liess. Auch eine am Schulweg gelegene Papeterie hätte den kleinen Emil fasziniert. Dort hätte er immer geschaut, was es an Papier und Stiften Neues gab. Links ein Restaurant, wo er auf dem Heimweg für seine Eltern jeweils eine Flasche Bier besorgen musste. Ebenfalls erinnere er sich an einen Hafner in einer alten Hütte, der Kachelöfen zusammenbaute. Emil und seine Freunde hätten miteinander abgemacht, dass immer einer von ihnen während dreier Tage auf dem Schulweg eine Fortsetzungsgeschichte erzählen musste. Ja, und das Geschichtenerzählen sei ihm bis heute geblieben.

Hätte die Schule tatsächlich mit den Lern- und Lebensbedürfnissen der Kinder etwas zu tun, dann würde sie wohl alles daransetzen, den Kindern möglichst viele solche Erlebnisse, von denen

Emil Steinberger so begeistert erzählt, zu ermöglichen. Ganz anders die Lehrplanschule, wie wir sie heute kennen. Emils Erlebnisse dienen bloss als Grundlage für eine Unterrichtseinheit, in der sich, wie die didaktischen Anweisungen für die Lehrperson zeigen, neun- bis elfjährige Kinder wie kleine Universitätsprofessorinnen, Universitätsprofessoren, Stadtplanerinnen und Stadtplaner theoretisch, intellektuell, analysierend und vergleichend mit den Unterschieden zwischen früher und heute auseinandersetzen sollen.

So sollen, wie es in den Unterrichtsanweisungen heisst, die Schülerinnen und Schüler diskutieren, wie der Schulweg in 10, 20 oder 50 Jahren aussehen könnte und wie man in Zukunft unterwegs sein werde. Gemäss «Kompetenzerwartung» des Lehrplans sollen die Kinder lernen, «frühere und heutige Mobilitätsformen zu unterscheiden» sowie deren «Vor- und Nachteile zu beurteilen». Sie sollen «mögliche Entwicklungen im Bereich Mobilität antizipieren» und deren «Auswirkungen einschätzen». Auf einem speziellen Arbeitsblatt sollen sie eine Liste von möglichen Interviewfragen zu diesem Thema mit zusätzlichen zwei bis drei eigenen Fragen ergänzen. Die Kinder sollen in der Klasse diskutieren, was sich ihrer Meinung gegenüber früher am meisten verändert hat, was früher und heute die «Gefahren auf dem Schulweg» sind und welche Bedeutung kürzere Schulwege in Bezug auf «höhere Chancengleichheit» haben könnten. Die Schülerinnen und Schüler sollen sich überlegen, wie sich der Schulweg «in Zukunft verändern» könnte und sie sollen hierzu «mögliche Szenarien diskutieren». Anschliessend sollen sie zu diesem Thema einen Aufsatz schreiben oder ein Plakat gestalten. Sie sollen darüber hinaus «Veränderungen in Räumen erkennen» und über «Folgen von Veränderungen und die zukünftige Gestaltung und Entwicklung nachdenken». Sie sollen zudem beschreiben können, wie Menschen zum Beispiel durch das Wohnen, die Produktion von Nahrungsmitteln, das Unterwegssein und die Freizeitgestaltung ihren «Lebensraum und ihre Umgebung gestalten und verändern können». Sie sollen für die Gestaltung des Lebensraums eigene Anliegen und Wünsche «benennen» können, Ideen und Perspektiven «entwickeln» und dazu «Stellung nehmen». Sie sollen ausgehend von Spuren im Raum sowie von Texten und Bildern Veränderungen in der eigenen Wohnumgebung «erfassen» und «Vergleiche zwischen früher und heute anstellen» können. Sie sollen über die Auswirkungen von Veränderungen im Raum für die Menschen und die Natur und über Gestaltungs- und Verhaltensmöglichkeiten in der Zukunft «nachdenken können». Schliesslich wird zur Weiterführung des Themas auf 36 weitere Unterrichtseinheiten zum Thema Schulweg hingewiesen.

So kann man buchstäblich jedes Thema, für das sich Kinder ursprünglich vielleicht noch interessieren würden, durch genug langes «Intellektualisieren» systematisch zerstören. Wer solche Unterrichtseinheiten kreiert, hat, schlicht und einfach gesagt, nicht die geringste Ahnung davon, wie kindliches Lernen – in der Ganzheitlichkeit von Denken, Tun und Erleben – tatsächlich funktioniert. Aber noch viel schlimmer: Nichts wirkt sich auf das Selbstwertgefühl eines Kindes so lähmend aus wie der Blick in eine Zukunft voller Gefahren und voller Probleme, über die man bloss «nachdenken» und «diskutieren» und die man bloss «analysieren» soll, ohne selber konkret etwas tun zu können. Wahrscheinlich hätten nur schon ein kurzer Waldspaziergang oder die Flussfahrt in einem Gummiboot in Bezug auf das zukünftige «Mobilitätsverhalten» der Kinder einen weitaus grösseren Nutzen gehabt als jedes noch so lange zermürbende Zerreden und Analysieren einer Welt, die ohnehin schon aus allen Fugen geraten ist.

VON DER WUNDERWELT DER ZAHLEN BIS ZUM HORRORFACH NUMMER EINS

Meine Enkelin Leonie war viereinhalb Jahre alt, als sie folgende Mathematikaufgabe bewältigte: Wir spielten Eile mit Weile und sie hatte eine Fünf gewürfelt. Das Umsetzen dieser Zahl auf die Anzahl Spielfelder, die sie nun vorrücken konnte, wollte noch nicht gelingen. Was tat sie? Sie legte ihren kleinen Finger an den ersten Punkt auf dem Würfel und setzte ihre Spielfigur um ein Feld nach vorne. Das Gleiche tat sie mit dem zweiten Punkt, und so weiter. Doch als sie wenig später wiederum eine Fünf würfelte, warf sie nur noch einen kurzen Blick auf den Würfel und schob ihre Spielfigur in einem einzigen Zug um fünf Felder vorwärts – innerhalb weniger Minuten hatte sie ein neues, globales Verständnis der Zahl Fünf gewonnen.

Einen Monat später konnte sie nicht nur bereits bis 15 zählen, sondern beherrschte auch schon die ersten zehn Ordnungszahlen. Beim Treppensteigen sagte sie: «Erste Stufe, zweite Stufe», und so weiter. Auch konnte sie drei von vier Legosteinen unterscheiden und kommentierte das so: «Das ist einer mehr», mit anderen Worten, sie verfügte bereits über erste Kenntnisse von Addition und Subtraktion. Wenn sie sechs Legosteine gleichmässig auf drei Figuren verteilen wollte, legte sie zu jeder Figur zwei Steine und war damit bereits auf dem Gebiet der Multiplikation und Division angelangt. Wiederum drei Monate später unternahm sie sogar schon ihren ersten Abstecher in die Welt der Geometrie und das kam so: Als Leonie mit ihrer Oma in den Nachbargarten schaute, meinte sie, die gleichen Blumen auch schon in ihrem eigenen Garten gesehen zu haben. Ja, meinte die Oma, nur seien sie da nicht, so wie im Nachbargarten, von einem Viereck umgeben. Worauf Leonie heftig protestierte: Dies sei kein Viereck, sondern ein Kreis, der in der Mitte durchgeschnitten sei. Sie meinte damit die Steinplattenumrandung, in welcher sich die

Blumen befanden und die tatsächlich einen Halbkreis bildete.

Und so ging das immer weiter, bis mich Leonie eines Tages, sie war nun sechseinhalb Jahre alt, fragte, welches denn die absolut höchstmögliche Zahl sei. Das, versuchte ich ihr zu erklären, könne man nicht sagen, denn auch wenn man bei einer noch so hohen Zahl angelangt sei, könne man ja immer noch weiterzählen. Einen Moment lang blieb Leonie stumm. Dann meinte sie: Aber das geht doch nicht, irgendwann hat man doch keine Wörter mehr für alle diese Zahlen. Nun war ich es, dem es die Sprache verschlagen hatte. Ja, sagte ich, du hast Recht, man braucht für jede Zahl ein neues Wort, Millionen, Billionen, Trillionen, Trilliarden, und das ist erst der Anfang. Und wenn das immer so weiterginge, würden einem tatsächlich eines Tages die Wörter ausgehen, denn aus 26 Buchstaben lassen sich nun mal beim besten Willen nicht unendlich viele Wörter bilden. Nun war es für Leonie Zeit, ins Bett zu gehen. Doch vor dem Einschlafen wollte sie unbedingt noch wissen, wie weit sie wohl kommen würde, wenn sie jetzt sofort zu zählen begänne und bis an ihr Lebensende nicht mehr damit aufhören würde.

Und dann lese ich im Elternmagazin «Fritz und Fränzi» vom 20. August 2012: «Kaum ein anderes Schulfach löst so viel Unmut aus wie Mathematik. Viele Kinder erleben sie als schwierig, manchen macht sie Angst. Sie verlieren das Interesse und das Selbstvertrauen. Steigt die Angst, sinkt die Leistung, was wiederum die Angst verstärkt. Nicht wenige Kinder reagieren mit Bauchschmerzen und frühmorgendlichen Schreikrämpfen, wenn Mathe auf dem Stundenplan steht.» Auch Barbara Ott, Didaktikprofessorin an der Pädagogischen Hochschule St. Gallen, sagt: «Es ist die Angst vor dem Fach, die lähmt, diese hemmt die Fähigkeit, Mathematik zu verstehen, und die Möglichkeit, sich an ihr zu beteiligen.» Dies, so Ott, widerspreche eigentlich der Grundidee von Mathematik, die vor allem im Entdecken, Analysieren und im Hinterfragen von Autoritäten ihren tieferen Sinn habe, nicht im Ausführen vorgeschriebener Rezepte. [7]

Auch Lisa. Sie beherrschte bereits lange vor ihrem ersten Schultag einfache Additionen, ohne von ihren Eltern speziell hierfür angeleitet worden zu sein. Lisa hatte ganz einfach in ihrer Umgebung immer wieder beobachtet, dass Dinge zusammengezählt werden und wollte das dann auch können. Hierfür bastelte sie sich ganz besondere eigene Regeln, die denn auch wunderbar funktionierten, ohne dass man dies als Aussenstehender wirklich nachvollziehen konnte, es war sozusagen Lisas Geheimnis. Ein halbes Jahr später, Lisa war nun in der Schule, stellten ihre Eltern eines Tages zu ihrer grössten Verwunderung fest, dass sie – kein Witz! – die gleichen Additionen, die sie eben noch beherrscht hatte, nicht mehr zu lösen vermochte. Ganz offensichtlich deshalb, weil in der Schule versucht wurde, ihr andere, neue Regeln beizubringen, die mit ihren selber herausgefundenen Regeln so sehr in Widerspruch gerieten, dass in ihrem Kopf nur noch ein einziges riesiges Chaos entstanden war.

Die Beispiele zeigen einmal mehr den unauflösbaren Widerspruch zwischen den *Lernplänen* der Kinder und dem *Lehrplan* der Schule. Auch das Lesen und Schreiben würden die Kinder, griffe man nicht gewaltsam in ihre Lernwege ein, zweifellos bis zur Perfektion erlernen, handelt es sich dabei doch um etwas vergleichsweise viel Einfacheres und Banaleres als das Erlernen der Muttersprache in ihrem mündlichen Gebrauch, was die Kinder ohne Hilfe ganz alleine in ihren ersten Lebensjahren geschafft hatten. Wahrscheinlich müsste das Kind bloss möglichst viele Bücher lesen, um sich nach und nach – Lernen durch Imitation – die korrekten Schreibweisen einzuprägen und diese dann auch beim eigenen Schreiben – Learning by Doing – anzuwenden. Ja, wahrscheinlich wäre sowieso alles viel einfacher und weniger kompliziert, wenn wir ein viel grösseres Vertrauen hätten in die inneren Stimmen und Melodien, welche jedes Kind bei seinem Lernen durch die Welt so zuverlässig begleiten.

ZWEI GESCHICHTEN, DIE NIE ZUEINANDER GEFUNDEN HABEN

So, wie es den meisten Kindern mit dem Mathematikunterricht geht, erging es mir als Schüler mit dem Geschichtsunterricht.

Ich erinnere mich noch gut. Es war in der zweiten Sekundarklasse und wir hatten einen sehr gestrengen Geschichtslehrer. Die Geschichtsstunden bestanden für mich hauptsächlich aus der Angst, vom Lehrer aufgerufen zu werden und auf seine Frage keine Antwort geben zu können. Das war nämlich seine Methode: Er hielt ellenlange Vorträge und unterbrach diese dann ganz plötzlich. Alle wussten: Jetzt würde er eine Frage stellen, die sich auf eine von ihm zuvor gemachte Aussage bezog. Er würde dann irgendeinen Schüler oder irgendeine Schülerin aufrufen und diese, wenn sie die Antwort nicht wüsste, vor der ganzen Klasse massregeln und alle, selbst die, welche die Antwort ebenfalls nicht gewusst hätten, würden schadenfroh kichern. So wollte er uns zwingen, ihm zuzuhören, auch wenn die von ihm erzählten Geschichten noch so langweilig waren.

Später, am Gymnasium, war es dann wieder ein Geschichtslehrer, an den ich mich heute noch erinnere. Es war zwar etwas entspannter, dafür aber *noch* langweiliger als zuvor an der Sekundarschule. Der Geschichtsunterricht bestand darin, dass wir der Reihe nach jeweils einen Abschnitt aus einem Geschichtsbuch laut vorlesen mussten, bis die Stunde vorüber war. In meiner Erinnerung war es nur eine unendliche Litanei von Kaisern, Königen, Herzögen, Fürsten, Jahreszahlen und Feldzügen, die miteinander zu einem undurchdringlichen Brei verschmolzen, ohne dass ich darin den geringsten Sinn zu erkennen vermochte. Der Lehrer verdiente bei der ganzen Veranstaltung, die Woche für Woche und Jahr für Jahr nach dem genau gleichen Schema ablief, sein Geld damit, dass er auf einem Stuhl sass und uns beim erzwungenen Vorlesen dieser zermürbenden Texte mehr oder weniger aufmerksam zuhörte.

Gleichzeitig aber bzw. schon mehrere Jahre zuvor hatte eine ganz andere Geschichte begonnen, und zwar am 8. November 1960, ich war zehneinhalb Jahre alt. Auch das weiss ich bis heute noch ganz genau. Ich sass an dem winzigen Radiogerät in unserem Wohnzimmer und lauschte wie gebannt den Tagesnachrichten. Es ging um die Präsidentschaftswahlen in den USA. Irgendwie, das weiss ich nicht mehr so genau, musste ich mitbekommen haben, dass zwei Männer, nämlich Richard Nixon und John F. Kennedy, Präsident der USA werden wollten. Und aus irgendeinem Grund war mir der eine, nämlich Kennedy, unglaublich sympathisch, der andere aber, Nixon, ganz und gar nicht. Und meine Freude war unbeschreiblich, als der hauchdünne Sieg von Kennedy, der Nixon um sage und schreibe 0,1 Prozent aller Wählerstimmen übertroffen hatte, vermeldet wurde. Ich freute mich dermassen, als wäre ich selber zum Präsidenten der USA gewählt worden.

Diese beiden Geschichten, der Geschichtsunterricht in der Schule auf der einen Seite und meine eigentätige Beschäftigung mit politischen und historischen Ereignissen auf der anderen, haben nie zueinander gefunden. Es waren zwei ganz verschiedene, ja gegensätzliche Welten. In der einen wurde ich mit Wissen bombardiert, das mich gar nicht interessierte und dem gegenüber ich mich immer mehr verschloss. In der anderen saugte ich Nachrichten und Meldungen, die aus irgendeinem Grunde meine Aufmerksamkeit erregten, mich berührten, mich aufwühlten oder mich manchmal nicht einmal ruhig schlafen liessen, wie ein Schwamm in mich auf.

Es ist immer wieder das Gleiche: Wissen, das einem *beigebracht* wird, und Wissen, das man sich *selber* sucht und erarbeitet. *Lehren* und *Lernen*. *Lehrpläne* und *Lernpläne*. Die Diskrepanz ist vielleicht auf wenigen Wissensgebieten so krass wie bei der Auseinandersetzung mit geschichtlichen Ereignissen. Wenn ich an die Fragen meiner Kinder im Alter zwischen vier und sieben Jahren zurückdenke – ob es, als ich zur Welt gekommen sei, noch Ritter gegeben hätte oder vielleicht sogar noch Dinosaurier, usw. –, dann zeigt sich doch ganz offensichtlich eine unersättliche natürliche Neugierde des Kindes nach allem, was in der Vergangenheit geschah. Ausgehend von dieser Neugierde, ergäbe sich aus jeder Antwort auf eine Frage wieder eine neue Frage, und so könnte sich nach und nach ein geschichtliches Wissen aufbauen ganz und gar vergleichbar mit der Art und Weise, wie das Kind seine Muttersprache erlernt.

Dem diametral gegenüber steht ein schulischer Lehrplan, in dem festgeschrieben ist, in welchem Alter sich die Kinder mit welchen Ereignissen beschäftigen sollen und mit welchen nicht. Das ist ein Akt extremer Willkür und Bevormundung, der jegliches natürliches, individuelles Interesse des Kindes zu ersticken droht. Denn echtes Lernen kann nur aus einer unmittelbaren emotionalen Betroffenheit entstehen, so wie sie bei mir durch die US-Präsidentschaftswahlen im Jahre 1960 ausgelöst wurde, als sich in diesem Augenblick in mir ein Funke entzündete, der mich dann auf natürliche Weise zu immer wieder anderen Fragen und Themen weiterführte, während andere Kinder im gleichen Alter ihre ersten Schritte in politische oder geschichtliche Themen wiederum auf ganz anderen Wegen, durch andere Begegnungen und durch andere Momente von Betroffenheit fanden.

Damit nicht genug. Der Lehrplan greift zudem willkürlich aus der Fülle geschichtlicher Ereignisse einige wenige heraus, die – wie zum Beispiel der Zweite Weltkrieg – zum Bestandteil eines unverzichtbaren, allgemeinverpflichtenden Allgemeinwissens erklärt werden, während andere – wie zum Beispiel sämtliche Gräueltaten, welche im 19. Jahrhundert von den europäischen Kolonialmächten an der Bevölkerung Afrikas verübt wurden – nur, wenn überhaupt, am Rande vermerkt werden. So etwas wie ein allgemein verpflichtendes Allgemeinwissen ist jedoch letztlich nichts anderes als eine reine Fiktion. Die «Wahrheit» entsteht nicht dadurch, dass irgendwelche Gremien von Expertinnen und

Experten entscheiden, womit sich lernende und wissbegierige Menschen beschäftigen sollen und womit nicht. Die «Wahrheit» kann nur entstehen, indem zu möglichst sämtlichen Themen und Wissensgebieten ein gleichwertiger Zugang besteht und die Instrumente zur Verfügung stehen, damit alle Menschen die Möglichkeit haben, sich ihr eigenes Wissen und ihre eigenen daraus gewonnenen Weltbilder aufzubauen.

DER TRUGSCHLUSS, MEHR ZWANG, MEHR DRUCK UND MEHR ÜBEN FÜHRTEN ZU MEHR LERNEN

Nach wie vor weit verbreitet ist auch immer noch die Überzeugung, «richtiges» Lernen sei, etwa im Gegensatz zum spielerischen, lustvollen Tun des Vorschulkindes, etwas «Mühsames», «Anstrengendes», eine Art «Knochenarbeit». Damit wird dann jeglicher Unsinn, der in der Schule betrieben wird, quasi «wissenschaftlich» begründet und dem Kind aufgeschwatzt, es müsse nur genug «leiden», um möglichst viel zu lernen. Tatsächlich aber ist genau das Gegenteil der Fall: Gut gelernt wird vor allem all das, was mit Freude und mit Lust gelernt wird und in Übereinstimmung zwischen den inneren, natürlichen Interessen und Lernbedürfnissen des Kindes und den äusseren Herausforderungen. «Lernen ohne Freude», so Johann Heinrich Pestalozzi, «ist keinen Heller wert».

Ein ebenso grosser Trugschluss besteht in der Annahme, möglichst viel Üben bewirke möglichst viel Lernen. Im Gegenteil: Nichts ist für das Kind so mühsam, als wenn es seitenweise Additionen zweistelliger Zahlen üben soll, obwohl es doch schon längst weiss, wie das geht. Das ist so wenig motivierend, dass Kinder dabei oft Fertigkeiten, über die sie bereits verfügten, nach und nach sogar wieder verlieren, da sie schon längst nicht mehr mit Interesse, Konzentration und gespannter Neugierde bei der Sache sind. Aber auch das Üben von Dingen, die das Kind noch nicht kann, ist in aller Regel höchst nutzlos, so wie das Stochern in Wunden, die noch längst nicht verheilt sind, was dem Kind stets den Spiegel seines Ungenügens unerbittlich vor Augen hält.

Massloses Üben wird oft auch damit begründet, dass das Gehirn angeblich ein «Sieb» sei und Dinge, die man schon einmal wusste, laufend wieder vergessen gingen, so dass es Sinn mache, möglichst viel zu üben, um wenigstens einen Teil des Gelernten im Gedächtnis zu behalten. Doch das Gehirn ist alles andere als ein Sieb. Immer wieder stelle ich bei meinen Enkelkindern fest, dass sie oft ein Wort nur ein einziges Mal hören, es dennoch nie mehr vergessen und stets auch genau im richtigen Zusammenhang verwenden. Vergessen wird nur, was falsch gelernt wird und in Missachtung der Gesetzmässigkeiten natürlichen, selbstbestimmten Lernens.

In diesem Zusammenhang muss ich immer an Elvira denken, Schülerin einer zweiten Sekundarklasse, die sich mit dem Mathematikunterricht überaus schwertat. Als eine besonders anspruchsvolle Mathematikprüfung bevorstand, verlor Elvira ganz und gar die Nerven und fürchtete sich schon eine Woche zuvor vor dieser Prüfung. Möglicherweise war das auch der Grund dafür, dass sie am folgenden Tag krank wurde und nicht mehr zur Schule ging. Eine ganze Woche lang blieb Elvira zuhause. Wie sie mir später erzählte, warf sie während dieser ganzen Woche keinen einzigen Blick in ihr Mathematikbuch, die Prüfung hatte sie förmlich aus allen ihren Gedanken verdrängt. Gleichzeitig übten ihre Mitschülerinnen und Mitschüler fleissig für die anstehende Prüfung. Am Tag, als Elvira wieder zur Schule kam, fand die Prüfung statt. Und, kaum zu glauben, aber wahr: Sie, die bisher in den Mathematikprüfungen immer nur schlechte Noten gehabt hatte, erreichte dieses Mal die beste Note der Klasse. Alle waren verblüfft, niemand konnte sich das erklären. Doch offensichtlich hatte die Zeit, in der sich Elvira sozusagen innerlich von der Schule verabschiedet hatte, in Bezug auf ihre mathematischen Fähigkeiten mehr Positives bewirkt als das gleichzeitige, noch so fleissige Üben ihrer Mitschülerinnen und Mitschüler. Vielleicht hatten die Ruhe, die Musse und das Ausklinken aus dem täglichen Stress der Prüfungsvorbereitung unbewusste innere Lernprozesse möglich gemacht, die sonst nicht hätten stattfinden können. Gewiss hat erfolgreiches Lernen weit mehr mit Geheimnissen und Unerklärlichem zu tun als mit noch so gezieltem Planen, Organisieren und Üben, Üben, Üben bis zum Überdruss.

«LESEFÖRDERUNG»: ALLZU GUT GEMEINTES VERKEHRT SICH IN SEIN GEGENTEIL

Besonders tragisch zeigen sich die Folgen der falschen Annahme, mehr Druck, Zwang und Fremdbestimmung führten zwangsläufig zu mehr Lernen, bei dem, was für gewöhnlich als «Leseförderung» bezeichnet wird.

Aufgeschreckt durch das Resultat der jüngsten Pisa-Studie, wonach ein Viertel der 15-Jährigen in der Schweiz nicht mehr fähig sein sollen, einen kurzen Text nach einfachen Informationen zu durchsuchen, und die Hälfte der 15-Jährigen so schlecht lesen, dass sie für den Alltag nicht ausreichend gewappnet sein sollen, erschallt seither von allen Seiten der Ruf nach möglichst umfassenden Gegenmassnahmen. Anke Schmitz, Professorin für Deutschdidaktik an der Fachhochschule Nordwestschweiz, gibt zudem zu bedenken, dass die Gruppe der schwach Lesenden in den letzten Jahren sogar zunehmend grösser geworden sei, sie sagt: «Hier muss etwas getan werden, und zwar dringend!» [8]

Doch wie sehen diese «Gegenmassnahmen» konkret aus? Immer wieder höre ich von Kindern, die schon in der ersten oder zweiten Klasse Speziallektionen zur Leseförderung verabreicht bekommen, häufig erhalten Kinder auch die Hausaufgabe, täglich eine halbe Stunde laut zu lesen. Immer mehr Verbreitung findet auch der sogenannte «Lesepass»: Mit ihm sammeln die Kinder für eine vereinbarte Lesezeit Unterschriften von Eltern oder Grosseltern. Ist der Pass voll, gibt es eine Anerkennung der Leistung durch eine Leseurkunde, Coupons, andere Belohnungen sowie einen neuen Lesepass. Ein anderes Mittel zur Leseförderung ist die «Leseolympiade»: Um eine vorgegebene Station erfolgreich zu meistern, müssen die Kinder eine bestimmte Anzahl von Büchern oder Texten lesen. Nach erfolgter Lektüre wird eine Station vorgerückt – bis schlussendlich das Ziel erreicht ist. Bei einem erfolgreichen Abschluss der Leseolympiade wartet am Ende eine Urkunde oder Medaille auf die Teilnehmenden.

Ob all jene, die solche Ideen ausgeheckt haben, sowie all jene Lehrkräfte und Eltern, die bei solchem Unsinn mitmachen, wirklich nicht merken, dass sie damit viel mehr Schaden als Nutzen anrichten? Lesen tun Kinder doch aus eigenem Interesse nur dann, wenn es ihnen, einfach gesagt, wirklich Spass macht und sie damit etwas erleben, was sie sonst nicht erleben könnten. Ihnen das Lesen aufzunötigen bzw. schmackhaft zu machen, indem man dafür Belohnungen, Urkunden und Medaillen verleiht, vermittelt doch nichts anderes als die Botschaft: Eigentlich ist Lesen eine so mühsame, lästige und unangenehme Sache, dass man es freiwillig gar nicht tun würde, sondern nur, wenn man dafür eine «Gegenleistung» erhält. Es ist, einmal mehr, der tragische Irrtum, man könne Lernen durch Druck oder äussere Anreize fördern, während es tatsächlich doch gerade dadurch massgeblich gefährdet wird. Denn jedes Kind, das am Abend nach der Schule zuhause noch eine halbe Stunde lang lesen muss, wird den Tag ersehnen, an dem dieser Zwang endlich wegfallen wird – im schlimmsten

Fall wird es dann für den Rest des Lebens kaum mehr ein Buch zur Hand nehmen wollen.

Fachleute betonen immer wieder die Bedeutung vertieften Lesens für die geistige Entwicklung von Kindern und Jugendlichen, aber auch als permanentes geistiges «Fitnesstraining» für Erwachsene. «Lesen», so der Jugendautor Severin in der Liechtensteiner Sonntagszeitung «Liewo» vom 1. Oktober 2023, «fördert unsere Vorstellungskraft und Kreativität. Es hat auch viele positive Auswirkungen auf das Gehirn und ist daher ein sehr gutes Gehirntraining. Es verbessert unter anderem unser Erinnerungsvermögen und auch unsere Konzentration. Ausserdem kann Lesen empathischer machen, das heisst, man kann sich besser in andere Menschen hineinversetzen, wie man sich eben auch in die Geschichten hineinversetzen muss.»

Doch lässt sich Lesen weder durch Zwang, noch durch Belohnungen oder andere künstliche Anreizsysteme nachhaltig fördern. Eigentlich müsste man genau umgekehrt vorgehen. «Wenn Kinder zum Lesen angehalten werden, verspricht das nicht mehr Lesefreude», schreibt der Publizist Jonas Resch in einer Kolumne des «Tagblatts» vom 11. Dezember 2023. In der Tat: Lesefähigkeit kann nur entstehen aus Lesefreude. Da jedes Kind von Natur aus neugierig ist und alles wissen und erfahren möchte, was es noch nicht weiss, wären die natürlichen Voraussetzungen für die Lesefreude eigentlich schon vorhanden und müssten nicht künstlich angestachelt werden.

Etwas überspitzt formuliert könnte man sogar sagen, dass man, um das Lesen zu fördern, Bücher möglichst gut verstecken sollte, denn Kinder interessieren sich viel mehr für Geheimnisse und verborgene Schätze als für das, was man offen vor ihnen ausbreitet. Für mich jedenfalls war das grösste und intensivste Leseerlebnis meiner Kindheit nicht etwas, was mir von aussen aufgedrängt wurde, sondern etwas, was ich sozusagen im Verborgenen ganz für mich alleine entdeckt hatte: die Lektüre der Winnetoubücher, von denen ich sämtliche Bände in kürzester Zeit verschlang, was mich dermassen in Bann zog, dass ich zeitweise weit mehr in den Prärien Nordamerikas zu leben schien als in den vier Wänden meines Kinderzimmers. Ich las nicht, weil es mir irgendwer befohlen oder aufgeschwatzt hatte, sondern weil ich dadurch Dinge erleben und eine neue Welt kennenlernen konnte, die ich sonst nicht kennengelernt hätte. Eigentlich ist es simpel: Um Lesen zu «fördern», braucht es nur zweierlei, einerseits den Zugang zu Büchern und anderseits, und das ist mindestens so wichtig, genügend freie Zeit und Musse, um sich auch über längere Zeit mit voller Aufmerksamkeit und Anteilnahme in ein Buch vertiefen zu können. Tragischerweise wird den Kindern mit den viel zu langen Schultagen, den völlig unnötigen Hausaufgaben, zahllosen leistungsorientierten Freizeitbeschäftigungen, einer permanenten Berieselung durch elektronische Medien und der systematischen «Verschulung» sämtlicher Lernbereiche genau diese Zeit und diese Musse, die für eigentätiges, selbstbestimmtes Lernen so unentbehrlich wäre, förmlich unter den Füssen weggerissen.

DIE KINDER DER SCHULE ANPASSEN ODER DIE SCHULE DEN KINDERN?

Ein weiterer Trugschluss liegt in der Annahme, es gäbe so etwas wie «verlorene» Zeiten, die für das Lernen nutzlos verstreichen, zum Beispiel, wenn ein Kind, statt seine Rechenaufgaben zu lösen, zum Fenster hinausschaut und scheinbar untätig ist. Doch so denken nur Erwachsene, nicht Kinder. Für Kinder gibt es keine «verlorenen» Zeiten, jeder Augenblick des Lebens ist voller Reichtum, unersetzlich, und gerade in Zeiten scheinbarer «Untätigkeit» können die wertvollsten und wichtigsten Entwicklungsschritte erfolgen. Nicht umsonst stammt das Wort «Schule» vom griechischen «Skole» ab, was so viel bedeutet wie Musse. Offensichtlich verfügten die Menschen schon vor über 2000 Jahren über Weisheiten, die uns in der Zwischenzeit nach und nach abhandengekommen sind.

Etwas vom Unsinnigsten sind Hausaufgaben. Während Mama und Papa schon längst gemütlich mit Bier und Chips vor dem Fernseher sitzen, brütet das Kind noch immer lustlos und voller Missmut über seinen Sprach- und Rechenaufgaben und lernt nichts, was es nicht ebenso gut auch in der Schule hätte lernen können. Gerade recht ist das, um seinen ohnehin schon grossen Überdruss an der Schule noch gänzlich zum Überlaufen zu bringen. Ganz abgesehen davon, dass sich Hausaufgaben auch höchst schädlich auf die Chancengleichheit der Kinder auswirken können, haben doch ausgerechnet jene Kinder, die schon in der Schule eher erfolgreich sind, auch beim häuslichen Lernen wiederum viel bessere Voraussetzungen: gute Lerngeräte, ein eigenes, ruhiges Zimmer, möglicherweise sogar zusätzliche, privat angeschaffte Lernmittel und Eltern, die genug Zeit und Fachwissen haben, um ihnen bei Schwierigkeiten zur Seite zu stehen. Doch nicht nur das. Da kommt das Kind um drei oder vier Uhr oder auch später nachhause, hat sich schon auf dem Heimweg darauf gefreut, mit seinen Geschwistern zu spielen. Rollenspiele, aus Legosteinen etwas Schönes bauen, im Garten herumtollen, Streiche aushecken, etwas verstecken und die anderen es suchen lassen – Lernen im urtümlichen Sinne, entdeckend, spielend, selbstbestimmt, wie eine Pflanze, die langsam wächst und immer wieder überraschend neue Blüten hervorbringt. Und dann, mitten hinein, wie ein Blitz aus heiterem Himmel, wie ein Messer, das alle so liebevoll geknüpften Fäden im Bruchteil einer Sekunde erbarmungslos wieder zerreisst: Der Ruf der Mutter, jetzt sofort mit dem Spielen aufzuhören und noch vor dem Nachtessen die Hausaufgaben zu erledigen. Kommt Lehrkräften, welche Hausaufgaben erteilen, eigentlich nie in den Sinn, was für einen unverzeihbaren Schaden sie damit anrichten? Haben die selber denn keine eigenen Kinder?

Besonders schlimm ist, wenn Kinder, was nicht selten vorkommt, wegen zu vieler Hausaufgaben ein geliebtes Hobby aufgeben und damit ausgerechnet auf etwas verzichten müssen, was zum Aufbau ihrer Stärken und ihres Selbstvertrauens besonders wichtig gewesen wäre. Der «Blick» berichtete am 22. November 2018 über den Fall eines neunjährigen Jungen in Frankreich, der von Familienmitgliedern totgeschlagen wurde, weil er seine Hausaufgaben nicht gemacht hatte. Gewiss ein absolut seltener Einzelfall, der aber nur die Spitze eines gewaltigen Eisbergs bildet und ein erschreckendes Licht wirft auf so manchen auch in ganz «gewöhnlichen» Familien vorkommenden Streit und Familienzwist im Zusammenhang mit den so unliebsamen Hausaufgaben. «Ein Bildungssystem, das auf Hausaufgaben angewiesen ist», schreibt der Autor und Journalist Nils Pickert im «Tagesanzeiger» vom 18. Januar 2023, «hat versagt. Es hat auch versagt, wenn es von Schülerinnen und Schülern verlangt, in Krankheitsphasen zu lernen und nach überstandener Krankheit eine Prüfung nachzuholen.»

Kaum ist ein Kind krank, springen die Eltern schon zum Kinderarzt, holen Medikamente und tun alles, damit das Kind möglichst schnell wieder gesund wird, denn es soll auf keinen Fall zu viel Schulstoff verpassen. Und so steht dann meistens auch schon am Abend des ersten Krankheitstages die Schulfreundin mit einem Mäppchen voll mit den Blättern, die an diesem Schultag bearbeitet wurden, vor der Haustür und das kranke Kind soll nun trotz Fieber, Müdigkeit oder Bauchschmerzen das «Versäumte» so schnell wie möglich nacharbeiten. Dabei sind doch Krankheiten in aller Regel dringend notwendige Auszeiten für das Kind, Entwicklungsphasen, in denen sich oft ganz wesentliche geistig-seelisch-körperliche Transformationen abspielen, die vor allem, um erfolgreich abzulaufen, eines brauchen: Zeit, Ruhe und

Geduld. Geht es nicht selbst auch uns Erwachsenen häufig so, dass wir nach einer überstandenen Krankheit so etwas wie ein ganz neues Lebensgefühl empfinden: Endlich konnten wir mal zehn oder zwölf Stunden einfach durchschlafen, vielleicht haben uns ganz besonders intensive Träume begleitet und wir haben uns gefühlt wie eine Raupe, die sich in einen Schmetterling verwandelt. Eigentlich müsste es, analog zum Recht auf Gesundheit, auch so etwas geben wie ein Recht auf Krankheit. Damit man die Kinder bei ihrem Kranksein ganz einfach mal in Ruhe lässt, damit sie auf diese Weise ihre Kräfte neu aufbauen und wieder wie Schmetterlinge fröhlich weiterfliegen dürfen. Denn Krankheiten, so paradox dies auch klingen mag, machen in Tat und Wahrheit nicht krank, sondern gesund.

Wie unterschiedlich die Uhren des Schulalltags und die Uhr eines jeden einzelnen Kindes ticken und was für «Störungen» dies zur Folge haben kann, zeigt sich auch darin, dass Kinder ganz spezifische Schlafgewohnheiten haben und zu ganz verschiedenen Tageszeiten über die jeweils beste Aufnahmebereitschaft und Konzentrationsfähigkeit verfügen. Besonders betroffen sind sogenannte «Nachteulenkinder», die Einschlafschwierigkeiten haben und dann am nächsten Morgen oft viel zu müde sind, um sich auf den Schulstoff konzentrieren zu können. Immer öfters greifen daher Eltern zu einem, neuerdings vor allem auch auf sozialen Medien propagierten, Trick: Sie verabreichen ihren Kindern Gummibärchen mit dem schlaffördernden Nahrungsergänzungsmittel Melatonin. «Die Kinder dachten», so eine begeisterte Mutter in einem auf Tiktok veröffentlichten Werbevideo, «es seien Süssigkeiten. Ich habe sie ausgetrickst. So konnte ich ihre innere Uhr umstellen.» [9] Die innere Uhr des Kindes umstellen? Wird damit nicht genau das, was den ureigenen inneren Lern- und Lebensrhythmus eines jeden einzelnen Kindes ausmacht, möglicherweise ganz erheblich gestört, so dass seine Lernfähigkeit längerfristig darunter mehr leiden als davon profitieren könnte? Sollen die Kinder mit allen Mitteln und allen Künsten der Verführung dem Rhythmus der Schule angepasst werden oder müsste sich nicht viel eher die Schule dem Rhythmus der Kinder anpassen?

DER HEIMLICHE LEHRPLAN DER SCHULE

«Mit der Zeit wurde der Abstand zu den anderen Kindern immer grösser. Ich verlor immer mehr an Selbstvertrauen und versank immer mehr in Traurigkeit» – mit solchen oder ähnlichen Worten beschreiben viele Erwachsene ihre Gefühle, wenn sie an ihre Schulzeit zurückdenken.

Niemand spricht es offen aus. Und doch befinden sich alle Kinder, kaum sind sie in der Schule, in einem permanenten gegenseitigen Wettlauf, aus dem neun Jahre später die einen als «Sieger» und «Siegerinnen» hervorgehen und gute Jobs mit hoher Wertschätzung und weit überdurchschnittlichem Lohn bekommen werden, während die «Verlierer» und «Verliererinnen» mit dem Vorlieb nehmen müssen, was am Ende übrigbleibt. Offiziell sagt man den Kindern zwar: Du gehst in die Schule, um möglichst viel zu lernen. Tatsächlich aber gehen die Kinder zur Schule, um gegeneinander um die zukünftigen Sonnenplätze in der Gesellschaft und in der Arbeitswelt zu kämpfen.

Um diese Auslese möglichst «objektiv» legitimieren zu können, braucht es ein vergleichendes Beurteilungssystem. Ob in Form von Zahlennoten in den höheren Klassen oder in Form von Worten in den unteren Klassen, spielt dabei keine Rolle. Stets geht es darum, die Kinder und die Jugendlichen bei ihren Lernfortschritten zu messen, zu bewerten und miteinander zu vergleichen, sie aufzuspalten in «gute» und «schlechte», «schnellere» und «langsamere», «erfolgreichere» und «weniger erfolgreiche» Schülerinnen und Schüler. Dies ist der heimliche Lehrplan der Schule.

Um diese «Objektivität» einigermassen gewährleisten zu können, wurde die Jahrgangsklasse als scheinbar einzig mögliche Form einer Lerngemeinschaft installiert. Dank ihr verfügt man über eine möglichst homogene Gruppe Gleichaltriger, die man bei ihren Lernunterschieden miteinander vergleichen kann. Die Jahrgangsklasse dient nicht vor allem der Lernförderung – hierfür wäre sie nämlich das denkbar ungeeignetste Instrument, lernen Kinder doch nicht vor allem dann, wenn sie mit möglichst vielen anderen Gleichaltrigen zusammen sind, sondern vielmehr dann, wenn sie mit möglichst Verschiedenaltrigen zusammen sind. Die Jahrgangsklasse dient nahezu ausschliesslich der Selektion. Dazu kommt, dass diese Selektion bloss aufgrund einiger weniger, willkürlich herausgegriffener sogenannter «Hauptfächer» – wie vor allem Mathematik, Sprache und Naturwissenschaften – vollzogen wird. Nicht weil dies das einzige Wichtige wäre, was in der Arbeitswelt gefordert wird – wo handwerkliches Geschick, körperliche Ausdauer, Empathie, Kreativität, Experimentierfreude und vieles mehr mindestens so wichtig sind –, sondern schlicht und einfach deshalb, weil sich die Selektion mithilfe dieser Fächer am einfachsten bewerkstelligen lässt.

Dabei beruht die Art und Weise, wie diese Selektion betrieben wird, auf einem höchst perfiden Prinzip: Die einen können nur «gut» und «erfolgreich» sein, *weil* die anderen «schlecht» und «erfolglos» sind. Jedes vergleichende Beurteilungssystem geht davon aus, nicht die individuellen Lernfortschritte des einzelnen Kindes zu messen, sondern bloss seine Unterschiede im Vergleich mit den Lernfortschritten der Mitschülerinnen und Mitschüler, auch wenn diese noch so gering sein mögen. So lässt sich mit jeder beliebigen Gruppe von Menschen eine Rangliste erstellen, man könnte sogar Gruppen bilden von Menschen mit dem genau gleichen IQ, sie eine Prüfung schreiben lassen und selbst dann gäbe es zwischen ihnen, wenn auch winzigste, so eben doch Unterschiede und man könnte immer eine Rangliste aufstellen vom «Besten» bis zum «Schlechtesten».

Daher würden selbst dann, wenn sich *sämtliche* Kinder einer Jahrgangsklasse noch so viel Mühe gäben und sich noch so sehr anstrengten, dennoch stets die einen gegenüber den anderen nachhinken oder voraus sein, so winzig die Unterschiede auch sein mögen. Wie absurd das ist, kann man sich am Beispiel von Skirennen vor Augen führen, bei denen sämtliche Teilnehmerinnen und Teilnehmerinnen unmenschliche Spitzenleistungen vollbringen, bis an die äussersten Grenzen ihrer körperlichen Belastbarkeit gehen und im Extremfall sogar tödliche Risiken eingehen, dennoch am Ende wenige tausendstel Sekunden darüber entscheiden, wer auf dem Podest landen wird und wer nicht. Und stets können die einen nur auf dem Podest stehen, *weil* alle anderen *nicht* auf dem Podest stehen. Mit anderen Worten: Die «Sieger» verdanken letztlich ihren Sieg den «Verlierern», ohne dass diese hierfür auch nur die geringste Anerkennung bekämen, so wie in der Schule, wo sich nur die «Besten» über ihre guten Noten und ihre guten Beurteilungen, über Lob und Anerkennung freuen dürfen, welche sie letztlich all jenen verdanken, die davon ausgeschlossen wurden.

Christa hatte fast in jeder Prüfung, egal in welchem Fach, die beste Note der Klasse, Noten unter einer 5,5 waren bei ihr eine Seltenheit. Doch eines Tages, als ich ihr wieder einmal eine Prüfung mit der Bestnote der Klasse ausgehändigt hatte, schob sie das Prüfungsblatt verschämt beiseite und sass weinend an ihrem Platz. Ich erkundigte mich nach dem Grund ihres Befindens. Da erklärte sie mir, dass es ihr unlängst bewusst geworden sei, dass sie mit ihren Bestleistungen den Klassendurchschnitt jeweils so weit nach oben treibe, dass es am anderen Ende des Spektrums umso tiefere Noten brauche, damit der Klassendurchschnitt nicht zu hoch ausfalle, und dass sie, durch ihren weit überdurchschnittlichen Ehrgeiz, somit mitschuldig sei an den schlechteren Noten ihrer Mitschülerinnen und Mitschüler. Sie hätte sich daher nun entschieden, sich künftig nicht mehr dermassen anzustrengen, um ihren Mitschülerinnen und Mitschüler nicht mehr länger zuzumuten, sich mit so viel schlechteren Noten abfinden zu müssen.

Glücklicherweise ist der Notendurchschnitt – der zur Zeit, als ich Lehrer war, zwingend zwischen 4,2 und 4,6 liegen musste, was automatisch dazu führte, dass sich ein erheblicher Teil der Schülerinnen und Schüler regelmässig mit «ungenügenden» Noten zufrieden geben mussten – in den heutigen Schulen nicht mehr sakrosankt. Dennoch ist der Auftrag der Schule, die gesellschaftliche Selektion im Hinblick auf die Arbeitswelt vorzunehmen, letztlich immer noch der gleiche. Kein Lehrer oder keine Lehrerin kann es sich leisten, *sämtliche* ihrer Schülerinnen und Schüler *alle* vorgegebenen Lernziele auch tatsächlich *vollumfänglich* erreichen zu lassen und *allen* nur gute Noten zu geben. Aus pädagogischer Sicht wäre das dann zwar die beste Lehrerin oder der beste Lehrer der Welt, wäre aber nicht mehr tragbar in einem Schulsystem, das darauf ausgerichtet ist, zukünftige Lebenschancen und Privilegien in unterschiedlicher Abstufung an ihre Schülerinnen und Schüler zu verteilen.

Selbst wenn ein einzelner Lehrer dieses System durchbrechen möchte, ist das zum Scheitern verurteilt. Eines Tages führte ich im Französischunterricht einer zweiten Oberstufenklasse etwas Neues ein: Ich liess die Schülerinnen und Schüler jeweils zehn Sätze in ein Merkheft einschreiben, z. B.: «Ce soir, je vais aller au cinéma.» Baukastensätze sozusagen, die sich in beliebigen Alltagssituationen verwenden lassen und sowohl neuen Wortschatz, grammatikalische Strukturen, Verb- und Zeitformen beinhalteten. Die Schülerinnen und Schüler konnten nun die Unterrichtszeit dazu benützen, sich diese Sätze einzuprägen. Sobald ein Schüler oder eine Schülerin die zehn Sätze beherrschte, konnte sie sich bei mir zu einem kleinen «Test» anmelden, der dann erfüllt war, wenn mindestens neun der zehn Sätze korrekt waren. Wer es nicht schaffte, konnte so lange weiterüben und sich solange immer wieder bei mir melden, bis das Ziel erreicht war. Buchstäblich *alle* Schülerinnen und Schüler der Klasse hatten augenblicklich einen Lerneifer entwickelt, den ich eben noch für unmöglich gehalten hätte, und dies in einer «Realklasse», die an unserer Schule als besonders «faul» und «desinteressiert» galt. Das ging dann immer so lange weiter, bis buchstäblich *alle alles* konnten, dann kamen die nächsten zehn Sätze, und so weiter. In der Zwischenzeit konnten sich jene Schülerinnen und Schüler, welche ihren Test erfüllt hatten, mit Rätseln oder Zusatzübungen unterschiedlichen Schwierigkeitsgrades beschäftigen. Doch schon bald musste ich das Experiment abbrechen. Nicht weil die Schülerinnen und Schüler zu wenig gelernt hatten, im Gegenteil, sie waren viel motivierter gewesen und hatten in kürzerer Zeit mehr gelernt als je zuvor. Der Grund für den Abbruch meines Experiments war ganz einfach der, dass sämtliche Schülerinnen und Schüler der Klasse am Ende viel zu gute Noten hatten und dies mit einem Schulsystem, das auf der Spaltung der Jugendlichen in «gute» und «schlechte» Schülerinnen und Schüler beruht, nicht kompatibel gewesen wäre.

STARRE SCHULLAUFBAHNEN UND IHRE FOLGEN

Hand in Hand mit dem Prüfungs- und Notensystem geht die Zuteilung der Schülerinnen und Schüler in «leistungsstärkere» und «leistungsschwächere» Klassenzüge, so genannte «Tracks», spätestens ab der Oberstufe. Ein weltweit einzigartiges Phänomen, bleiben doch in fast allen anderen Ländern die Kinder und Jugendlichen während der Dauer der obligatorischen Schulzeit in den gleichen leistungsgemischten Klassen, ohne Aufspaltung in unterschiedliche Schultypen.

«Die Kinder», so Andrea Erzinger, Direktorin des Interfaculty Centre for Educational Research an der Universität Bern, «werden bei uns teils sehr früh in verschiedene Tracks – Sekundarklassen A, Sekundarklassen B bzw. Realklassen, Kurz- oder Langzeitgymnasium – eingeteilt und je nach Kanton ist die Durchlässigkeit zwischen den Tracks sehr gering. Dann ist das Wechseln schwierig und wird auch nicht gefördert. Und Kinder aus Familien mit benachteiligter sozialer Herkunft werden, wie vielfach wissenschaftlich untermauert, mit grösserer Wahrscheinlichkeit in tiefere Tracks eingeteilt. In starren Schullaufbahnen aber gehen nicht nur Vorbilder verloren, sondern oft auch die positive Einstellung zum Lernen und das Gefühl, dass sie selber noch etwas bewirken können im eigenen Leben. Dadurch sinkt der Einsatz für die Schule und entsprechend auch die Leistungen.» [10]

Das frühe Einteilen in unterschiedliche Leistungszüge und die geringe gegenseitige Durchlässigkeit widersprechen diametral dem auch in der schweizerischen Bundesverfassung verankerten Gebot grösstmöglicher Chancengleichheit. «Das schweizerische Schulsystem», so der «Tagesanzeiger» am 23. September 2022, «ist ein Hort sozialer Ungerechtigkeit. Vergleicht man mit anderen europäischen Ländern, entpuppt es sich in Sachen sozialer Mobilität als eher rückständig. Es reproduziert weitgehend die bestehenden Klassenverhältnisse, wie die OECD bereits 2015 bemängelte.»

Wie künstlich und absurd das Schubladisieren und Klassifizieren von Kindern und Jugendlichen aufgrund von Notenbeurteilungen ist, zeigte sich mir durch ein kleines Experiment, welches ich mit zwei Schulklassen im Jahre 2010 durchführte. Es handelte sich dabei um eine zweite Sekundarklasse, also angeblich «bessere» und «gescheitere» Schülerinnen und Schüler, und eine gleichaltrige Realklasse, also angeblich «schlechtere» und «weniger gescheite» Schülerinnen und Schüler. Gewöhnlich werden in den Real- und in den Sekundarklassen nicht die gleichen Prüfungen durchgeführt, mit der Begründung, die betroffenen Jugendlichen nicht zu unter- bzw. zu überfordern. Dessen ungeachtet liess ich eine Zeitlang die Schülerinnen und Schüler der Realklasse in den Fächern Deutsch, Englisch und Französisch genau die gleichen Prüfungen schreiben wie die Schülerinnen und Schüler der Sekundarklasse. Dann wertete ich die Resultate aus und zog einen Vergleich zwischen den beiden Klassen. Und siehe da: Die Leistungskurven unterschieden sich nur unwesentlich. In jedem der geprüften Fächer, sowohl mündlich wie auch schriftlich, lagen die Resultate der besten Realschülerinnen und Realschüler regelmässig weit über den Resultaten der schlechtesten Sekundarschülerinnen und Sekundarschüler. Doch nicht nur das: Stellte ich eine klassenübergreifende Rangliste auf, so erschienen einzelne Realschülerinnen und Realschüler in jedem Bereich schon ab den Plätzen drei oder vier, manchmal sogar auf dem ersten Platz – so etwa schrieb eine Realschülerin die mit Abstand längsten, inhaltlich stärksten und am besten formulierten Aufsätze der beiden Klassen –, während einzelne Sekundarschülerinnen und Sekundarschüler oft in mehreren Bereichen kaum je über das Mittelfeld hinauskamen und im Fach Französisch der «Schlechteste» der beiden Klassen sogar ein Sekundarschüler war.

Seither werde ich den Verdacht nicht los, dass man mit Real- bzw. Sekundarklassen B oder A offensichtlich vor allem deshalb nicht die gleichen Prüfungen durchführt, um die Jahrhunderte alte Illusion aufrecht zu erhalten, wonach Kinder zwar bis zur sechsten Klasse in gemischter Zusammensetzung unterrichtet werden können, dies aber, aus völlig unerfindlichen Gründen, in den verbleibenden drei Schuljahren, auf der Oberstufe, nicht mehr möglich sein sollte. Der tiefere Grund kann einzig und allein nur in jenem «heimlichen» Lehrplan der Schule liegen, welcher eben die Forderung nach der Selektion weitaus höher gewichtet als die Forderung nach einer möglichst adäquaten, erfolgversprechenden und individuellen Förderung des Lernens jedes einzelnen Kindes und Jugendlichen.

Dass zutiefst Tragische besteht darin, dass die viel zu frühe Selektion, so fragwürdig und willkürlich sie ist, dennoch zutiefst einschneidende Auswirkungen auf die Zukunftschancen junger Menschen haben kann. So etwa kannte die lokale Gemeindeverwaltung zu der Zeit, als ich auf der dortigen Oberstufe tätig war, das ungeschriebene Gesetz, ihre Ausbildungsplätze in Form von kaufmännischen Lehrstellen ausschliesslich Sekundarschülerinnen und Sekundarschülern vorzubehalten. Nur indem ich alle Hebel in Bewegung setzte, gelang es schliesslich, einer meiner Realschülerinnen, die ich nicht nur in Anbetracht ihres schulischen Potenzials, sondern auch wegen ihrer wunderbaren sozialen Kompetenzen hierfür vorbehaltlos empfehlen konnte, die Chance für eine KV-Lehrstelle in der Gemeindeverwaltung zu geben. Schon bald waren ihre Mitarbeitenden von ihr hell begeistert, heute arbeitet sie als Anlageberaterin auf einer Bank.

DIE VERHEERENDEN AUSWIRKUNGEN DES PRÜFUNGS- UND NOTENSYSTEMS AUF DAS LERNEN DER KINDER

So absurd, widersprüchlich und ungerecht ein Notensystem oder ein anderes System vergleichender Leistungsbeurteilung ist, so verheerend sind seine Auswirkungen auf das Lernen der Kinder. «Jetzt habe ich sieben Jahre lang Englisch gelernt und doch bis heute immer nur schlechte Noten gehabt», sagte eine Jugendliche völlig frustriert am Ende ihrer obligatorischen Schulzeit. Eine Benotung sagt nichts darüber aus, was in einer bestimmten Zeitspanne gelernt wurde, sondern nur, wie viel mehr oder wie viel weniger gelernt wurde im Vergleich zu den Mitschülerinnen und Mitschülern. Die Wirkung ist verheerend: Stets erfährt ein erheblicher Teil der Kinder und Jugendlichen, trotz allem Eifer und allem Aufwand, immer nur «schlechter» zu sein als andere, Misserfolge zu erfahren und das vernichtende Gefühl permanenten Ungenügens zu erleiden. Es ist das Schlimmste, was man dem Lernen der Kinder antun kann. «Noten korrumpieren das Lernen», sagt selbst Thomas Minder, der Präsident des Verbands schweizerischer Schulleiterinnen und Schulleiter, und sie seien zudem völlig unnötig, denn: «Velofahren, Skifahren, Sprechen: All dies lernen Kinder auch ohne Noten.» [11]

Zudem sind Noten alles andere als «objektiv». Wie eine in Deutschland, Grossbritannien und den USA bei insgesamt rund 17'000 Schülerinnen und Schülern über die ganze Grundschulzeit hinweg durchgeführte Studie ergab, wurden die Fähigkeiten von Mädchen im Bereich Sprache und von Jungen in Mathematik tendenziell besser beurteilt, als es ihre tatsächlichen Leistungen in den Tests nahelegten, der daraus resultierende Vorsprung der Jungen in Mathematik und der Mädchen im sprachlichen Bereich vergrösserte sich dann im Verlaufe der Schulzeit immer mehr. [12]

Erfahrungsgemäss schwächen schlechte Noten das Selbstvertrauen des Kindes, während gute Noten es beflügeln. So werden ausgerechnet jene Kinder, die sowieso schon zu wenig Vertrauen in ihr Lernvermögen haben, zusätzlich geschwächt, während die «Stärkeren» laufend noch mehr gestärkt werden. Ein Teufelskreis. Und da wundert man sich noch, wenn so manche Kinder und Jugendlichen in der Schule eines Tages diesen Kampf aufgeben, sich nicht mehr unnötig anstrengen wollen, das Vertrauen in ihre Kräfte verlieren und sich früher oder später damit abfinden, nun mal nicht so «gescheit» zu sein wie andere. So wie Erfolge stets Kraft und Energie für neue Erfolge schaffen, so bewirken wiederholte Misserfolge genau das Gegenteil: eine Lähmung der

Kräfte, Blockaden, Ängste und den Verlust an Lernfreude und Lernmotivation.

Dazu kommt die Lüge, der erfolglose Schüler oder die erfolglose Schülerin hätte sich eben mehr anstrengen sollen, sei bloss zu faul gewesen, zu wenig aufmerksam, zu wenig ehrgeizig – und deshalb schlicht und einfach selber schuld, wenn es nicht besser herausgekommen sei. Würden sich tatsächlich sämtliche Schülerinnen und Schüler noch mehr und noch mehr bis an die äusserste Grenze ihrer Leistungskraft anstrengen, käme es am Ende dennoch genau gleich heraus: Sie hätten sich dann zwar tatsächlich insgesamt möglicherweise ein bisschen mehr Prüfungsstoff angeeignet, aber auf die Noten hätte es trotzdem keine Auswirkung, weil diese ja nicht die Leistung des Einzelnen messen, sondern stets nur die Unterschiede innerhalb der Klasse.

Und erst recht noch viel schlimmer wird das alles, wenn auch noch die Eltern die von der Schule vermittelten Muster übernehmen und ihren Kindern, statt sie umso mehr aufzubauen, zusätzlich Vorwürfe machen und mit Enttäuschung, Bestrafung oder gar Liebesentzug reagieren. Gemäss dem Elternmagazin «Fritz und Fränzi» vom 18. September 2018 bestrafen drei von zehn Eltern ihre Kinder, wenn sie schlechte Noten nach Hause bringen. Besonders schlimm erging es einem neunjährigen Mädchen Ende März 2023 im St. Galler Rheintal: Weil sie wiederholt schlechte Noten nach Hause gebracht hatte, packte sie der Vater am Kragen, stiess seinen Kopf gegen den Kopf des Mädchens und ohrfeigte es. Auch wurde ihr jegliche Mahlzeit verweigert. Erst als sie Schwindelanfälle erlitt, bekam sie wieder etwas zu essen. [13] So grausam die Reaktion des Vaters war, so sehr ist auch er Opfer eines Systems, in dem er selber höchstwahrscheinlich eine wenig privilegierte Stellung hat und bei dem er alle seine Zukunftshoffnungen in seine Tochter projiziert – genügt sie seinen Erwartungen nicht, so kommt ihm in seiner Verzweiflung nichts anderes in den Sinn, als sie auf brutalste Weise zu bestrafen.

Und wie wenn das nicht alles schon mehr als genug wäre, wird auch eines der wichtigsten Instrumente natürlichen Lernens, nämlich das Fehlermachen und das Lernen durch Versuch und Irrtum, von der Schule buchstäblich auf den Kopf gestellt. Statt den Kindern zu erlauben oder sie gar dazu zu ermutigen, möglichst viele Fehler zu machen, um daraus möglichst viel zu lernen, werden die Fehler, die das Kind beim Lernen macht, akribisch zusammengezählt und als Grundlage für Lernbeurteilungen und Zensuren missbraucht, so dass die Kinder sich sogar davor fürchten müssen, Fehler zu machen, und diese wie einen immer schwerer werdenden Rucksack bis zum Ende ihrer Schulzeit weiterschleppen müssen. Da haben es Erwachsene um einiges einfacher: «Ich habe noch nicht alle meine Ziele erreicht, die ich mir gesetzt habe», berichtete die Zürcher Bildungsdirektorin Silvia Steiner in der NZZ vom 28. Januar 2019, «im Gegensatz zu einer Schülerin arbeite ich aber zum Glück nicht alleine. Wenn einmal ein Fehler passiert, können wir ihn wieder korrigieren, nicht wie bei einer Prüfung in der Schule.»

«WAS FÜR EINE VERSCHWENDUNG VON JUGENDJAHREN»

Als ich mir einmal, zu der Zeit, als in der Schule noch Diktate geschrieben wurden, die Arbeit des «schlechtesten» Schülers meiner Klasse etwas genauer anschaute, wurde mir die Absurdität dessen, was ich da tat, auf einmal in ihrer ganzen Tragweite bewusst. Kein anderer Schüler der Klasse hatte so viele Fehler geschrieben wie er. Eigentlich hätte er, rein mathematisch berechnet, für diese Leistung eine Eins bekommen müssen, was ich aber nicht übers Herz brachte, so dass ich ihm «grosszügigerweise» eine Drei aufs Blatt schrieb. Doch dann auf einmal stellte ich mir die Frage, wer denn wohl überhaupt jemals auf die verrückte Idee gekommen ist, zur Beurteilung einer Lernleistung nur das Falsche zu zählen und nicht das Richtige. Wie wäre es, für einmal den Spiess umzudrehen? Und so begann ich, statt der falsch geschriebenen die korrekt geschriebenen Buchstaben meines «schlechtesten» Schülers zu zählen und sie in Relation zu setzen zu den falsch geschriebenen. Unglaublich, aber wahr: Ganze 97,1 Prozent aller Buchstaben hatte dieser «schlechteste» Schüler fehlerfrei geschrieben. Hätte ich also das Richtige statt das Falsche gezählt, dann hätte mein «schlechtester» Schüler eine Punktzahl von 97,1 erreicht, der beste eine solche von 99,5. Das kleine Experiment zeigt, wie winzig klein tatsächlich die Unterschiede zwischen den «Besten» und den «Schlechtesten» wären, wenn man sie nicht dermassen «aufblasen» und eben nicht das bewerten würde, was sie *nicht* können, sondern das, was sie *können*.

Zusätzlich erschwerend zu alledem kommt hinzu, dass die allermeisten schulischen Prüfungen – vor allem in den höheren Klassen, wenn sich der Selektionsdruck noch weiter verschärft – so ausgelegt sind, dass nur ein kleiner Teil der Schülerinnen und Schüler überhaupt eine Chance hat, sie zu bewältigen. Die meisten Schulprüfungen dienen nicht als Instrumente, um Lernen zu ermöglichen, sondern, im Gegenteil, als Mittel, um Lernen zu erschweren oder gar zu verunmöglichen. Sie gleichen nicht Brücken zwischen Bekanntem und Unbekanntem, sondern Hürden, die immer höher werden, sodass immer mehr Kinder und Jugendliche an ihnen hängen bleiben. Sie haben kaum etwas mit dem wirklichen Leben zu tun, sie stellen so hohe Anforderungen an die Kinder und Jugendlichen, dass diese gezwungen sind, alles, was sie für diese oder jene Prüfung gelernt haben, so schnell wie möglich wieder zu vergessen, um neuem Prüfungsstoff Platz zu machen, sie treten oft mehrfach innerhalb der gleichen Schulwoche auf, spotten jeglicher minimaler Erkenntnis natürlicher Lernrhythmen und müssen stets innerhalb eines eng begrenzten, für sämtliche Schülerinnen und Schüler verbindlichen Zeitrahmens absolviert werden, obwohl wir doch spätestens seit Johann Heinrich Pestalozzi wissen, dass kein Kind für die Bewältigung eines bestimmten Lernfortschritts gleich viel Zeit braucht wie ein anderes. Die Zeitlimiten, denen die einzelne Prüfung unterworfen wird, führen nicht nur zu Stress und Nervosität bei den Prüflingen, sondern auch zu einem total verfälschenden Prüfungsergebnis, hätte doch das langsamere Kind, wenn es mehr Zeit gehabt hätte, eine weitaus grössere Anzahl Prüfungsfragen beantworten und somit eine weit bessere Note erreichen können. Mit anderen Worten: Gemessen wird nicht, was das Kind *kann*, sondern nur, wie *schnell* es dies kann im Vergleich zu anderen.

Die totale Fixierung auf die Prüfung als das eigentliche Ziel und die «Krönung» eines jeglichen in der Schule behandelten Stoffgebietes führt zudem dazu, dass auch die der Prüfung vorangehenden Unterrichtseinheiten fast ausschliesslich darauf ausgerichtet sind, den Schülerinnen und Schülern Wissensstoff beizubringen, der sich hernach möglichst einfach, schnell und eindeutig bewerten lässt. So werden zum Beispiel im Fach Deutsch unregelmässige Präteritum- oder Konjunktivformen eingeübt, von denen manch eine in der Alltagssprache kaum mehr verwendet wird, die aber ein überaus geeignetes Mittel darstellen, um dann in der Prüfung als eindeutig «richtig» oder «falsch» taxiert zu werden. Gleichzeitig werden kaum mehr – in vielen Klassen sogar überhaupt nicht mehr – Aufsätze geschrieben, eines der denkbar wertvollsten Lernmittel, geht es doch beim Schreiben eines Aufsatzes um ein ganzes Bündel höchst wichtiger und wertvoller Kompetenzen, von der Grundidee für einen Text und die Planung des inhaltlichen Aufbaus über die kreative Ausgestaltung des Inhalts, einen spannenden Handlungsablauf, die Verwendung eines möglichst vielseitigen Wortschatzes und möglichst treffender Ausdrücke bis hin zur grösstmöglichen stilistischen und orthografischen Perfektion – keine Frage, dass jemand, der einen guten Aufsatz zustande bringt, eine weitaus höhere, anspruchsvollere, lehrreichere und erst noch – in Bezug auf die Anwendung im Alltag – viel sinnvollere Lernleistung vollbracht hat als der, welcher wie aus der Pistole geschossen weiss, dass die dritte Person des Konjunktiv II von «schlafen», nicht «schläfe» oder «schlüfe» lautet, sondern «schliefe». Fragt man aber Lehrkräfte, weshalb das Aufsatzschreiben weitgehend aus den Schulprogrammen verschwunden sei, so bekommt man in aller Regel zur Antwort, dass das sorgfältige Korrigieren eines Aufsatzes viel zu viel Zeit verschlänge und dass es schlicht und einfach unmöglich sei, einen Aufsatz «gerecht» zu benoten. Also lässt man es halt dann einfach lieber sein, beklagt sich dann aber anderseits lautstark darüber, dass junge Menschen heute nicht mehr in der Lage seien, einfachste Texte einigermassen korrekt zu verfassen ...

«Ich bin derzeit dabei, zusammen mit meinen Kindern den Estrich zu räumen und alte Schulsachen zu entsorgen», schrieb mir kürzlich ein Bekannter, der heute ein Unternehmen mit 500 Angestellten leitet, «und ja, es ist nicht viel Wertvolles dabei, aber kistenweise langweilige, ausgefüllte Vordrucke und stumpfsinnige Tabellen. Was für eine Verschwendung von Jugendjahren!» Wie welt- und lebensfremd der allergrösste Teil von Schulprüfungen ist, wurde mir auch einmal mehr so richtig bewusst, als mir mein damaliger Schüler Erich eines Tages Folgendes erzählte: Er hätte sich zuhause auf eine besonders schwierige anstehende Biologieprüfung vorbereiten wollen. Als er vor lauter komplizierten Formeln und Definitionen vollends den Überblick verloren hatte, suchte er Hilfe bei seinem Vater. Dieser, ein praktizierender Hausarzt, würde ihm zweifellos ohne Schwierigkeiten helfen können. Weit daneben. Der Vater meinte, so etwas Kompliziertes sei ihm während seines ganzen Medizinstudiums nie zu Gesicht gekommen, es tue ihm leid, aber Erich müsse da leider ganz alleine hindurch.

Verheerend ist vor allem, dass die Kinder auf diese Weise einmal begonnene Lernprozesse gar nicht zu Ende führen und erfolgreich beenden können, dies im Gegensatz zum natürlichen und selbsttätigen Lernen im Vorschulalter, das immer erst dann abgeschlossen ist, wenn es sein Ziel auch tatsächlich erreicht hat. Nehmen wir als Beispiel das Erlernen des aufrechten Ganges mit all seinen unentbehrlichen Vorstufen. Wäre man dabei so vorgegangen, wie es in der Schule üblich ist, dann hätte man den Lernprozess bei sämtlichen Kindern, unabhängig davon, ob sie bereits aufrecht gehen konnten oder nicht, just an dem Tag, an dem Kinder statistisch gesehen aufrecht auf ihren Beinen stehen können, abgebrochen und hätte sodann alle Kinder zu einem nächsten, anspruchsvolleren Lernschritt gedrängt, obwohl viele von ihnen den vorangegangenen noch gar nicht abgeschlossen hatten. Dies erklärt auch, weshalb so vieles, was in der Schule gelernt wird, so schnell wieder vergessen geht und gar nicht zu sinnvollen weiterführenden Lernprozessen führen kann. Denn Neues lässt sich nur aufbauen, wenn das zuvor Gelernte voll und ganz gefestigt ist, ebenso, wie man auch, wenn man ein Haus baut, nicht den dritten Stock aufsetzen kann, solange der zweite noch gar nicht fertig ist.

Kommt dazu, dass der gewaltige Aufwand für das Prüfen meist mehr oder weniger lebensfremder Wissensstoffe und für das Benoten der Prüfungen wie auch der gesamte damit verbundene Druck auf die Kinder und Jugendlichen und alle daraus resultierenden Frustrationen, Misserfolgserfolgserlebnisse und Lernblockaden selbst im Hinblick auf die sogenannte «Selektion» letztlich mehr oder weniger für die «Katze» sind. Wie eine Ende 2023 von den Schweizer Wirtschaftsverbänden durchgeführte qualitative Befragung ergeben hat, würden Schulnoten nämlich nur wenig aussagen und eine weit unzuverlässige Basis dafür bilden, die «richtigen» Lernenden den «richtigen» Ausbildungswegen zuzuweisen. Auch Dagmar Rösler, Präsidentin des schweizerischen Lehrerinnen- und Lehrer-Dachverbands, plädiert für eine von Grund auf andere Art von Beurteilung, mit welcher die Lehrpersonen beispielsweise mithilfe eines individuellen Portfolios die tatsächlichen Stärken, Schwächen, Entwicklungspotenziale, Fähigkeiten und Kompetenzen der Jugendlichen beschreiben könnten, denn: «Eine Swisscom sucht eben ganz andere Talente als eine grosse Holzbaufirma oder ein Architekturbüro.» [14]

Erfreulicherweise wird nun doch da und dort das Thema Noten vermehrt kritisch diskutiert und es gibt immer mehr Schulen, die, zumindest in den unteren Klassen, auf das Erteilen von Noten bereits gänzlich verzichten. Solange aber Zahlennoten bloss durch Beurteilungen in Form von Worten ersetzt werden, ist nicht wirklich etwas gewonnen und scheint die Verwirklichung von Pestalozzis Postulat, kein Kind mit dem andern zu vergleichen, sondern stets nur jedes mit sich selber, wohl auch weiterhin in schier unerreichbarer Ferne zu liegen.

ÜBERLANGE SCHULTAGE AUF DER OBERSTUFE

Auf der Oberstufe werden die Schrauben noch einmal um ein paar Drehungen weiter angezogen, die schon fast leergepressten Zitronen noch einmal so richtig bis zum letzten Tropfen ausgequetscht. Als ginge es darum, in den letzten drei Jahren der obligatorischen Schulzeit auch noch den letzten Rest an Lern- und Lebensfreude, der nach sechs Jahren Primarschule allenfalls noch übriggeblieben ist, auszumerzen.

Das beginnt oft schon morgens um sieben, wenn die 13- bis 15-Jährigen, während ihre Eltern noch im Bett liegen, schlotternd und schlaftrunken in einer Turnhalle oder einem Hallenbad bereits fertig umgekleidet für den Sport- oder Schwimmunterricht bereit stehen müssen. Es geht weiter mit dem Hetzen in die folgende Französischstunde, um nur ja nicht zu spät zu kommen und sich allenfalls noch eine Strafe einzufangen. Und so geht es immer weiter den ganzen lieben Tag lang, 50 Minuten Englisch, dann 50 Minuten Chemie, dann 50 Minuten Deutsch, bis zu zehn Lektionen pro Tag, tägliche Arbeitszeiten von über acht Stunden und in jeder Lektion wird volle Aufmerksamkeit und volle Konzentration erwartet, bis gegen Abend, wenn die Jugendlichen nach Hause kommen und es, im Winter, dann schon wieder so dunkel ist, wie es am Morgen früh gewesen war, als die Schule begonnen hatte. Und wie wenn das nicht alles schon genug wäre, stehen meist nach dem Abendessen noch Hausaufgaben an, manchmal eine halbe Stunde, manchmal eine ganze, nicht selten sogar zwei.

Ein regelrechter, man kann es nicht anders sagen, pädagogischer Wahnsinn. Wo doch längst erwiesen ist, dass sich ein Mensch pro Tag höchstens während vier Stunden voll geistig konzentrieren kann und voll aufnahmefähig ist. Und auch schon längstens unbestritten ist, dass das Verabreichen von Wissensstoff in Form eines sich im 50-Minuten-Rhythmus folgenden Wechsels unterschiedlichster Schulfächer so ziemlich die ineffizienteste Art und Weise für erfolgreiches und nachhaltiges Lernen ist, werden die Lernenden doch, kaum haben sie sich in ein jeweils neues Gebiet eingelebt, auch schon wieder jäh herausgerissen, um sich wieder für etwas völlig anderes interessieren zu müssen. Unlängst hörte ich – kein Witz! – von einem Stundenplan, in dem die dritte Vormittagslektion Englisch war, die vierte Französisch und die fünfte wieder Englisch. Absurder geht es nicht.

Dazu kommt, dass – wie bereits mehrere wissenschaftliche Studien bewiesen haben – gerade in der Pubertät überhaupt erst frühestens ab etwa neun Uhr vormittags die psychischen Voraussetzungen für erfolgreiches Lernen gegeben sind. Aufgrund hormoneller Umstellungen wären in diesem Alter acht bis zehn Stunden Schlaf sinnvoll, doch meistens verschiebt die innere Uhr den

Rhythmus nach hinten, sodass die Nacht zum Tag wird. Schule, Job oder Studium beginnen dann grundsätzlich viel zu früh, ein chronisches Schlafdefizit ist die Folge. [15] Forscherinnen und Forscher empfehlen daher seit Jahrzehnten, die Schule später beginnen zu lassen – mit äusserst mässigem Erfolg, will doch niemand ernsthaft an den bestehenden Gesamtwochenpensen rütteln, so widersinnig diese in Bezug auf eine sinnvolle Lernförderung auch sein mögen. So gibt es dann bestenfalls da und dort die eine oder andere Oberstufenschule, in der «Hauptfächer» wie Französisch oder Mathematik tatsächlich erst um neun Uhr beginnen, dafür aber mit weniger «wichtigen» Fächern wie Sport oder Schwimmen schon um sieben Uhr morgens angefangen wird – als wäre die unliebsame Tortur bei klirrender Kälte im morgendlichen Schwimmbad vergleichbar mit erholsamem Schlaf unter einer warmen Bettdecke.

Einen kleinen Lichtblick bilden trotz allem Sonder- oder Projektwochen, die inzwischen bereits an vielen Oberstufenschulen eingeführt worden sind und, insbesondere im letzten Semester des letzten Schuljahrs, den Schülerinnen und Schülern erlauben, selbergewählte Projekte zu verwirklichen, bei denen die Lehrkräfte nur noch begleitend und beratend zur Verfügung stehen. Unglaublich, was hier in kürzester Zeit alles aufzubrechen vermag, vom ferngesteuerten Miniroboter über das selberorganisierte Quartierfest bis zum 50seitigen Jugendroman. Diese Projektarbeiten sind der beste Beweis dafür, dass auch in diesem Alter die ursprünglichen Voraussetzungen für lustvolles, eigentätiges, selbstbestimmtes und zugleich höchst effizientes und erfolgreiches Lernen immer noch intakt sind: Die Jugendlichen sind mit Leib und Seele bei der Sache, jeder und jede auf dem individuellen Weg des Entdeckens, Forschens und Planens, und leisten oft freiwillig viele Überstunden, um ihre selbergesteckten Ziele zu erreichen. Und vor allem: Alle sind dabei erfolgreich, kein Projekt wird mit dem anderen verglichen, es gibt keine Ranglisten, keine Misserfolge, keine «guten» und «schlechten» Schülerinnen und Schüler. Nur schade, bilden solche Projekte nicht die Regel, sondern bloss die seltene Ausnahme innerhalb einer Schule, die sich noch immer am Irrglauben festklammert, Lehrpläne, Prüfungen und ein vorgeschriebener Wissensstoff würden mehr Lernen bewirken als freies, selbstbestimmtes Tun auf den eigenen, individuellen Lernwegen, während tatsächlich ganz offensichtlich doch genau das Gegenteil der Fall ist.

SCHULE ALS MACHTINSTRUMENT VON ERWACHSENEN GEGENÜBER KINDERN UND JUGENDLICHEN

So viel Missachtung elementarster Lerngesetze kann nur mit einer mehr oder weniger starken Anwendung von Gewalt durchgepaukt werden, würden doch die Jugendlichen selber, könnten sie frei entscheiden, niemals freiwillig so etwas über sich ergehen lassen. So etwa wurde an vielen Schweizer Schulen im Verlaufe der letzten paar Jahre ein sogenanntes «Schulheft» eingeführt, wo akribisch sämtliche «Vergehen» von Schülerinnen und Schülern festgehalten werden, jede Minute Verspätung, jedes zuhause vergessene Schulbuch, jede unerledigte Hausaufgabe. Erfolgten im Verlaufe des Schuljahrs weniger als vier Einträge, lockt zum Semesterende als Belohnung ein «Diplom», bei mehr als drei Einträgen ist das Diplom möglicherweise schon nach den ersten zwei Wochen für den Rest des Schuljahrs verwirkt und so ist jeglicher Anreiz, das Diplom zu bekommen, oft schon infolge weniger banaler «Verstösse», dahin. Ganz abgesehen davon, dass mit dem Diplom nur jene Schülerinnen und Schüler ausgezeichnet werden, die sich möglichst angepasst, gehorsam und unauffällig verhalten haben, nicht aber jene, die sich zum Beispiel im Verlaufe des Schuljahrs durch besonders kreative und originelle Diskussionsbeiträge, durch eigenständiges Denken oder dadurch ausgezeichnet haben, dass sie sich besonders liebevoll, tröstend oder hilfsbereit um Mitschülerinnen oder Mitschüler gekümmert haben.

Hier entpuppt sich die Schule auch als ein Machtsystem von Erwachsenen gegenüber Jugendlichen, dem diese mehr oder weniger hilflos ausgeliefert sind. Denn die gleichen Erwachsenen, die ihre Schülerinnen und Schüler schon dafür bestrafen, wenn sie auch nur eine Minute zu spät zum Unterricht erscheinen, nehmen sich oft ganz selbstverständlich die Freiheit, nach der Pause noch ein paar Minuten länger beim Kaffee im Lehrerzimmer zu sitzen. Und die gleichen Lehrerinnen und Lehrer, welche ihre Schülerinnen und Schüler rund um die Uhr überwachen, beaufsichtigen, kontrollieren, bewerten, beurteilen und oft schon wegen geringster «Vergehen» bestrafen, sind die Ersten, welche sich mit Händen und Füssen dagegen wehren, wenn Vorgesetzte oder Schulbehörden gegenüber ihnen, den Lehrkräften, auch nur ansatzweise mit ähnlichen Methoden vorgehen möchten.

Im Folgenden ein auf den ersten Blick eher amüsanter Vorfall, der aber auf den zweiten Blick doch in aller Unmissverständlichkeit zeigt, wer, wenn es hart auf hart draufankommt, in der Schule das Sagen hat, wer die Regeln bestimmt, wer befiehlt und wer sich unterzuordnen und anzupassen hat.

Anfang November 2023 platzt in einer Badener Sekundarklasse wie ein Blitz ein «Fremder» in den Unterricht. Es handelt sich um den bei Jugendlichen bestens bekannten und beliebten Rapper und Tiktoker Vaito. Er wurde von Schülerinnen und Schülern des Schulhauses eingeladen, ohne dass dies mit Lehrpersonen oder der Schulleitung abgesprochen war. Die Schülerinnen und Schüler flippen aus, zücken ihres Handys und filmen. Fast geht eine Party los. Doch gerade noch rechtzeitig kann der zuständige Lehrer das Schlimmste verhindern. Vaito wird aus dem Schulzimmer verwiesen, die Schulleitung äussert in einem Informationsbrief an die Eltern ob des Vorfalls ihre «Besorgnis» und ihr Bedauern darüber, dass der unerbetene Gast durch das «Crashen» von Unterricht eine «rote Linie» überschritten hätte. Von einer Strafanzeige wird zwar abgesehen, die Schulleitung stellt aber ein Gesuch, um gegen Vaito ein Hausverbot zu erwirken. Zudem werden die Eltern aufgefordert, allfällig bei ihren Kindern gefundene Videoaufnahmen des Vorfalls zu löschen. Vaito selber zeigt sich reumütig und versichert, eine solche Aktion ohne eine Bewilligung der Schulleitung nicht mehr durchzuführen. Ihm sei nicht bewusst gewesen, wie stark reguliert der Schulunterricht sei. [16]

Da sind offensichtlich zwei sehr gegensätzliche Welten ganz schön hart aufeinandergeprallt: Hier Jugendliche, die für einmal etwas ganz Aussergewöhnliches, Spektakuläres inszenieren und erleben wollten, und ein junger Musiker, der spontan und lustvoll mitspielen wollte – dort eine bis ins Äusserste erstarrte und reglementierte «Bildungsinstitution», in der so etwas Ungeplantes und Unerwartetes schlicht und einfach keinen Platz hat. Was für eine Chance wäre es gewesen, die betroffene Schulstunde in eine spannende Auseinandersetzung zwischen jungen Menschen und einem ihrer Idole umzuwandeln, den Rapper und seine Biografie näher kennen zu lernen, vielleicht gemeinsam einen Rap zum Besten zu geben, die Faszination zu ergründen, die jemand wie er auf junge Menschen auszuüben vermag, und noch vieles mehr. Doch offensichtlich ist im heiligen Lehrplan, wo genau geschrieben steht, was die Jugendlichen in der Schule zu lernen haben und was nicht, hierfür kein Platz. Obwohl vermutlich dieser ganz besondere Schultag den Jugendlichen zeitlebens weit mehr in Erinnerung bleiben wird als abertausende ganz gewöhnliche, «normale» Schultage. Und dann wundern wir uns, wenn junge Menschen keine Fragen mehr stellen, keine Ideen mehr haben, sich für nichts mehr interessieren und jegliches eigenständiges, kritisches Denken mit der Zeit ganz und gar verloren geht.

WETTBEWERB IST IMMER ZERSTÖRE-RISCH

Da wird doch allen Ernstes behauptet, eines der vorrangigen Ziele der Schule bestünde darin, die Kinder zu sozial kompetenten Wesen zu erziehen und ihnen rücksichtsvolles und respektvolles gegenseitiges Verhalten beizubringen. Als wären Kinder von Natur aus kleine Bestien, die sich gegenseitig zerfleischen würden und die nur dank der Erziehungsanstrengung von Erwachsenen auf den «richtigen» Weg gebracht werden könnten.

Wie scheinheilig! Da werden die Kinder in der Schule dazu angehalten, gegenseitig um Lob, Anerkennung, möglichst gute Zensuren und Zukunftschancen zu wetteifern. Da werden sie dafür getadelt oder gar bestraft, wenn sie sich in einer schwierigen Prüfungssituation gegenseitig zu helfen versuchen, indem sie sich auf winzigen Zetteln Resultate zustecken. Da werden sie oft sogar dafür bestraft, wenn sie allzu eifrig miteinander «schwatzen» und damit nichts anderem nachkommen als ihrem ureigensten Bedürfnis nach Kommunikation und sozialem Austausch. Und dann verlangt man von den gleichen Kindern, dass sie möglichst uneigennützig und rücksichtsvoll miteinander umgehen und eigene, «egoistische» Ansprüche in den Hintergrund stellen sollen.

Doch Kinder lassen sich nicht täuschen. Sie lernen nicht aus dem, was man ihnen beizubringen versucht, sondern aus dem, was man ihnen vorlebt. Kinder sind keine egoistischen Bestien, ganz im Gegenteil: Kinder sind von Natur aus höchst soziale Wesen. «Bis in die 70er Jahre des letzten Jahrhunderts», so ist in einem vom Pädagogischen Institut Berlin am 15. Februar 2016 veröffentlichten Artikel zu lesen, «war die Vorstellung von einem Kind als bei seiner Geburt asozialem und triebgesteuerten Wesen vorherrschend. Diese Auffassung baute auf inzwischen längst widerlegten entwicklungspsychologischen Annahmen der 1920er und 1930er Jahre auf und beruhte auf der Überzeugung, dass sich

Kinder ohne entsprechende pädagogische Interventionen zu mehr oder weniger asozialen Wesen entwickeln, solange ihnen keine Grenzen aufgezeigt werden. Heute wissen wir, dass dies falsch ist. Das Kind ist von Geburt an dazu imstande, eine Subjekt-Subjekt-Beziehung zu seinen nächsten Bezugspersonen einzugehen. Es wird sozial kompetent und nicht nur als passiv empfangend in die Beziehung zwischen sich und der Welt hineingeboren, als ein Individuum, das von Anfang an mit seinen Verhaltensweisen auf die Handlungen der Eltern einzuwirken versucht und damit diese Beziehung aktiv mitprägt.» Falls Kinder in der Zeit ihres Aufwachsens – wenn überhaupt – rücksichtslosere und egoistischere Züge annehmen, dann nicht, weil ihnen dies angeboren wäre, sondern, ganz im Gegenteil, weil sie gezwungen werden, in eine Welt hineinzuwachsen, in der viele Erwachsene wenig rücksichtsvoll mit ihren Mitmenschen umgehen und solidarisches Denken und Handeln leider nur allzu oft sehr kleingeschrieben sind. Von Yvonne, einer Bloggerin, auf die ich beim Recherchieren zu diesem Thema im Internet stiess, stammen diese wunderbaren Worte: «Ich glaube nicht, dass man Kindern anerziehen muss, liebevolle, hilfsbereite, empathische und fürsorgliche Menschen zu sein. Ich glaube nur, wir müssen aufhören, ihnen das abzuerziehen.» Auch Rutger Bregmann schreibt in seinem vielbeachteten Buch «Im Grunde gut»: «Der Egoismus kommt nicht von selbst, er muss erlernt werden.»

In diesem Zusammenhang sind auch schönfärberische Begriffe wie «Klassengemeinschaft», «Klassenverband» oder gar «Klassengeist», die in diametralem Widerspruch zum gegenseitigen Konkurrenzkampf innerhalb der Jahrgangsklassen stehen, kritisch zu hinterfragen, zumal wenn man bedenkt, dass nicht wenige Kinder, sind sie innerhalb einer Klasse erst mal in eine Aussenseiterrolle gedrängt worden, die vielgelobte «Klassengemeinschaft» eher als Zwangsgemeinschaft erleben denn als glücksbringende Lebensgemeinschaft. Wenn die Schule tatsächlich Kinder und Jugendliche zu sozialen Wesen erziehen möchte, dann müsste sie zuallererst alles, was mit Konkurrenzkampf, Ranglisten und Wettbewerb zu tun hat, aus der Welt schaffen. Der Wettbewerb ist der ärgste Feind der Sozialkompetenz. In seinem 1986 erschienen Buch «The Case Against Competition» kommt der Verhaltensforscher Alfie Kohn zum Schluss, dass Wettkampf die Kreativität untergrabe, die Zufriedenheit reduziere und in letzter Konsequenz auch die Leistung mindere. «Wettbewerb ist immer zerstörerisch», schreibt Kohn, «denn er beruht darauf, dass jemand nur gewinnen kann, wenn andere verlieren, und bringt Menschen so weit, dass sie das Versagen einer anderen Person feiern und sich umgekehrt schlecht fühlen, wenn jemand anderes gewinnt. Wettkampf holt die schlechtesten Seiten in uns hervor. Ich habe nichts dagegen, wenn Menschen sich verbessern wollen, nach Exzellenz streben oder hart an sich arbeiten – solange sie nicht das Gefühl haben, es besser als andere machen zu müssen. Vergleiche nie. Zähle nie Punkte. Exzellenz hat nichts mit Siegen zu tun.» [17]

In diesem Zusammenhang müsste auch der Begriff «Integration» kritisch hinterfragt werden. Das Kind, heisst es so schön, soll sich in die Klassengemeinschaft «integrieren». Was bedeutet dies aber konkret? Es heisst doch nichts anderes, als dass es sich einem bestehenden Regelgefüge anpassen und sich diesem unterwerfen soll, ebenso, wie sich «Ausländerinnen» und «Ausländer» der «Wertewelt» ihrer neuen Heimat anpassen und sich dieser unterwerfen sollen. So gesehen, hat die Forderung nach «Integration» durchaus etwas Gewalttätiges an sich, denn stets soll sich eine Minderheit der Mehrheit anpassen und sich deren Verhaltensweisen, Spielregeln und ungeschriebenen Gesetzmässigkeiten des Zusammenlebens überstülpen. Dies verkennt die so wichtige Tatsache, dass all jene, die sich eben von Natur aus nicht gerne anderen anpassen, als «Aussenseiter», «Andersdenkende» oder «Störefriede» in Bezug auf die ganzheitliche Entwicklung einer

Gesellschaft eine mindestens so wichtige Funktion haben wie jene, die sich bereitwillig oder gar vorschnell bestehenden Normen unterwerfen. Eigentlich ist der Begriff «Integration» unnötig und müsste vielmehr durch den Begriff des «Zusammenlebens» ersetzt werden, in dem nebst dem Angepassten auch alles Unangepasste stets seinen gebührenden Platz haben muss.

INTELLIGENZ, WAS IST DAS EIGENTLICH?

Um Menschen zu klassifizieren, wird immer wieder der Begriff der Intelligenz herbeigezogen. Doch Intelligenz, was ist das eigentlich? Ist es nicht etwas völlig Zeit- und Gesellschaftsgebundenes? Haben nicht immer wieder jene, die an der Spitze der gesellschaftlichen Macht standen, definiert, was Intelligenz sei, bloss um ihre eigenen Privilegien zu rechtfertigen? Könige und Kaiser haben behauptet, intelligenter zu sein als das «gewöhnliche» Volk, das von ihnen regiert wurde. Weisse haben behauptet, intelligenter zu sein als Dunkelhäutige, und dies sogar «wissenschaftlich» zu beweisen versucht. Männer haben behauptet, intelligenter zu sein als Frauen. Erwachsene haben behauptet, intelligenter zu sein als Kinder. Und Akademiker haben behauptet – und tun es oft auch heute noch –, intelligenter zu sein als Menschen, die «nur» mit ihrem Körper und mit ihren Händen arbeiten.

Ist Intelligenz bloss das, was ein IQ misst, also das rein Kognitiv-Rationale, Kopfwissen, das sich vor allem in sprachlichen, mathematischen und naturwissenschaftlichen Kenntnissen manifestiert? Sind nicht auch Kreativität, Phantasie, Liebe zu Tieren und Pflanzen, Empathie, Humor, körperliche Tüchtigkeit, handwerkliche Geschicklichkeit, soziales und politisches Engagement, Interesse an gesellschaftlichen Zusammenhängen, Verantwortungsbewusstsein, Experimentierfreude, Musikalität, aufmerksames Zuhören, Sensibilität, Schönheitssinn, Harmoniebedürfnis, Perfektionismus, Kochkunst, Wagemut, kritisches Denken, Erinnerungsvermögen, Authentizität, Zuverlässigkeit, Geduld, Ausdauer, Zielstrebigkeit, Idealismus, Ordnungsliebe und noch vieles, vieles mehr Formen von Intelligenz, ohne welche der Mensch ein völlig einseitiges, kümmerliches Wesen wäre und ohne die eine Gesellschaft gesamthaft niemals funktionieren könnte? Gibt es überhaupt intelligente und weniger intelligente Menschen? Ist nicht *jeder* Mensch auf *seine* einmalige, einzigartige Weise intelligent? Und beginge dann die Schule, die von «intelligenteren» und «weniger intelligenten» Kindern und Jugendlichen spricht und sie aufgrund solcher Kriterien unterschiedlichen zukünftigen Lebenswegen zuweist, nicht eine masslose Missachtung und Beleidigung jenes ureigenen Bedürfnisses eines jeden Menschen, ein höchst willkommener, geliebter und in seiner Einzigartigkeit unentbehrlicher Teil der Gesellschaft zu sein? Wenn ich meine sechs Enkelkinder vor mir sehe, wie sie sich auf so unterschiedliche Weise entfalten und durchs Leben tanzen, dann würde es mir jedenfalls beim besten Willen nicht einmal im Traum in den Sinn kommen, eines von ihnen könnte intelligenter oder weniger intelligent sein als die anderen. *Jedes* Kind ist ein Wunderkind – vorausgesetzt, wir betrachten es mit den Augen der Liebe.

Man spricht von «Hochbegabung» bei Kindern, die unheimlich schnell rechnen oder abstrakte Formen und Figuren in Sekundenbruchteilen voneinander unterscheiden können, und man richtet sogar spezielle Unterrichtsgefässe für solche Kinder ein, die nicht genug teuer sein können. Begabte Stadtzürcher Kinder sollen, wie der «Tagesanzeiger» am 3. November 2022 berichtete, eine «bessere Förderung» erhalten. Dazu hat die Stadt ein neues Programm entwickelt: Einerseits soll die Förderung «begabter» Kinder in den einzelnen Klassen vorangetrieben werden, anderseits wird jedes Schulhaus eine spezielle Klasse erhalten, die von «leistungsstarken» Kindern einen halben Tag pro

Woche besucht wird. Zusätzlich entstehen 18 «Förderungszentren», in welchen Kinder mit «exzellenten» Fähigkeiten zusätzlich beschult werden. Auch sollen für die Begabtenförderung in den Schulhäusern spezielle «Ressourcenzimmer» eingerichtet werden. Mentorinnen und Mentoren, welche «talentierte» Kinder teilweise betreuen, sollen neu einen Lohn erhalten. Das gesamte Programm kostet rund 12,5 Millionen pro Jahr.

Was für ein Signal wird damit ausgesendet an all jene Kinder, die sich beispielsweise durch wunderbare Kochkünste auszeichnen, ein Mofa in alle Einzelteile zerlegen und anschliessend wieder perfekt zusammenbauen können oder sich überaus liebevoll um kranke, behinderte oder ältere Mitmenschen kümmern und bei denen kein Mensch auf die Idee kommt, im Zusammenhang mit ihren einzigartigen Fähigkeiten von «Hochbegabungen» zu sprechen. Dabei müsste man nur den Blick ein klein wenig über den Tellerrand unseres eigenen, begrenzten Selbstverständnisses hinauswandern lassen, um zu erkennen, wie absurd das alles ist. Im früheren griechischen Staat Sparta zum Beispiel galten jene Knaben als die am höchsten begabten, welche über die grössten körperlichen Kräfte verfügten. Und vor ein paar tausend Jahren wären wahrscheinlich jene Jugendlichen, die heute bei uns im Hochbegabtenunterricht sitzen, als Allererste von wilden Tieren aufgefressen worden.

Damit sind wir auch schon beim höchst aktuellen Thema der sogenannten «Künstlichen Intelligenz». Wenn tatsächlich das, was Maschinen schneller und besser erledigen können als Menschen, die höchste Form von Intelligenz sein sollte, dann könnten wir ja die Menschen tatsächlich eines Tages durch Maschinen ersetzen. Dass sich allen Ernstes schon Forschende auch hierzulande mit dieser Vision befassen, zeigen folgende Ausführungen von Jürgen Schmidhuber, dem wirtschaftlichen Direktor des schweizerischen Forschungsinstituts IDSIA in Lugano, welche am 30. April 2023 in der «NZZ am Sonntag» zu lesen waren: «Lernfähigkeit ist in der Tat das zentrale Merkmal moderner künstlicher Intelligenz. Mit KI betriebene Netzwerke werden in absehbarer Zeit in der Tat bessere allgemeine Problemlöser sein als alle Menschen. Und eines Tages wird es viele Geräte geben, von denen jedes so viel rechnen kann wie alle zehn Milliarden Menschen zusammen. Sie werden sich nicht mit dem Leben auf der Erde zufriedengeben, sondern vielmehr an den unglaublichen Möglichkeiten im Weltraum interessiert sein. Sie werden auswandern wollen und mithilfe unzähliger sich selbst replizierender Roboterfabriken im All zuerst das Sonnensystem, dann die Milchstrasse und in zig Milliarden Jahren den Rest des erreichbaren Universums umgestalten wollen. Eine phantastische Entwicklung steht bevor. Die von Menschen dominierte Geschichte könnte sich dem Ende zuneigen.»

Erinnern wir uns an dieser Stelle an die neue Regel für das Schachspiel, die meine Enkelin Star im Alter von dreieinhalb Jahren erfand. Nach fast 2000 Jahren, während denen Schach stets nach den gleichen Regeln gespielt worden war, warf ein dreieinhalbjähriges Kind diese Regeln innerhalb weniger Sekunden über Bord, verkehrte sie in ihr Gegenteil und verwandelte gleichzeitig auch noch den Krieg in Liebe und Frieden. Ich kann mir beim besten Willen nicht vorstellen, dass eine Maschine so etwas jemals hätte schaffen können. Und ich kann mir ebenso wenig vorstellen, dass es selbst in ferner Zukunft jemals möglich sein wird, die ureigene Gabe der menschlichen Kreativität durch so etwas Seelenloses wie die sogenannte künstliche Intelligenz zu ersetzen, selbst wenn unendlich viele von Technologiegläubigkeit noch so bis zum Äussersten besessene Menschen alle ihre Phantasie in ein solches Vorhaben investieren würden.

NUR NICHT ZU WILD TANZEN UND NICHT ZU OFT AUF BÄUME KLETTERN

Sie sei, so ist über die 2008 verstorbene Pina Bausch zu erfahren, in ihrer Kindheit «ein Zappelphilipp und voller Phantasie» gewesen. Die in einem Gasthaus Aufgewachsene sei jeweils, statt ins Bett zu gehen, unter einen der Wirtshaustische gekrochen und habe unbemerkt den Gesprächen der Erwachsenen gelauscht oder sei in den Garten hinausgeschlichen, um in einem verfallenen Treibhaus Theater zu spielen. Schliesslich hätten Hotelgäste den Eltern geraten, die Tochter doch ins Kinderballett zu schicken. Und so begann die Karriere jener Frau, die heute zu den bisher weltweit bedeutendsten Tänzerinnen und Choreografinnen zählt. [18]

Heute würde man mit einem so unbändigen Mädchen, statt es in eine Ballettschule zu schicken, wohl viel eher zu einem Kinderarzt gehen, um abklären zu lassen, ob hier nicht möglicherweise ein ADHS-Syndrom vorliegen könnte. Und vielleicht würde man dann sogar einem solchen Kind bald einmal, spätestens aber beim Eintritt in die Schule, ein Medikament wie zum Beispiel Ritalin verabreichen, um den Konflikt zwischen so chaotischer Rastlosigkeit und den von der Gesellschaft gesetzten Normen und Erwartungen nicht unnötig weiter eskalieren zu lassen. Und dann gäbe es wohl kaum mehr eine weitere Balletttänzerin, über welche die ganze Welt sprechen würde.

Wenn heute von sogenannten ADHS-Kindern die Rede ist, dann meint man damit in aller Regel etwas «Negatives», ein «Makel», etwas «Störendes», etwas, was man keinem Kind wünscht. Dabei kann man, wenn man sich um eine andere Perspektive bemüht, gerade ADHS durchaus auch als etwas Positives sehen. Wie, das zeigt eine von der Berliner Humboldt-Universität im Jahre 2002 durchgeführte Studie, die zu folgendem Ergebnis gelangte: «Sogenannte ADHS-Kinder denken überaus assoziativ und vielschichtig. Sie können mithilfe ihrer Fantasie ganz neue

Wahrnehmungen erzeugen. Sie sind in der Lage, alles zu durchschauen und direkt zu hinterfragen; sie sind hellwach, wenn etwas sie interessiert. Ihnen kann man nichts vormachen, ihnen entgeht nichts. Sie hören und sehen mehr, als für andere wahrnehmbar ist. Ist ihr Interesse einmal geweckt, ist ihre Wissbegierde riesengross. Sie können sich dann sehr gut konzentrieren und Hervorragendes leisten. Sie besitzen einen Scharfblick mit starker Intuition, wie ihn sonst niemand hat. Sie können auch Gedachtes als real erleben, dank ihrer guten Fantasie. Sie denken vorwiegend visuell, das heisst, sie stellen sich alles in Bildern vor, da sie sich diese besser einprägen können. Viele von ihnen vollbringen gerade aufgrund ihrer aussergewöhnlichen Fähigkeiten in ihrem Leben Grossartiges.» In der Tat: Zahlreiche herausragende Persönlichkeiten von Leonardo da Vinci und Wolfgang Amadeus Mozart über Thomas Alva Edison und Albert Einstein bis zu Christoph Kolumbus, Astrid Lindgren und Winston Churchill müsste man wohl, wenn man sich ihre Biografien etwas näher anschaut, nach heutigen Denkvorstellungen als ADHS-Betroffene bezeichnen.

Wie schmal die Grenze zwischen «normal» und «abnormal» ist und wie schnell etwas «Gesundes» zu etwas «Krankem» werden kann, wurde mir bewusst, als ich bei Google den Suchbegriff «Hinweise auf ADHS» eingab. Auf der ersten Internetseite, welche erschien, waren 25 Merkmale für ADHS aufgelistet, unter anderem folgende: Konzentrationsprobleme, Ablenkbarkeit, häufiges Aufschieben von unangenehmen Pendenzen, fehlende Tagesplanung, Unfähigkeit Prioritäten zu setzen, Chaos im Kopf, innere Unruhe, häufige Änderung der Körperhaltung, starke Gefühls- und Stimmungsschwankungen, Gefühle von Minderwertigkeit und Resignation, Langeweile, Antriebslosigkeit, unregelmässige Essenszeiten, Vergesslichkeit, häufiges Zuspätkommen, Sammelwut und keine Zeit für Freunde.[19] Nähme man das für bare Münze, dann müssten wohl etwa 99 Prozent der Bevölkerung von ADHS betroffen sein. Das Beispiel zeigt: Wer sucht, der findet. Je enger man die Grenzen zwischen «normal» und «abnormal» setzt und je engere Normen man aufstellt, umso eher ist das, was gerade noch gesund war, auch schon krank geworden. So fand ich etwa in einem Fragebogen, den ein Kinderarzt zur Abklärung von ADHS verwendet, als einen von zahlreichen möglichen Hinweisen auf ADHS folgende Beobachtung: «Wenn das Kind im Vergleich zu anderen überdurchschnittlich gerne und oft auf Bäume klettert.»

LERNSTÖRUNGEN ALS FOLGE EINER LERNSTÖRENDEN SCHULE

Rund fünf Prozent aller Kinder in der Schule sind kleine Pina Bauschs, sogenannte «ADHS-Kinder», die, wie es offiziell heisst, unter einer «Aufmerksamkeits- und Hyperaktivitätsstörung» leiden, welche sich durch «Konzentrationsschwierigkeiten, kurze Aufmerksamkeitsspannen, übermässige Aktivität und eine nicht dem Alter des Kindes entsprechende Impulsivität» auszeichnet, welche die «Leistungsfähigkeit oder Entwicklung des Kindes beeinträchtigen kann.»[20] Doch das ist noch längst nicht alles. Ebenfalls etwa jedes zwanzigste Kind leidet unter Legasthenie, einer «Entwicklungsstörung beim Erlernen des Lesens und Schreibens». Rund sechs Prozent leiden unter einer Dyskalkulie, ausgeprägten «Schwierigkeiten beim Erlernen des Rechnens, der Zahlenverarbeitung und des mathematischen Denkens». Insgesamt benötigen somit etwa ein Sechstel aller Kinder sonderpädagogische Massnahmen. Doch all dies ist nur die Spitze des Eisbergs. Zusätzlich treten in der Schule zahlreiche weitere, manchmal auch leichtere Lernstörungen auf – überall dort, wo Kinder beim Lernen nicht wunschgemäss vorwärtskommen, schon Gelerntes rasch wieder vergessen, von komplexen oder zu abstrakten Wissensinhalten überfordert sind oder neues Wissen auf einer Basis aufgebaut werden soll, die noch viel zu wenig gefestigt ist.

Schaut man sich in der Fachliteratur nach den Ursachen von Lernstörungen um, dann fällt auf, dass fast ausschliesslich von Gehirnfunktionen, Entwicklungsverzögerungen, sozialer Herkunft, allenfalls noch von Vererbung die Rede ist. Kaum je wird die Frage gestellt, weshalb denn alle diese Lernstörungen vor allem erst während der Schulzeit auftreten, während etwa beim vorschulischen Erlernen der Muttersprache, der wohl komplexesten Lernleistung des ganzen Lebens, kaum je so etwas wie «Lernstörungen» auftreten oder wenn, das Kind dann in der Regel ohne jegliche Hilfe von aussen diese aus eigener Kraft zu überwinden vermag. Auch wird selten gefragt, weshalb es möglich ist, Ritalin oder andere Medikamente, ohne welche das sogenannte ADHS-Kind seine Schultage gar nicht überstehen könnte, während der Ferienzeit meist problemlos und ohne unangenehme Folgen abzusetzen. Auch sogenannte «Autistenkinder», zu denen unter vielen anderen die bekannte Klimaaktivistin Greta Thunberg gehört, leiden, wie in der Sendung «Reporter» am Schweizer Fernsehen vom 3. Mai 2023 berichtet wurde, nur dann unter der Schule, wenn «über ihre Bedürfnisse hinweggegangen wird – sie blühen aber immer dann auf, wenn sie in ihrem Element sein dürfen.»

Der Schluss liegt nahe, dass sogenannte «Lernstörungen» meist nicht so sehr eine Folge von Vererbung, ungenügend entwickelter Gehirnfunktionen, sozialer Herkunft oder «Entwicklungsverzögerungen» sind, sondern vielmehr die Folge einer Schule, die sich nicht oder viel zu wenig an den Gesetzmässigkeiten natürlichen, kindgerechten Lernens orientiert. Oskar Jenni vom Kinderspital Zürich sagt: «Wenn das Kind in Übereinstimmung mit dem entsprechend idealen Zeitfenster seines individuellen Entwicklungsstandes lernen kann, dann sieht man das daran, dass es dem Kind wohl ist, es Lernfortschritte macht und es normalerweise *keinerlei*

Verhaltensauffälligkeiten zeigt.» [21] Was zum Umkehrschluss führt, dass sich ein Kind, bei dessen Lernen sich auf die eine oder andere Weise «Störungen» manifestieren, offensichtlich zu diesem Zeitpunkt gerade nicht in dieser Übereinstimmung mit dem passenden Zeitfenster seiner geistigen Entwicklung befunden hat und deshalb nicht so lernen konnte, wie es seinem tatsächlichen, ihm eingeschriebenen individuellen Lernplan eigentlich entspräche.

Auffallend ist, dass lernfreundlichere Schulformen heute fast nur noch in sogenannten «Sonderklassen» oder heilpädagogischen Institutionen anzutreffen sind. Erst wenn Kinder aus dem Regelsystem «ausgespuckt» worden sind oder dort nicht mehr «tragbar» waren, scheint man sich darauf zu besinnen, wie Schule sein müsste, um gut zu sein für das Lernen der Kinder. Im «Tagesanzeiger» vom 14. August 2023 schildert Marah Rikli den Alltag in der heilpädagogischen Schule, welche ihre Tochter besucht, mit diesen Worten: «Die Betreuung der Kinder ist intensiv und individuell. Während die einen Kinder bereits das Schreiben und Rechnen üben, lernen andere erst noch das Kleben oder Ausschneiden. Musische Fächer, gemeinsames Spielen oder Kochen sowie Projektwochen mit Musical oder Zirkus erhalten viel Platz im Stundenplan. Der Fokus liegt nicht auf der Benotung, sondern auf der Lernmotivation, dem Zusammenhalt und den Ressourcen der Kinder. Der Umgang ist bestärkend und liebevoll.» Zu Recht fordert Rikli daher eine «Umkehrung der aktuellen Debatte»: Zukünftig sollten nicht mehr die bisherigen Regelklassen als Massstab gelten, sondern die heilpädagogischen Schulen. Und die Kinder, so Rikli, sollten einfach Kinder sein dürfen, ohne in die Schubladen «behindert» oder «nicht behindert» eingeteilt zu werden oder das Etikett irgendeiner «Lernstörung» verpasst zu bekommen, die, bei Lichte besehen, doch gar nichts anderes ist als die Folge einer lernstörenden Schule.

SPRUNGHAFTE ZUNAHME SOGENANNTER «VERHALTENSSTÖRUNGEN»

Der dreijährige Karl hat einen Wutanfall. Irgendetwas muss ihm über die Leber gekrochen sein. Er brüllt um sich, Tränen fliessen, er fuchtelt wild mit den Armen, stampft mit den Füssen auf den Boden. Doch nach wenigen Minuten ist alles, wie nach einem kurzen, heftigen Gewitter, wieder vorbei. Karl sitzt auf dem Sofa, schaut sich ein Bilderbuch an und ist das friedlichste Kind auf der ganzen Welt. Er hat sich sozusagen ganz augenblicklich, auf die offenbar geschickteste und wirksamste Art und Weise, ohne Hilfe von aussen, selber «therapiert». Wahrscheinlich wäre es sogar weniger gut herausgekommen, wenn seine Mama oder sein Papa von aussen eingegriffen, sein Verhalten nicht akzeptiert und ihn auf die eine oder andere Weise zurechtgewiesen hätten, vermutlich wäre dadurch alles nur noch viel schlimmer geworden.

Hat Karl drei Jahre später, in der Schule, einen solchen Wutanfall, würde er um sich herumbrüllen, auf den Boden stampfen und vielleicht sogar etwas kaputtmachen, wir können fast ganz sicher sein, man würde sogleich von einer «Verhaltensstörung» sprechen, ihm keinen Raum geben, selber wieder ins Gleichgewicht zu gelangen, sondern würde möglicherweise schon erste «Massnahmen» ergreifen, um sein Verhalten zu ändern. Doch wahrscheinlich würde alles dadurch noch viel schlimmer werden und einen Teufelskreis auslösen, in dem sich das unerwünschte, «negative» Verhalten laufend noch verstärken und mit der Zeit zu einem tatsächlich grossen Problem heranwachsen könnte. Was für ein Widerspruch: Schreit ein Baby und bekundet damit sein Unwohlsein, dann setzen die Eltern meist alle Hebel in Bewegung, um herauszufinden, wie sie ihr Kind wieder glücklich machen können. Bekunden aber Kinder in der Schule ihr Unwohlsein – etwa dadurch, dass sie unruhig sind, «ausrasten» oder Mitschülerinnen und Mitschüler beim Lernen «stören» –, dann wird in aller Regel die Ursache nicht in der Umgebung oder der Situation des Kindes gesucht, sondern nur bei ihm selber.

Wie die sogenannten «Lernstörungen», so sind auch die sogenannten «Verhaltensstörungen» weitgehend die Folge einer Schule, welche die Kinder nicht einfach so, wie sie sind, akzeptiert, mit allen ihren Ecken und Kanten, all ihren Widersprüchen, allen ihren Hochs und Tiefs, sondern sie stattdessen in ein enges Korsett von vorgegebenen Regeln und Normen hineinzuzwingen versucht, denen sich zwar viele Kinder anzupassen vermögen, andere aber weniger und wiederum andere überhaupt nicht. Wie eine von der Pädagogischen Hochschule Zürich im Jahre 2019 bei 450 Lehrpersonen in Zürich und Winterthur durchgeführte Umfrage ergab, stört etwa jedes fünfte Kind den Unterricht, die schulpsychologischen Dienste des Kantons Zürich sind ebenso überlastet mit der Abklärung von «verhaltensauffälligen» Schülerinnen und Schülern wie etwa die Kinder- und Jugendpsychiatrie der Psychiatrischen Universitätsklinik Zürich, wo die ambulanten Notfallkonsultationen innerhalb von zehn Jahren um fast 500 Prozent zugenommen haben. [22] Im Kanton Zürich müssen je nach Gemeinde jährlich sechs bis acht Prozent der Schülerinnen und Schüler beim Schulpsychologen antraben, das sind 9600 bis 12'800 Kinder pro Jahr. Im Kanton Aargau gibt es bei den schulpsychologischen Stellen Wartefristen von bis zu vier Monaten. Im Kanton Bern schnellte die Zahl der Anmeldungen für die Erziehungsberatung – so heissen hier die schulpsychologischen Dienste – in den vergangenen drei Jahren um 40 Prozent auf 12'900 nach oben. Und im Kanton Basel-Stadt sind die Anmeldungen für eine schulpsychologische Beratung seit 2015 um rund 50 Prozent in die Höhe geschnellt. Vielerorts gibt es inzwischen Oberstufenklassen, in denen praktisch kein Jugendlicher sitzt, der im Laufe seiner Schulkarriere nicht mindestens einmal von einem Schulpsychologen abgeklärt werden musste. «Bei alledem», so der Schulpsychologe und Buchautor Allan Guggenbühl, «scheint immer mehr vergessen zu gehen, dass es durchaus normal ist, wenn sich Kinder doof benehmen. Nicht alle sind gleich ein Therapiefall.» [23]

Eine weitere Krux der Jahrgangsklasse besteht darin, dass sie davon ausgeht, Mädchen und Jungen hätten grundsätzlich die gleichen Bedürfnisse und Interessen. Man könnte jetzt stundenlang über den Zusammenhang zwischen Rollenbildern und Erziehungsmustern diskutieren, Tatsache aber ist, dass zwar nicht alle, aber doch die meisten Knaben eher eine Vorliebe für ausgeprägt körperliche und sportliche Aktivitäten bis hin zu gegenseitigem Kräftemessen an den Tag legen, während sich, zwar ebenfalls nicht alle, aber wohl die meisten Mädchen eher durch Beschäftigungen und Interessen kreativer, sozialer und fürsorglicher Art hervortun. Es ist daher kein Zufall, wenn Mädchen in einer Schule, die stark auf das Einhalten vorgegebener Regeln ausgerichtet ist und Verhaltensweisen wie «Raufereien», «Wutausbrüche» oder die Verwendung gröberer «Kraftausdrücke» stets nur als Bedrohungen oder Störfaktoren wahrgenommen werden, im «schulischen» Sinne erfolgreicher sind und weniger oft «problematische» Verhaltensweisen an den Tag legen, während die Jungen häufiger anecken und «unerwünschtes» Verhalten zur Schau tragen. Für ihn, so erzählte mir ein 15-Jähriger, sei der Schulalltag so etwas wie ein «Komplott» der – zumeist weiblichen – Lehrkräfte zusammen mit den Mädchen gegen die Knaben, dies führe auch immer wieder zu Meinungsverschiedenheiten und Streitigkeiten innerhalb der Klasse und provoziere die Knaben erst recht zu aufmüpfigem und widerborstigem Verhalten. «Knaben», so die Erziehungswissenschaftlerin Margrit Stamm, «werden durch Lehrpläne, die vor allem auf Sozialkompetenz ausgerichtet sind, benachteiligt. Da geht es dann darum, dass man über die eigenen Gefühle redet, ständig über sich nachdenkt, einander nah ist. Das ist gerade bei Knaben in der Pubertät nicht besonders beliebt. Sie mögen eher Kompetenzen wie Hartnäckigkeit und Durchsetzungsfähigkeit, doch genau das steht meistens nicht im Lehrplan.»[24]

SCHULAUSSCHLUSS ALS LETZTE UND BITTERSTE KONSEQUENZ

J. war einer dieser «verhaltensgestörten» Jugendlichen. Seine Geschichte wurde im Juni 2023 in einem Film der Reihe «Reporter» am Schweizer Fernsehen aufgerollt. «In der Schule hatte ich andere Sachen, die mir im Kopf herumschwirrten und mich mehr beschäftigten als die Schule, und so wurden meine Noten immer schlechter», berichtet J. Er wird «verhaltensauffällig». Vergeblich versucht die Lehrerin, J. zu disziplinieren, sie ermahnt ihn, pünktlich zu sein, sich besser zu konzentrieren, seine Hausaufgaben zu erledigen und sich ernsthafter auf die Prüfungen vorzubereiten – alles vergeblich, je mehr sie auf ihn einredet, umso mehr verweigert er sich. Als er 16 ist, kommt es infolge «zahlreicher Verstösse gegen die Schulordnung» zu einem mehrwöchigen Timeout. In dieser Zeit übersprayt J. eine Überwachungskamera, die Schule zeigt ihn wegen Sachbeschädigung an und es kommt zu einer polizeilichen Untersuchung. Trotzdem darf J. wieder den regulären Schulbesuch aufnehmen, verhält sich aber weiterhin überaus schwierig. Mehrere Elterngespräche erbringen keine Lösung, auch die Eltern sind masslos überfordert. Aufgrund von Cannabiskonsum im Skilager kommt es schliesslich zum definitiven Schulausschluss. Die Schulleitung lässt verlauten: «An unserer Schule ist kein Platz mehr für dich.»

Neun Jahre später, auch dies zeigt der Film, hat J., nachdem er eine Ausbildung in Versicherungswesen mit einer schriftlichen Note von 5 und einer mündlichen Note von 5,5 erfolgreich absolviert hat, eine feste Stelle bei der Versicherungsfirma Generali.

«Ich glaube», sagt sein Chef, «J. ist als Teenager sehr missverstanden worden. Er versucht in jedem Kundengespräch, sich in die betreffende Person hineinzuversetzen, um die beste Lösung anbieten zu können und ihre Lebenssituation optimal zu begleiten. J. ist einer meiner besten Mitarbeiter.»

Nicht alle haben so viel Glück wie J. Viele andere bleiben von den zermürbenden Machtkämpfen, Belehrungen, Zurechtweisungen und der erlittenen Ohnmacht während einer so wichtigen und prägenden Lebensphase zeitlebens gezeichnet. Die tägliche Erfahrung, nicht am «richtigen» Ort zu sein, nicht wirklich dazuzugehören, kann tiefste Spuren hinterlassen. Schätzungen zufolge – exakte statistische Zahlen fehlen – werden Jahr für Jahr weit über 5000 Kinder und Jugendliche schweizweit frühzeitig aus der Schule ausgeschlossen, wobei die Dunkelziffer vermutlich noch um einiges höher liegt. [25]

Die im Film gezeigten Krisengespräche gleichen richtiggehenden Tribunalen, in denen sich das Kind bzw. der Jugendliche einer Front von Erwachsenen gegenübersieht, die zwar alle scheinbar nur das Beste wollen, gleichzeitig damit aber ganze Existenzen zunichtemachen können. Früher stellte man missliebige Menschen an den Pranger, heute werden sie in «Sonderklassen» umgeteilt, man verordnet ihnen alle möglichen und unmöglichen pädagogischen «Sondermassnahmen» oder wirft sie gar gänzlich aus der Schule hinaus. Erwachsene würden sich so etwas kaum gefallen lassen, sie haben Gewerkschaften, die sich für ihre Rechte einsetzen, und Arbeitsgesetze, welche sie schützen – Kinder und Jugendliche können davon nur träumen. Auf dem Buckel von ungeliebten Kindern und Jugendlichen werden Machtkämpfe ausgetragen, bei denen in aller Regel das Machtsystem Schule die Oberhand und das letzte Wort behält. Ein Machtsystem, das darüber entscheidet, wer ins System passt und wer nicht, welche Normen wichtig sind und welche nicht. Das wohl extremste Beispiel ist der kleine Thomas, der im August 2018 im US-Bundesstaat Texas von einem Polizisten grob zu Boden gedrückt und in Handschellen aus dem Klassenzimmer getragen wurde, weil er den Unterricht gestört hatte.[26] Glücklicherweise sind wir in der Schweiz noch meilenweit von solchen Verhältnissen entfernt und doch erinnert ein auch hierzulande herrschendes schulisches Machtsystem, das allzu eigenwillige, aufmüpfige, selbstbewusste, widerspenstige und zu wenig angepasste Kinder und Jugendliche systematisch diskriminiert, aussondert und in ihrer Menschenwürde zutiefst verletzt, weitaus mehr an Praktiken, welche in einer Diktatur üblich sind, als an Zustände, die einer echten, am Gemeinwohl aller ihrer Mitglieder orientierten Demokratie würdig wären.

Ganz abgesehen von alledem, ist nur schon die Jahrgangsklasse als solche eine unablässige Quelle von «Lernstörungen» und «Verhaltensstörungen». Ich erinnere mich an einen Theaterbesuch, bei dem jüngere und ältere Kinder sowie Erwachsene bunt gemischt im Publikum sassen, ohne dass auch nur im Entferntesten so etwas wie «Disziplinlosigkeit» beobachtet hätte werden können. Wären die gleichen Kinder zusammen in einer Klasse gesessen, wäre wohl schon bald der Teufel los gewesen, weil Gruppen von Gleichaltrigen auf tausenderlei Gedanken kommen, sich gegenseitig zu necken, sich zu plagen oder sich beim Lernen gegenseitig zu stören. Wer «Disziplinstörungen», «Verhaltensstörungen», «Lernstörungen» und dergleichen vermeiden will, der müsste zuallererst dieses so künstliche, lernfeindliche Konstrukt der Jahrgangsklasse abschaffen.

Fast noch demütigender als ein Schulausschluss ist das «Sitzenbleiben». Zwar sind «nur» 1,2 Prozent aller Primarschulkinder am Ende des jeweiligen Schuljahrs davon betroffen, doch ist es für die, welche es trifft, umso schlimmer. Was für eine Schmach, am Ende des Schuljahrs als einziges Kind der Klasse nicht ins folgende Schuljahr aufsteigen zu dürfen! Es ist ja nicht nur dieses Gefühl einer totalen Niederlage. Es ist auch der erzwungene Abschied von sämtlichen Klassenkameradinnen und Klassenkameraden. Und es sind all die Vorurteile, mit denen das Kind nun in seiner neuen Klasse, wo es sich zunächst völlig fremd fühlen wird, konfrontiert ist: Was denken wohl all die andern von mir, wenn ich als «Dümmster» meiner vormaligen Klasse wie ein fauler Apfel zu ihnen hinuntergefallen bin? Seltsamerweise scheinen nun plötzlich alle diese Argumente von der sogenannten «Klassengemeinschaft» und der angeblich so grossen Bedeutung einer konstanten Beziehung zu einer Klassenlehrperson von einem Tag auf den andern überhaupt keine Rolle mehr zu spielen, und dies ausgerechnet beim «schwächsten» Kind der Klasse, dem, welches in ganz besonderem Masse auf eine aufmerksame, aufbauende Lernbegleitung und eine konstante Beziehung zu einer erwachsenen Begleitperson angewiesen wäre.

Will man bei einem Kind noch den letzten Rest seines ohnehin schon geringen Selbstvertrauens zerstören, dann liegt wohl das geeignetste Mittel dazu darin, es am Ende des Schuljahrs sitzen zu lassen. Dabei ist, wie das «Tagblatt» am 12. August 2023 schreibt, «der Nutzen solcher Repetitionen kaum erforscht. Man segelt weitgehend im Blindflug und weiss zum Beispiel nicht, ob Kinder gewisse Kompetenzen dank einer Wiederholung überhaupt erreichen können oder ob dies auch sonst möglich gewesen wäre.» Klaus Zierer, Professor für Erziehungswissenschaften an der Universität Augsburg, vertritt sogar die Ansicht, dass das Zurückhalten eines Schülers oder einer Schülerin in der Regel eher zu geringeren Leistungen führe. Und auch Stephan Huber von der Pädagogischen Hochschule Zug verweist auf diverse Studien, welche gezeigt hätten, dass die erhoffte Leistungssteigerung durch Klassenwiederholungen weitgehend ausbleibe. Ganz abgesehen davon, dass infolge Klassenrepetitionen gesamtschweizerisch jährliche Kosten von nicht weniger als 300 Millionen Franken anfallen, Geld, das man wohl weit nutzbringender und sinnvoller für das Wohl der Kinder investieren könnte. [27]

FREMDBESTIMMUNG, STEIGENDER LEISTUNGSDRUCK UND IHRE FOLGEN

Nach den Schuljahren 2007/08, 2012/13 und 2017/18 fand im Schuljahr 2022/23 in der Stadt Zürich zum vierten Mal eine vom Gesundheitsdienst durchgeführte Befragung der rund 2000 Schülerinnen und Schülern der zweiten Oberstufe statt. Die Resultate können zweifellos, allenfalls mit gewissen Abweichungen, auf die gesamte schweizerische Schulsituation übertragen werden.

Auffallend sind die Unterschiede zwischen den Rückmeldungen von Mädchen und Knaben. Mädchen äussern sich in Bezug auf ihre schulische Situation weitaus negativer. 52 % der Mädchen – 14 % mehr als vor fünf Jahren – fühlen sich durch Prüfungen, Druck in der Schule und Noten stark belastet, bei den Knaben sind es etwas weniger. Nur 23 % der Mädchen sind mit ihrer Schulsituation sehr zufrieden, der tiefste Wert seit Beginn der Befragungen. 57 % der Mädchen und 42 % der Knaben äussern Traurigkeit und Zweifel an sich selbst. 55 % der Mädchen und 47 % der Knaben geben an, sich in schwierigen Situationen nicht auf die eigenen Fähigkeiten verlassen zu können. Nur die Hälfte der Mädchen haben Vertrauen in die eigenen Lehrkräfte, vor fünf Jahren waren es noch 67 %, bei den Knaben ging der entsprechende Anteil von 71 % auf 67 % zurück. Das Gefühl, zur Schule zu gehören, hat innerhalb der vergangenen fünf Jahre bei den Mädchen von 82 % auf 72 % abgenommen, bei den Knaben von 84 % auf 78 %. 21 % der Mädchen und 13 % der Knaben fügen sich Selbstverletzungen zu. Zugenommen haben – um insgesamt 5 bis 9 % – sowohl bei den Mädchen wie bei den Knaben Rücken-, Kopf- und Bauchschmerzen sowie Angststörungen und Depressionen. 51 % der Mädchen und 37 % der Knaben nehmen regelmässig Medikamente gegen Schmerzen. 23 % der Mädchen und 10 % der Knaben haben schon ernsthaft daran gedacht, sich das Leben zu nehmen. Von diesen 23 % sämtlicher Mädchen haben wiederum 29 % schon mindestens einmal versucht, sich das Leben zu nehmen, bei den Knaben sind es 24 %. Gemessen am Total aller Befragten, inklusive derjenigen, welche auf diese Frage keine Antwort gaben, sind es 4,5 %, die schon einmal versucht haben, sich das Leben zu nehmen.[28]

Aufgrund der Tatsache, dass die Schule für viel zu viele Jugendliche offensichtlich nicht ein Ort ist, wo sie sich mit ihren Lern- und Lebensbedürfnissen und ihrer tiefen Sehnsucht nach Anerkennung, Wohlbefinden und Lebensfreude voll und ganz verstanden und willkommen fühlen, lassen sich wohl als Reaktion darauf viele jener für Jugendliche «typischen» Verhaltensweisen erklären, die in der Öffentlichkeit immer wieder zu kontroversen Diskussionen führen und seitens der Erwachsenen oft mit grosser Besorgnis wahrgenommen werden. Zunächst der massive, oft bis zum Exzess betriebene Konsum von sozialen Medien, als eine mögliche Form von «Ersatzbefriedigung» durch die Flucht in ferne Phantasie- und Traumwelten, die mit der nüchternen Realität des Alltags möglichst wenig zu tun haben. Doch wer sich erst einmal der Gier nach möglichst viel Zustimmung, Selbstbestätigung und einer möglichst grossen Zahl virtueller «Freundinnen» und «Freunden» verschrieben hat, wird meist früher oder später gänzlich desillusioniert feststellen müssen, dass auch in diesen auf den ersten Blick so verheissungsvollen Welten am Ende genau das gleiche Prinzip gilt, nämlich, dass nur wenige wirklich erfolgreich sein können auf Kosten vieler anderer.

Zweitens das sogenannte «Mobbing», mit dem Druck und Frustrationen, die man selber erfahren hat, an andere, oft Schwächere, weitergegeben werden. Wie die «Sonntagszeitung» vom 12. Februar 2023 berichtete, ist gemäss einer Auswertung im Rahmen der Pisa-Studie jedes zehnte Kind in der Schweiz im Laufe seiner Schulzeit ein Opfer von Mobbing, was einen europäischen Spitzenwert bedeutet. Und obwohl viele Schulen versuchen, das Problem mit Sozialarbeit oder präventiven Workshops zu bekämpfen, steigen die Zahlen weiter an. Die «Sonntagszeitung» vom 21. Mai 2023 spricht sogar von einem «alltäglichen Hass im Klassenzimmer»: In einer Umfrage bei über 1000 Zürcher Lehrpersonen berichtete jede zweite von körperlichen Angriffen unter Schülerinnen und Schülern, noch häufiger seien Demütigungen und Bedrohungen.

Drittens der steigende Konsum von Suchtmitteln durch Kinder und Jugendliche. Auch dieser könnte sich, zumindest teilweise, mit Lebenssituationen erklären lassen, die entweder als besonders belastend empfunden werden oder aber dem Urbedürfnis nach Wohlbefinden, geselligem und fröhlichem Zusammensein und lustvollen Erlebnissen zu wenig Rechnung tragen. «Wenn es einer Person nicht gut geht», so Markus Meury von der unabhängigen Stiftung «Sucht Schweiz» im «Tagesanzeiger» vom 21. März 2024, «ist das Risiko grösser, dass sie nach Substanzen greift, von denen sie sich eine Besserung verspricht». Entsprechend alarmierend sind die Zahlen: Gemäss einem Ende 2023 veröffentlichten Bericht von «Sucht Schweiz» rauchen von den 15-Jährigen fast 28 Prozent der Jungen und fast 29 Prozent der Mädchen Zigaretten, entweder konventionelle oder E-Zigaretten oder beides. Der häufige Konsum von E-Zigaretten – an mindestens zehn Tagen pro Monat – nahm bei den 15-jährigen Mädchen von 1,2 Prozent im Jahre 2018 auf acht Prozent im Jahre 2022 zu. Besonders beliebt ist auch der sogenannte «Lutschtabak», etwa in Form von «Snus», wo sich bei den 15-Jährigen der Konsum im Vergleich zu 2018 auf 13 Prozent geradezu verdoppelt hat. Auch der Alkoholkonsum weist steigende Zahlen auf: So gaben 43 Prozent der 15-Jährigen bei der erwähnten Befragung an, im Verlauf der vorangegangenen 30 Tage mindestens einmal Alkohol getrunken zu haben. Rauschtrinken, also der gleichzeitige Konsum von fünf oder mehr alkoholischen Getränken, kommt bei einem Viertel der 15-Jährigen regelmässig vor.

Viertens «Jugendgewalt», «Jugendkriminalität» oder die Instrumentalisierung Jugendlicher durch extremistische Gruppierungen politischer oder religiöser Ausrichtung. Auch diese könnten – zusätzlich zu ungünstigen familiären oder gesellschaftlichen Rahmenbedingungen – eine wesentliche Ursache in einem Schulsystem haben, dem es nicht gelingt, Menschen genug gross und stark werden zu lassen, damit sie es nicht nötig haben, sich ihre Erfolgserlebnisse, ihre Selbstbestätigung und die Anerkennung durch Gleichaltrige oder Erwachsene auf anderen, gefährlicheren oder wenn nötig auch «illegalen» Wegen zu suchen.

Gleichwohl würde man wohl zu weit gehen, wenn man alle diese Probleme allein der Schule in die Schuhe schieben wollte. Dennoch kann es wohl kaum ein Zufall sein, dass sämtliche der beschriebenen Symptome und «Fehlentwicklungen» parallel miteinander in Zunahme begriffen sind. Der allgemeine Leistungsdruck in Gesellschaft und Arbeitswelt wie auch in den Schulen scheint sich gegenseitig zu verstärken und die meisten Schulen sind alles andere als ein Ort, wo die Kinder und Jugendlichen eine so dringend nötige, angenehme, Wohlbefinden, Selbstvertrauen und gegenseitige Wertschätzung fördernde «Gegenwelt» vorfinden.

IN WAS FÜR EINER VERRÜCKTEN ZEIT LEBEN WIR EIGENTLICH?

Zusätzlich manifestiert sich der steigende Leistungsdruck in einer immer höheren Anzahl von Kindern und Jugendlichen, die sich schlicht und einfach verweigern, zur Schule zu gehen. Gemäss der bereits zitierten Zürcher Gesundheitsbefragung vom November 2023 kamen innerhalb der vorangegangenen zwölf Monate 57 % der Mädchen und 61 % der Knaben mindestens einmal zu spät zur Schule, eine deutliche Zunahme gegenüber

2017/18, bei den Mädchen gar eine Verdoppelung. Mindestens einen ganzen Tag lang fehlten ohne Begründung 15 % der Mädchen und 12 % der Knaben. Mehrere Tage fehlten 7 % der Mädchen und 5 % der Knaben. [29]

Als Hauptgrund für das «Schuleschwänzen» wurde in der Befragung die «Unlust, zur Schule zu gehen» angegeben, dann weiter auch «Unter- oder Überforderung», «Kritik an der Unterrichtsgestaltung», «Desinteresse an einem bestimmten Fach», «Langeweile im Unterricht» und «Angst vor einer Prüfung». Ernüchtert kommt der Gesundheitsbericht in diesem Zusammenhang unter anderem zum Schluss, dass von der vielbeschworenen Rolle des «Klassenlehrers» oder der «Klassenlehrerin» als wichtige Vertrauensperson zu den Schülerinnen und Schülern ganz offensichtlich nicht allzu viel übrig geblieben ist: «Auffallend ist, wie selten Lehrpersonen aufgesucht werden, wenn Betroffene nach Unterstützung suchen. Da sie nicht nur eine Förder-, sondern auch eine Bewertungsfunktion einnehmen, zum Beispiel in den Prüfungen, und damit Autoritätspersonen sind, lässt sich leicht nachvollziehen, dass sie für diese Schülerinnen und Schüler nicht Anlaufstelle der ersten Wahl sind.»

«Schuleschwänzen» bzw. Schulabsentismus ist vielleicht noch die «gesündeste» Art und Weise, wie ein Kind auf eine Situation, die es in Bezug auf seine Lebensqualität dermassen tief beschneidet, reagieren kann. Allerdings steht das Kind, welches diesen Weg gewählt hat, ganz alleine da – ganz alleine gegen Lehrkräfte, Erziehungsinstitutionen, Behörden und meist auch gegen die eigenen Eltern. Zunehmend aber, so ein weiterer Befund der Zürcher Gesundheitsbefragung, reagieren Eltern, Lehrkräfte und Behörden nur noch zurückhaltend auf dieses Phänomen, man überlässt es den Kindern, man nimmt ihre Verweigerung in Kauf – statt sie als das wahrzunehmen, was sie tatsächlich ist, nämlich ein gewaltiger Notschrei darüber, was alles in unseren Schulen schiefläuft, waren doch alle diese «Schulverweigerinnen» und «Schulverweigerer», die ohne jeglichen Zweifel in der Zukunft immer zahlreicher sein werden, vor noch nicht allzu langer Zeit fünf- oder sechsjährige Kinder, die sich mit leuchtenden Augen auf nichts sehnlicher gefreut hatten als auf ihren allerersten Schultag.

Nähme man die Resultate der Zürcher Gesundheitsbefragung vom November 2023 wirklich ernst, so müsste man augenblicklich eine Riesendiskussion lostreten über den Sinn und Unsinn von Noten, Lehrplänen, Jahrgangsklassen und Prüfungen, die keinen Sinn für das Leben haben, sondern nur dazu dienen, Kinder und Jugendliche in einen zerstörerischen gegenseitigen Konkurrenzkampf zu zwingen. Man müsste wieder einmal die Schriften Johann Heinrich Pestalozzis hervorklauben und dort lesen, dass kein Kind mit dem andern verglichen werden dürfe, sondern nur jedes mit sich selber, und dass Lernen ohne Freude keinen Heller wert sei. Und man müsste endlich all die wunderbaren Erfahrungen jener Schulen ernstnehmen, die schon längst ohne Noten und mit individuellen Lernplänen arbeiten und gerade dadurch den Lernerfolg und die Lernfreude ihrer Schülerinnen und Schüler so unglaublich wieder zum Blühen gebracht haben.

Doch nichts dergleichen geschieht. Lesen wir die «Schlussfolgerungen» des Zürcher Gesundheitsberichts vom November 2023, so finden wir nur dies: «Es ist deshalb wichtig, dass in der schulischen Doppellektion des Präventionsprogramms HEB SORG weiterhin gezielt gearbeitet wird und mit praktischen Übungen sozial herausfordernde Situationen nachgestellt und Lösungsmöglichkeiten aufgezeigt werden. Wichtig ist auch, dass anlässlich der Elternabende im Rahmen dieses Projekts weiterhin nicht nur theoretische, sondern auch praktische Hilfeleistungen angeboten werden. Was Depressionen betrifft, drängt sich in Anbetracht der Tatsache, dass davon betroffene Schülerinnen und Schüler in deutlich höherem Masse über erfolgte Suizidversuche berichten, eine Ausweitung des Projekts HEB SORG auf. Hierzu bedarf es der sorgfältigen Planung und Vorbereitung und der vertieften Zusammenarbeit mit weiteren Fachleuten. Der Schulpsychologische Dienst bietet schon heute in verschiedenen Schulkreisen Beratungsstunden für Jugendliche an. Dort können individuelle Probleme angesprochen werden und es können erste konkrete Hilfeleistungen erfolgen. Wichtig ist vor allem eine gute Triage, damit Schülerinnen und Schüler, welche einen grösseren Unterstützungsbedarf haben, nicht zu lange alleine gelassen werden. Wichtig für eine gute Abstimmung und Zusammenarbeit ist die Schulsozialarbeit. Die Tatsache, dass mehr als vier Prozent der Schülerinnen und Schüler mindestens einmal versucht haben, sich das Leben zu nehmen, und diese anschliessend mit niemandem darüber reden konnten, weist auf einen Nachholbedarf in der öffentlichen Thematisierung hin.»[30]

Hätte eine Bäckerei bei ihrer Kundschaft so katastrophale Umfragewerte, wie sie die Gesundheitsbefragung der Stadt Zürich vom November 2023 auf der zweiten Oberstufe aufgezeigt hat, dann würde man vermutlich auf der Stelle das ganze Personal entlassen oder gleich die ganze Bäckerei dicht machen. Doch bei dieser Befragung ging es eben nicht um Brot, sondern nur um junge Menschen in einer der wichtigsten Phasen ihres Lebens. In was für einer verrückten Zeit leben wir eigentlich?

«WAS SOLL DER GANZE DRUCK, WENN WIR SOWIESO KEINE ZUKUNFT HABEN?»

Im «Tagesgespräch» vom 23. Mai 2023 auf Radio SRF1 unterhielten sich die 21-jährige, ADHS-betroffene Fanny Wisler und Dagmar Pauli, Chefärztin der Psychiatrischen Universitätsklinik Zürich, über die Situation Jugendlicher in den heutigen Schulen sowie darüber, was am heutigen Schulsystem geändert werden müsste.

Wisler: «Ich glaube nicht, dass die Schule als solche die Ursache von ADHS ist. Aber sie geht denkbar schlecht damit um, was oft zu einer Verstärkung des Problems führt. Die Ursachen für Schulprobleme sehe ich nicht bei individuellen Fehlleistungen, sondern bei den gesellschaftlichen Rahmenbedingungen. Die Schule ist eine extrem grosse Belastung, überall bestehen riesige Erwartungen. Bei Überforderung denkt niemand daran, das Schulsystem zu ändern, alles fällt auf das Individuum zurück, das alleine damit fertig werden muss. Immer heisst es: Du hast dich zu wenig angestrengt, du bist das Problem.» Pauli: «Seit zehn Jahren haben psychische Leiden Jugendlicher markant zugenommen.» Wisler: «In der kapitalistischen Leistungsgesellschaft ist jeder auf sich selber gestellt.» Pauli: «Heute lehnt man sich, im Gegensatz zu früher, nicht mehr gegen die Autoritäten auf. Es herrscht ein depressives Denkmuster und man gibt sich selber die Schuld, und dies ausgerechnet in einer der vulnerabelsten Lebensphasen. Doch junge Menschen brauchen Zeit und Energie, um sich zu entwickeln. Sie sollen auch mal herumhängen und nichts tun dürfen. Zudem muss die Gesellschaft akzeptieren, dass nicht alle alles können müssen, und sich von einem übertriebenen Perfektionismus verabschieden.» Wisler: «In was für einer Welt wollen wir denn leben? Was soll der ganze Aufwand, der ganze Druck, wenn wir sowieso keine Zukunft haben? Therapien sind eine reine Symptombekämpfung, so lassen sich die Probleme nicht lösen. Junge Menschen brauchen Lebensräume, um sich entfalten zu können. Hobbys und soziale Kontakte sind etwas vom Wichtigsten.» Pauli: «Es ist schlimm, wenn Kinder und Jugendliche infolge des Leistungsdrucks geliebte Hobbys aufgeben müssen.» Wisler: «Kinder brauchen Freiräume ohne Erwachsene, um miteinander und voneinander zu lernen. Herumhängen, Abmachen, Pläne schmieden, bei der Pfadi mitmachen, dies alles sind wichtige Elemente für die Entwicklung der Persönlichkeit. Was mir Mut macht: Dass ich feststelle, dass dies alles immer mehr

Menschen bewusst wird und sich immer mehr Menschen für radikale Veränderungen aussprechen.»

In der Tat: Die Einsicht in die Notwendigkeit einer radikalen Erneuerung des bisherigen Schulsystems beschränkt sich schon lange nicht mehr nur auf einige wenige kritische Geister in der Tradition Johann Heinrich Pestalozzis oder antiautoritärer Erziehungsmodelle wie jenem von A.S. Neill, der 1921 in England die legendäre Summerhill-Schule gründete, die älteste Demokratische Schule der Welt. Nein, sie geht weit darüber hinaus. So etwa sagte sogar André Hoffmann, Vizepräsident des Pharmakonzerns Roche, in einem Interview mit der «NZZ am Sonntag» vom 11. Juni 2023: «Wenn Greta Thunberg sagte, es hätte keinen Sinn, in die Schule zu gehen, weil wir Alten sowieso schon alles kaputt gemacht hätten, dann kann ich eine solche Haltung durchaus nachvollziehen.»

AUCH DIE LEHRKRÄFTE UND DIE ELTERN LEIDEN

Doch nicht nur die Kinder und Jugendlichen leiden unter dem zunehmenden schulischen Leistungsdruck und aller daraus resultierender psychischer Belastungen. Auch Lehrerinnen und Lehrer beklagen sich immer häufiger über ihre Arbeitsbedingungen: zu grosse Klassen, zu grosse Leistungsunterschiede zwischen den einzelnen Schülerinnen und Schülern, Unaufmerksamkeit, Desinteresse, Konzentrationsmangel und Disziplinlosigkeit, zu hohe Erwartungen seitens der Eltern, physische und verbale Attacken, viel zu grosser administrativer Aufwand.

Gemäss einer vom schweizerischen Lehrerinnen- und Lehrerverband in Auftrag gegebenen und vom Sozialforschungsbüro Brägger Ende 2022 durchgeführten Studie erlebten etwa zwei

Drittel der befragten Lehrerinnen und Lehrer in den letzten fünf Schuljahren verschiedene Formen von Gewalt. Dies bedeutet, dass von 100'000 Lehrpersonen auf allen Stufen in der Deutschschweiz 65'000 Gewalt erlitten. Insgesamt mussten während der letzten fünf Jahre 1000 Lehrpersonen einen Arzt aufsuchen. Sie erlitten zum Beispiel Prellungen, Muskelfaserrisse oder brachen sich Knochen. Aber auch psychische Gewalt wie mündliche oder schriftliche Beleidigungen, Beschimpfungen, Einschüchterung und Verleumdung sind weit verbreitet: Schüler, die in ihrer Wut einen Tisch umschmeissen und den Lehrer verletzen, ein Schüler im Kanton Jura, der seinen Lehrer so heftig schlug, dass dieser zu Boden fiel, nur weil sich der Lehrer erlaubt hatte, den im Unterricht eingeschlafenen Schüler aufzuwecken, Kindergärtler, die ihre Lehrerin beissen oder bespucken, Väter oder Mütter, die im Elterngespräch ein Messer zücken, weil die Lehrperson aus ihrer Sicht ihr Kind zu wenig fördere, Mütter, die im Elterngespräch fragen, ob sie den «älteren Bruder» mitbringen sollen. [31]

«Ich dachte, wenn ich Lehrerin werde, unterrichte ich Kinder, musste aber merken, dass mir dafür kaum Zeit blieb», schreibt die Lehrerin und Autorin Andrea Stadler in ihrem Buch «Macht Schule dumm?», und weiter: «Damit fing der Stress an. Unterrichten ist zum Abarbeiten einer endlosen To-do-Liste verkommen. Die Lehrperson jagt darin die Kinder mit der Peitsche von einem Inhalt zum nächsten. Dazu kommt ein gigantischer Anteil an Bürokratie: Absprachen mit Stellenpartnerinnen, Heilpädagogen, Therapeutinnen, Schulsozialarbeitern und Eltern, Mitarbeit an der Schulentwicklung, Evaluationen, Sitzungen. Die Liste ist endlos. Was zu kurz kommt, ist die Zeit für die Kinder und die Inhalte. Man streicht beim Freudvollen: Basteln, Zeichnen, Spielen, gemeinsam im Wald spazieren. Dies alles bedeutet einen riesigen Stress für die Lehrpersonen, deren Job es wäre, allen gerecht zu werden. Der Stress wirkt sich für die Kinder verheerend aus. Sie verspüren Unruhe, Nervosität, Druck und Lieblosigkeit. Viele

Kinder gehen mit ihren Bedürfnissen unter. Das ist verhängnisvoll für ihre Entwicklung und zerstört die Freude am Lernen. Dabei wäre es so wichtig, genug Zeit zu haben, um Fragen zu beantworten und neugierige Schülerinnen und Schüler nicht abzublocken.» Und laut Marijana Minger, oberster Schulpsychologin im Kanton Zürich, «laufen viele Schülerinnen und Schüler sowie Lehrpersonen ständig am Limit, so dass es wohl nur noch wenig braucht, bis das ganze Schulsystem kollabiert.» [32]

So unterschiedlich die Kinder und Jugendlichen auf die Belastungen durch die Schule reagieren, so vielfältig ist das Bild auch bei den Lehrkräften. Einige greifen zu immer härteren disziplinarischen Massnahmen, andere führen Elterngespräche nur noch im Beisein eines Schulleiters oder einer Schulleiterin durch oder schieben alle Schuld den Kindern oder ihren Eltern in die Schuhe. Zahlreiche landen in einem Burnout und wiederum andere geben ihren Beruf, obwohl sie mit grosser Begeisterung und viel Idealismus angefangen hatten, schon nach kurzer Zeit wieder auf. Dazu kommen häufig Machtkämpfe zwischen Lehrkräften und Schulleitungen. Allein in der Stadt St. Gallen kündigten gemäss «St. Galler Tagblatt» vom 13. Juni 2023 innerhalb des gleichen Schuljahrs 100 Lehrkräfte aufgrund von persönlichen Zerwürfnissen in drei Quartierschulhäusern. Kein Wunder, fehlten – gemäss «Tagesanzeiger» vom 18. Mai 2023 – gesamtschweizerisch noch Tausende Lehrerinnen und Lehrer für das kommende Schuljahr. Allein im Kanton Zürich wird man – gemäss Aussagen des Lehrerinnen- und Lehrerverbands ZLV – im Schuljahr 2024/25 500 Lehrpersonen einstellen müssen, welche über keine Zulassung verfügen, eine, wie ZLV-Präsident Christian Hugi sagt, «besorgniserregende Situation». [33] Und schenkt man dem schweizerischen Bundesamt für Statistik Glauben, dann wird bis 2031 mit einem gesamtschweizerischen Mangel von nicht weniger als 10'000 Lehrpersonen zu rechnen sein. [34]

Immer lauter wird seitens von Lehrerinnen und Lehrern der Ruf nach weniger heterogen zusammengesetzten Klassen und der Wiedereinführung von Sonder- und Spezialklassen für die schwierigen «Fälle». Doch ist die Heterogenität nun einmal das Hauptmerkmal jeder beliebig zusammengesetzten Menschengruppe. Menschen zeichnen sich nicht durch das aus, was sie einander gleich macht, sondern durch das, was sie voneinander unterscheidet und ihre Einzigartigkeit ausmacht. Konsequente Homogenität – sollte sie überhaupt jemals wünschbar sein – wäre letztlich erst erreicht, wenn in jeder Schulklasse nur noch einziges Kind sitzen würde. Das Problem liegt nicht bei der Verschiedenartigkeit der Kinder und Jugendlichen – diese wäre sogar eine optimale Voraussetzung für erfolgreiches gegenseitiges und gemeinsames Lernen. Das tatsächliche Problem ist die Jahrgangsklasse, welche den uneinlösbaren Anspruch erhebt, sinnvolles Lernen könne nur dann stattfinden, wenn 20 oder mehr gleichaltrige Kinder und Jugendliche im gleichen Schulzimmer sitzen und zur gleichen Zeit und im gleichen Tempo und mit den gleichen Methoden den gleichen Lernstoff bewältigen sollen.

Und so ist es kein Wunder, dass – in totalem Widerspruch zu der von der Schweiz seit 2011 verfolgten Devise «Integration vor Separation» – in den letzten Jahren die Zahl der Schülerinnen und Schüler, welche – oft gegen den Willen ihrer Eltern – an eine Sonderschule geschickt werden, markant zugenommen hat. Besuchten vor 40 Jahren noch 1,4 Prozent aller Kinder und Jugendlichen eine Sonderschule, sind es heute bereits 1,8 Prozent. «Ein erschreckendes Resultat», sagt Romain Lanners, Direktor des Schweizer Zentrums für Heil- und Sonderpädagogik, «da wir in den letzten Jahrzehnten sehr viele Ressourcen in die Heilpädagogik investiert haben».[35] Vermutlich hätte man diese Ressourcen sinnvoller in die Entwicklung neuer pädagogischer Modelle investiert, die sich weniger an eng definierten, einen wachsenden Teil der Kinder und Jugendlichen zum Scheitern verurteilenden

Leistungsnormen orientieren und mehr an der individuellen Lernförderung jedes Einzelnen.

Doch nicht nur Kinder und Jugendliche sowie ihre Lehrkräfte leiden zunehmend unter dem steigenden Leistungs- und Erwartungsdruck in der Schule. Ebenso sind auch die Eltern davon betroffen. In bester Absicht, nur das Beste für ihre Kinder zu wollen, üben sie auf diese Weise, ob sie wollen oder nicht, häufig viel zu grossen Druck aus und stellen gleichzeitig an die Lehrerinnen und Lehrer so hohe Erwartungen, dass sie diese auch mit dem besten Willen nicht erfüllen könnten. Natürlicherweise wäre es der grösste Wunsch eines jeden Vaters und einer jeden Mutter, dass ihr Kind das Beste der ganzen Klasse wäre, genau dies aber wird durch das herrschende Leistungs- und Selektionsprinzip verunmöglicht, so dass zu allem Überdruss Eltern ihren Kindern nicht selten aus Enttäuschung über mangelnde Schulleistungen die heftigsten Vorwürfe machen und Kinder sich selber oft viel zu stark unter Druck setzen, bloss um ihre Eltern nicht zu enttäuschen und möglicherweise dafür noch mit Liebesentzug bestraft zu werden. Immer vor den Sommerferien, so berichtete der «Tagesanzeiger» am 29. Juni 2019, laufen die Telefone in den psychiatrischen Ambulatorien heiss: «Verzweifelte Eltern suchen Hilfe, weil ihre Kinder Schwierigkeiten beim Lernen haben, weil sie wegen ihres Verhaltens in der Schule kaum mehr tragbar sind oder weil sie in eine Sonderschule sollen. Es ist ein Phänomen, das alle kinder- und jugendpsychiatrischen Kliniken kennen. Droht der Schuljahreswechsel, geraten Eltern von Kindern, die Probleme haben, in Panik.»

UND ES HATTE DOCH ALLES SO HOFFNUNGSVOLL BEGONNEN

So leiden Kinder, Jugendliche, Lehrerinnen, Lehrer und Eltern letztlich unter dem gleichen Druck, den gleichen Zwängen und machen sich dabei gegenseitig das Leben nur noch viel schwerer, als es schon ist. Und dies, obwohl Lernen die faszinierendste, spannendste und abenteuervollste Tätigkeit sein könnte, die man sich nur vorstellen kann. Doch lösen lässt sich das Problem nicht, indem sich Kinder, Jugendliche, Lehrerinnen, Lehrer und Eltern gegenseitig bekämpfen, ganz im Gegenteil. Lösen lässt sich das Problem nur *gemeinsam*, denn alles hängt mit allem zusammen: In einer Schule, in der die Lehrerinnen und Lehrer krank werden und die Eltern nicht mehr ein noch aus wissen, können auch die Kinder nicht wirklich gesund sein, und umgekehrt. «Was alle angeht», so der Schweizer Schriftsteller Friedrich Dürrenmatt, «können nur alle lösen.»

Dies bedeutet aber auch, dass sich die Schwierigkeiten und Probleme in den Schulen dauerhaft nur dann lösen lassen, wenn auch entsprechende gesellschaftliche Veränderungen erfolgen, insbesondere die Abkehr von jenem immer mehr auf die Spitze getriebenen gegenseitigen Konkurrenzkampf um Geld, Macht und sozialen Aufstieg. «Die Gesellschaft», so Kurt Albermann, Facharzt für Kinder- und Jugendpsychiatrie am Kantonsspital Winterthur, «ist zu sehr an Wachstum und Gewinnmaximierung interessiert, obwohl wir und unsere Welt schon lange an unseren Grenzen angelangt sind. Aber unser von Dopamin gesteuertes Belohnungssystem verlangt nach immer mehr. Bis wir nicht mehr können.» [36]

Dennoch muss die Schule nicht darauf warten, bis sich die gesellschaftlichen Werte und Normen verändert haben, sonst ist die Gefahr viel zu gross, dass sich überhaupt nichts verändert und alle Widersprüche und Absurditäten so lange weitergetrieben werden, bis tatsächlich eines Tages alles «zusammenbricht». Schon heute könnte die Schule, inmitten eines von immer höheren und heftigeren Wogen durchfurchten Meers, so etwas sein wie eine Insel der Glückseligkeit, ein Ort der Lebensfreude und des Wohlbefindens, wo Kinder und Jugendliche Tag für Tag erleben dürfen, mehr und mehr Vertrauen in alle ihre Kräfte zu gewinnen und auf wunderbare Weise zu erfahren, wie sie dabei immer grösser und stärker werden.

«Am Anfang», so der bekannte Hirnforscher Gerald Hüther, «war alles gut. Doch dann kam die Schule.» Erinnern wir uns: Alles hatte so hoffnungsvoll angefangen: Das Lernen voller Freude, Begeisterung und Erfolg in den ersten Lebensjahren. Es wäre doch so ganz anders herausgekommen, hätte man die Wege des frühkindlichen Lernens nicht viel zu früh verlassen und sich nicht in der Einbildung verfangen, Erwachsene könnten das alles so viel besser als die Kinder selber. Würde es sich nicht lohnen, alles von Anfang an nochmals neu aufzurollen, neu zu denken, so wagemutig und neugierig, wie die kleine Star und der kleine Bosni das im Alter von dreieinhalb Jahren bei unseren Spaziergängen durchs Quartier taten? Neues Land erkunden, uns von den Kindern dabei inspirieren lassen, ihnen folgen statt sie nach unseren Ideen zurechtzubiegen versuchen, *gemeinsam* herausfinden, was wir dabei alles entdecken könnten: Was können wir dabei schon verlieren? Und vielleicht, ja vielleicht hätte das ja in letzter Konsequenz trotz allem auch eine tiefgreifende Wirkung auf die Gesellschaft als Ganzes ...

EINE NEUE WELT DES LERNENS

DIE KINDER AUS BULLERBÜ

In ihrem 1947 erschienenen Buch «Die Kinder aus Bullerbü» beschreibt Astrid Lindgren das fröhliche, unbeschwerte und abenteuervolle Leben einer Handvoll von Kindern in ländlichen Verhältnissen des damaligen Schweden. Die Lektüre des Buches, das auch heutigen Kindern immer noch grösstes Vergnügen bereitet, ist wie das Eintauchen in eine andere Welt, die für uns heutige, «moderne» Menschen leider nur noch Erinnerung an eine längst vergangene Zeit bedeutet.

«Ich bekam später noch mehr Geld in meine Sparbüchse», erzählt die siebenjährige Lisa, «denn ich half beim Rübenverziehen. Eigentlich hätten Lars und Bosse und ich die Rüben verziehen müssen, die zum Mittelhof gehörten, und Britta und Inga die, welche zum Nordhof gehörten. Und Ole die, welche zum Südhof gehörten. Stattdessen halfen wir uns gegenseitig bei allen Rüben. Um nicht durstig zu werden, hatten wir eine ganze Blechkanne voller Saft mitgenommen, da nahmen wir lange Strohhalme und steckten sie in die Kanne und lagen auf den Knien und tranken. Es war lustig, den Saft durch den Strohhalm zu saugen, und wir tranken und tranken. Während wir Rüben verzogen, redeten wir die ganze Zeit und erzählten uns gegenseitig Märchen. Lasse versuchte auch, Spukgeschichten zu erzählen, aber Spukgeschichten sind keine Spur unheimlich, wenn die Sonne scheint.

Eines Tages sagte Lasse zu Ole: «Petruska saldo bumbum.» Und Ole sagte: «Kolifink, kolifink.» Wir fragten, was sie damit meinten, und da sagte Lasse, es wäre eine besondere Sprache, die nur Jungen verstünden. Sie redeten noch allerhand Unsinn in ihrer Sprache. Schliesslich sagte Britta, wir hätten auch eine besondere Sprache, die nur Mädchen verstünden, und dann begannen wir, in dieser Sprache zu sprechen. Wir lagen den ganzen Vormittag im Rübenfeld und sprachen in unseren verschiedenen Sprachen.

Eines Nachmittags sassen wir auf einem Steinhaufen, da wurde der Himmel ganz dunkel und es kam ein fürchterliches Gewitter. Es hagelte auch. So sehr, dass richtige Haufen dalagen wie Schneehaufen im Winter. Da rannten wir los, so schnell wir konnten. Wir waren barfuss und froren an den Füssen, als wir durch die Hagelhaufen liefen.

Eines Tages sagte Bosse zu mir: «Heute Nacht wollen Lasse und ich auf dem Heuboden schlafen. Und Ole auch, wenn er darf.»Und so beschlossen wir es. Wir konnten fast nicht erwarten, dass es Abend wurde. Um acht Uhr gingen wir hinaus. Jeder hatte eine Pferdedecke mitgenommen. Dann gingen wir mit unseren Pferdedecken und unseren selber gestrichenen Butterbroten auf den Heuboden. Wir gruben uns in das Heu ein, lagen still und dann hörten wir plötzlich ein Geheul. Ein furchtbares, unheimliches Geheul. Es klang, als ob tausend Gespenster gleichzeitig heulten. Vor Schreck wären wir beinahe gestorben. Doch es waren nur Lasse, Bosse und Ole, die so geheult hatten und sich jetzt freuten, dass sie uns so erschreckt hatten.

Eines Tages kam Britta auf den Einfall, dass wir uns eine eigene kleine Hütte in einer Spalte zwischen ein paar grossen Felsblöcken bauen könnten. Oh, machte das Spass! Wir richteten sie wundervoll ein und es war die schönste kleine Hütte, die wir je gehabt hatten. Wir holten Zuckerkisten und stellten sie als Schränke auf, Britta lieh sich ein kariertes Kopftuch von ihrer Mutter, das legten wir als Decke auf den Tisch. Zuletzt pflückten wir einen Strauss Glockenblumen und Margeriten, die wir in Wasser in ein Einmachglas mitten auf den Tisch stellten. Nein, war das schön! Wir spielten, Britta wäre die Hausfrau und hiesse Frau Andersson, ich wäre das Hausmädchen und hiesse Agda, und Inga wäre das Kind. Wir pflückten Himbeeren, die in der Nähe wuchsen, zerquetschten sie in einem weissen Stofflappen und spielten, wir würden Käse machen.

Doch schon bald beginnt wieder die Schule. Bosse meinte zwar, am liebsten würde er an den König schreiben und ihn bitten, alle Schulen zu schliessen. Doch daraus wurde nichts und so sitzen wir jetzt alle wieder in der Schule. Lasse und Bosse bekritzeln alle ihre Schulbücher, Lasse schneidet auch allerhand Figuren aus Zeitschriften aus und klebt sie in sein Erdkundebuch. Er sagt, dann sei mehr Abwechslung drin. Denn wenn unter einem Bild steht: «Chinesischer Bauer pflanzt Reis», so ist der Bauer nur unten ein Chinese, das Gesicht aber ist das Gesicht einer Witzblattfigur, das macht viel mehr Spass.

Im Herbst und Winter ist es dunkel, wenn wir morgens von zu Hause fortgehen, und dunkel, wenn wir nachmittags wieder nachhause kommen. Wir müssen fast die ganze Zeit durch den Wald gehen und Lasse versucht immer, uns einzureden, dass der Wald voller Kobolde, Riesen und Hexen sei. Das ist er vielleicht auch, nur haben wir bis jetzt noch keine gesehen. Manchmal blinken die Sterne am Himmel, wenn wir nach Hause gehen. Lasse sagt, es wären zweieinhalb Millionen und vierundfünfzig Sterne am Himmel, und er sagt, er kenne den Namen von jedem Stern, aber ich glaube, das sagt er nur so, denn einmal fragte ich ihn nach dem Namen eines Sterns und da sagte er, er hiesse Grossfeinstern. Doch am nächsten Tag, als ich nach dem Namen desselben Sterns fragte, sagte er, er hiesse Königinnenkrone.»

Die Frage, wieviel die Kinder – sofern man ihrer unersättlichen Abenteuerlust genug Freiheit gewährt – im Leben und wieviel sie in der Schule gelernt haben werden, wird vielleicht erst in ferner Zukunft beantwortet werden können. Immerhin lehrte der griechische Philosoph Plato schon vor über 2500 Jahren, Kinder seien vor allem «durch Feste, Spiele, Gesänge und Zeitvertreib» zu erziehen. Und Jean-Jacques Rousseau fügte später in seinem berühmten Erziehungsroman «Emile» hinzu, dass Plato damit wohl «alles Nötige getan hat, wenn er die Kinder und die Jugend lehrte, sich zu freuen.»

DAS KIND, DAS NIE ZUR SCHULE GING

Dass man, um dennoch zu wahrer Genialität heranwachsen zu können, nicht zur Schule gegangen sein muss, beweist das Beispiel von André Stern, dem Kind, das nie zur Schule ging. In seinen Erinnerungen an die Zeit seiner Kindheit und Jugend beschreibt André Stern, wie das zu- und herging...

«In meiner Kindheit», erinnert sich André Stern, «geschah alles wie von selbst und lächelnd. Wenn ich mich an meinen Alltag erinnere, bestehend aus Spielen und Begegnungen, erscheint er mir wie ein breiter fruchtbringender Strom.» Im Alter von zwölf Jahren erwachte Andrés Interesse für die Bearbeitung von Metall, seine Eltern nahmen Kontakt zu einem Metalltreiber auf, der sich bereit erklärte, André in sein Handwerk einzuführen. Seine Begeisterung mündete in ein kleines Buch, wo er akribisch alle seine Erfahrungen notierte. Als ihn ein Bekannter, dem er das kleine Buch zum Lesen gegeben hatte, darauf aufmerksam machte, dass in den Texten sowohl die Akzente wie auch die Kommas fehlten, war sein Ehrgeiz geweckt, diesen Mangel aus der Welt zu schaffen.

Jeweils dienstags lernte André bei einem englischen Freund Algebra, sein Onkel führte ihn jeweils mittwochabends in die Kunst der Informatik ein, freitags besuchte er mit seiner Mutter Kurse in Fingerweben und anderen Knüpftechniken zur Fertigung von Textilien und mit seiner Cousine nahm er zweimal pro Woche Tanzunterricht. Zudem besuchte er mit seiner Mutter drei wöchentliche Vorlesungen über Ägyptologie, mittelalterliche Geschichte und Soziologie.

Schon im Alter von zehn Jahren hatten ihn Fotobildbände über alle Massen fasziniert und so erwachte mit dem Fotografieren eine weitere Leidenschaft, die er zeitlebens nicht mehr verlieren sollte. Aus Streichholzschachteln, zwei Teleskopröhren aus Karton, Legoteilen und Holz baute er sich selber eine Kamera. Drei Jahre lang besuchte er einen Fotokurs und richtete anschliessend sogar ein eigenes Fotolabor ein. «Hier zeigte sich einmal mehr», schreibt André in Erinnerung an diese Zeit, «dass ein Mensch, der sich frei entfalten darf, ganz selbstverständlich wie ein Schwamm alle Informationen aufsaugt, wenn sie mit einem Thema zu tun haben, das ihn fasziniert. Viele meiner Aktivitäten und Gedankenspiele liefen simultan und symbiotisch ab, sie befruchteten, nährten und bereicherten sich gegenseitig und oftmals brachten sie sich überhaupt erst gegenseitig hervor.»

Im Alter von 14 Jahren las André sämtliche Werke der Comtesse de Ségur, dann knöpfte er sich Honoré de Balzac und Marcel Proust vor, oft las er bis zu sechs Stunden am Tag. Sein ebenfalls grosses Interesse für Lokomotiven, die er akribisch abzeichnete, verknüpfte er mit Werken der Literatur, in denen Eisenbahnen eine wichtige Rolle spielen. Autos, Legotechnik, der Journalismus und die Welt des Theaters waren weitere wichtige Stationen seines Forschens und Entdeckens. Dann stellte sich die Zauberei ein, später die Beschäftigung mit ägyptischen Hieroglyphen und schliesslich die Politik, geweckt durch die US-Präsidentschaftswahlen im Jahre 1981. Eine seiner grössten Leidenschaften aber war und blieb die Musik und eines Tages war für ihn klar, dass er den Beruf des Instrumentenbauers erlernen wollte. Bei alledem kamen auch das Lesen, Schreiben und Rechnen nicht zu kurz: «Gerade diese drei Grundtechniken», schreibt André Stern, «lassen sich durch ihre Allgegenwart auf besonders natürliche Weise erlernen, ohne dass es eines Eingreifens von aussen bedarf. Wir alle haben unsere Muttersprache auf unsere je eigene Weise und nach unserem eigenen Rhythmus erlernt, so wie wir auch laufen oder den in unserer Kultur üblichen Einsatz von Mimik und Gestik gelernt haben, ohne Methode oder Anleitung von aussen, mittels simpler Beobachtung, aufmerksamen Zuhörens, fröhlicher Nachahmung der Umwelt.» Und in der Tat: Schon früh, ohne je so etwas wie schulischen Sprachunterricht besucht zu haben, beherrschte André Stern nicht weniger als fünf Sprachen fliessend!

«Ich habe nichts von dem vergessen, was ich erlernt habe», schreibt André Stern, und: «Wir werden alle als vollkommene Wesen geboren und brauchen zu unserer Entfaltung nur eine unterstützende Umgebung.»

VIELFÄLTIGSTE ORTE DES LERNENS IN MEINER STADT

Ich durchstreife meine Stadt und mehr und mehr wird mir dabei bewusst, was für eine Fülle an Orten und Gelegenheiten für vielfältigstes, abenteuervolles Lernen es hier an allen Ecken und Enden heute schon gibt...

In der Stadtbibliothek kann man nicht nur Bücher ausleihen, hier stellt auch einmal pro Monat ein Gast sein Lieblingsbuch vor, bekannte und weniger bekannte Autorinnen und Autoren lesen aus ihren Werken, Menschen unterschiedlichen Alters treffen sich in Lese- und Diskussionsgruppen und es wird eine Vielzahl von Kursen angeboten, vom «Animationsclub» für Mangaliebhaberinnen über den Austausch von Pokémonkarten bis zur Begegnung mit einem «Vorlesehund». Im städtischen Kulturzentrum finden nicht nur Theatervorstellungen, Konzerte und Ausstellungen statt sowie Märchen-, Puppen- und Figurentheaterstücke und ein alljährliches Spielefest, wo die Kinder aus verschiedensten Bastel- und Spielangeboten das auswählen können, was ihnen am meisten Spass macht, es werden auch Theaterkurse für Kinder und Jugendliche angeboten, Kinder und Jugendliche dürfen vor grossem Publikum auf der Bühne auftreten, junge Musikfans haben die Gelegenheit, auf eigene Faust Konzerte zu organisieren, und technisch interessierte Jugendliche können sich beim

Bühnenbau, der Theater- und der Lichttechnik betätigen. Ein Lernort ganz besonderer Art ist das Kino, wieder eine ganze Welt für sich, Eintauchen in andere Zeiten, Begegnung mit unglaublichen Biografien, mitreissende Geschichten, das Leben in seiner ganzen Fülle. Im «Sprachencafé» treffen sich Kinder, Jugendliche und Erwachsene, die ihre Fremdsprachenkenntnisse auffrischen oder neue Sprachen kennenlernen möchten. Im «Playhouse» kann auf spielerische, vergnügliche Weise Englisch gelernt werden.

Jeden Herbst werden im Rahmen des beliebten «Ferienpasses» über 30 ganz unterschiedliche Kurse für Kinder und Jugendliche angeboten, vom «Tag als Musikproduzent» oder dem Erlebnistag mit einem Esel über «Japanisch mit Sushiherstellung» oder Teensyoga bis zu Breakdance oder einer Einführung in die Welt der Zauberkunst. Ebenfalls im Herbst findet regelmässig der «Kulturpass» statt, mit Angeboten wie Musicalworkshops, Schreibwerkstätten oder Graffitievents für Kinder und Jugendliche zwischen sieben und 14 Jahren. Ein Jugendtreffpunkt, der von Jugendlichen selber aufgebaut und eingerichtet wurde, erfreut sich grosser Beliebtheit und im Jugendrat wie auch im Verein «Ohne Kinder keine Stadt» für Acht- bis Vierzehnjährige können junge Menschen ihre Meinungen und Ideen austauschen, eigene Projektideen einbringen und sich auf diese Weise aktiv an der Entwicklung der Stadt beteiligen. Einmal pro Monat findet in einem öffentlichen Lokal eine Diskussionsrunde zu gesellschaftspolitischen Zukunftsfragen statt, an der sich nebst Erwachsenen auch Kinder und Jugendliche beteiligen können. Vielfältige Aktivitäten, Begegnungsmöglichkeiten, Kurse und weitere Angebote der Landeskirchen öffnen Wege in die Welt des Spirituellen, zu der Kinder einen ganz besonders intensiven Zugang haben und sich aus dem Austausch zwischen den Generationen wertvolle Lernmöglichkeiten ergeben können. Und im «Erzählcafé» lebt das gegenseitige Geschichtenerzählen, eine der ältesten Traditionen der Menschheit, neu auf, mit dem Ziel, zwischen Erzählenden und Zuhörenden jeglichen Alters Lebenserfahrungen auszutauschen, sich selber und andere besser kennenzulernen, Verständnis füreinander zu entwickeln sowie Verbundenheit und Gemeinschaft aufzubauen.

In der Musikschule können alle möglichen Instrumente erlernt werden, von der Gitarre über das Klavier bis zum Schlagzeug und zur Querflöte – einmal pro Jahr gibt es eine öffentliche Veranstaltung, wo die erlernten Künste präsentiert werden. In mehreren Musikvereinen, dem Orchesterverein, der Guggenmusik, einem Kinderchor, einem Jugendchor, einem speziell für Kinder und Jugendliche ins Leben gerufenen «Projektorchester» und einer Jazztanzgruppe haben Kinder und Jugendliche zahlreich Gelegenheit, ihre gesanglichen und musikalischen Fähigkeiten zu entwickeln. In der «Bildschule» können Kinder ab vier Jahren, Jugendliche und Erwachsene ihre kreativen Fähigkeiten unter fachkundiger Leitung entdecken. Im «Brütwerk» bietet sich die Möglichkeit, mit Unterstützung von Fachpersonen naturwissenschaftliche Experimente durchzuführen. Die «Kinderbaustelle» wiederum, über den Sommer hinweg, ist ein überaus beliebtes Betätigungsfeld für all jene Kinder und Jugendlichen, die mit ihrem Körper und ihren Händen mal so richtig zupacken möchten, um aus jeder Menge an Materialien und mithilfe der notwendigen Werkzeuge Hütten und andere Bauwerke ganz nach ihrer eigenen Phantasie zu erstellen – am letzten Tag, wenn alles fertiggebaut ist, dürfen die Kinder sogar in ihren selbergemachten Hütten und Häuschen übernachten.

Im «Setzkasten» entstehen aus einer Fülle von Bastelmaterial in den Händen von Kindern und Jugendlichen allerschönste kleinere und grössere Kunstwerke, im Herbst werden Kürbisse geschnitzt und zur Weihnachtszeit können Kerzen in allen Formen und Farben gezogen werden, Kreativkurse für Kinder und Erwachsene, ein Café mit angrenzender Spielecke und ein themendekoriertes Geburtstagsstübchen ergänzen das Angebot. Die technische Fachhochschule bietet regelmässig Vorlesungen aus der Welt der Mathematik, der Physik und der Astronomie an, speziell für Kinder und Jugendliche. In einem neu ins Leben gerufenen Bildungslabor namens «Smartfeld» können Technologie und Kreativität mit eigenen Händen erfahren und Experimente im Programmieren, Entdecken und Installieren gesammelt werden und aus insgesamt 15 verschiedenen Kursen zur gezielten Förderung von Mint-Fächern – Mathematik, Informatik, Naturwissenschaft und Technik – können Kinder ab sieben Jahren und Jugendlichen das auswählen, was sie am meisten interessiert. Kochkurse, ein Schachclub und ein Modelleisenbahnverein bieten weitere Nahrung für vielfältigstes Lernen.

Lehrreiche Begegnungen mit Pflanzen und Tieren vermitteln der Ornithologische Verein, der Bienenzüchterverein, die Kakteenfreunde, der Kleintierverein, die Naturfreunde, der Kynologische Verein, der Tierschutzverein, der Verein der Katzenfreunde, ein Greifvogelpark, ein grosser Gemeinschaftsgarten, wo Kinder und Jugendliche ihre eigenen Pflanzen setzen und ihr eigenes Gemüse ernten können, sowie das von einem Spitzenkoch initiierte Projekt «Naschbarschaft», bei dem öffentliche und private Grundstücke genutzt werden, um gemeinsam mit Kindern und Erwachsenen gesunde Nahrungsmittel für alle anzubauen. Wer sich mehr für die Geheimnisse vergangener Zeiten interessiert, wird früher oder später wissen wollen, wie man vor vielen hundert Jahren oben auf dem mittelalterlichen Schloss oder weiter unten im mittelalterlichen Städtchen lebte und wird im «Schlangenhaus» Werkzeuge und Einrichtungsgegenstände früherer Jahrhunderte, Bilder uralter Häuser und Brücken bewundern oder über Ereignisse und Lebensberichte aus der Zeit der Französischen Revolution staunen können.

Wer sich dagegen mehr für sportliche Aktivitäten begeistern lässt, kann wiederum aus einer grossen Vielfalt an Angeboten auswählen, vom Boxclub, Fussballverein und Handballclub über den

Tischtennisclub, den Minigolfclub und den Reitclub bis zum Turnverein, dem Schwimmclub, dem Skiclub, dem Pontonierfahrverein, dem Volleyballclub und der Kletterwand im Kirchturm – um auf diese Weise nebst den geistigen, musikalischen, gestalterischen und handwerklichen auch die körperlichen Kräfte, Ausdauer, Zielstrebigkeit und Geschicklichkeit zur Entfaltung zu bringen. Auch das Freibad, das Hallenbad, der Skaterpark, ein Vitaparcours, Biketrails, öffentliche Sportanlagen, Fussballplätze, Klettergerüste, Kinderspielplätze – einer von ihnen sogar speziell mit generationenübergreifender Ausgestaltung – sind Orte, wo Vergnügen und sportliche Betätigung auf spielerische Weise ineinanderfliessen, aber auch wertvolle Kontakte zwischen verschiedenen Bevölkerungsgruppen stattfinden können.

Besonders wertvolle Lebenserfahrungen können Kinder und Jugendliche im Samariterverein, bei der Feuerwehr – welche Ausbildungslehrgänge schon für Jugendliche ab elf Jahren anbietet – sowie bei Jugendorganisationen wie Cevi, Jungschar, Blauring und Pfadfindern sammeln, wo so viel praktisches Wissen und Lebenserfahrung vermittelt wird, dass mir eine junge Primarlehrerin kürzlich voller Begeisterung erzählte, das wertvollste Rüstzeug für ihren Beruf hätte sie nicht am Gymnasium und auch nicht an der Pädagogischen Hochschule mitbekommen, sondern während der Zeit, da sie als Pfadfinderin Ferienlager organisieren und schon im Alter von 14 Jahren eine Gruppe von Kindern führen musste, die bloss zwei Jahre jünger waren als sie.

Und dann, plötzlich, der Gedanke: Wenn es nur schon in meiner Stadt so viele Möglichkeiten für vielfältigstes, spannendes und abenteuervolles Lernen gibt, wozu braucht es da denn noch eine Schule? Könnten die Kinder und die Jugendlichen meiner Stadt all das, was sie zum Leben brauchen, nicht auch durch eigenes Tun, Erleben, Forschen und Entdecken ganz ohne Schule erlernen, genauso wie die Kinder von Bullerbü oder André Stern, das Kind, das nie zur Schule ging?

DAMIT SICH KINDER UND JUGENDLICHE STETS ÜBERALL WILLKOMMEN FÜHLEN

Der Gedanke lässt mich nicht mehr los. All diesen schon bestehenden Lernmöglichkeiten und Lernorten in meiner Stadt liessen sich beliebig viele weitere hinzufügen, der Phantasie wären keine Grenzen gesetzt, jeder neuen Idee würden Dutzende weitere Ideen entspringen, gleich einem Baum, der immer weiter in die Höhe wächst und immer weitere Blüten in allen Formen und Farben hervorbringen würde…

Man könnte Menschen, die über spezielles Wissen und besondere Fähigkeiten verfügen, dazu ermuntern, diese an interessierte Kinder und Jugendliche weiterzugeben: Ein Schreiner könnte hierfür einmal pro Woche einen Nachmittag lang seine Werkstatt öffnen, ein Motorradmechaniker könnte interessierten Jugendlichen die Funktionsweise von Motoren und elektrischen Schaltungen erklären, ein Förster könnte Kinder und Jugendliche auf Waldbegehungen mitnehmen und der Stadtchronist könnte seine Sammlung von Fotos und Zeitungsartikel aus früheren Zeiten Kindern und Jugendlichen zugänglich machen. Heute schon vielerorts existierende Repaircafés, wo defekte Geräte oder andere Gegenstände von fachkundigen Hobbyhandwerkerinnen und -handwerkern geflickt werden, könnten für interessierte Kinder und Jugendliche geöffnet werden, welche so die Möglichkeit hätten, sich vielerlei technische und handwerkliche Kenntnisse und Fertigkeiten anzueignen. Gewerbe-, Industrie-, Landwirtschafts- und Dienstleistungsbetriebe könnten wöchentliche Workshops organisieren und die Stelle eines oder einer «Kinderbeauftragten» schaffen, die sich jeweils jener Kinder und Jugendlichen annehmen würden, welche, um sich auf ihre zukünftige Berufswahl optimal vorzubereiten, möglichst viele unterschiedliche Tätigkeiten und Arbeitsfelder erkunden möchten, und an jeder

Tür zu allen diesen Arbeitsstätten würde dann ein grosses Plakat hängen mit der Aufschrift «Kids First», sodass sich Kinder und Jugendliche bei ihren Entdeckungsreisen durch die Stadt stets überall willkommen fühlen würden. Und das Berufsbildungszentrum könnte seine bisher nur für Erwachsene angebotenen Sprach-, Informatik- und allgemeinbildenden Abendkurse auch jungen Menschen ab zwölf Jahren zugänglich machen.

Besonders wertvoll wären so etwas wie «Lernpartnerschaften»: Pensionierte Deutschsprachige und Menschen ausländischer Herkunft, die nur über mangelnde Deutschkenntnisse verfügen, würden sich zusammenfinden. In solchen Eins-zu-eins-Situationen kann unvergleichlich viel besser und gezielter auf die Lernbedürfnisse und Lernstrategien der Einzelnen eingegangen werden als in einem traditionellen Gruppen- oder Klassenunterricht. Solche Lernpartnerschaften würden zudem intensive Begegnungen zwischen Menschen unterschiedlichen sozialen, sprachlichen und kulturellen Hintergrunds schaffen und zahlreiche Gelegenheiten für gemeinsames und gegenseitiges Lernen bieten.

Vieles davon gibt es, zumindest in Ansätzen, schon heute. So etwa verfolgt die Berner Internetplattform «Colearning» das Ziel, Räume zu schaffen, in dem sich «Menschen jeden Alters in sinnvoller Arbeit und neugierigem Lernen begegnen können». Wer in einem «Lernprojekt steckt, vielleicht in Zusammenhang mit der Arbeit», kann sich «bei der Fortführung seines Vorhabens Unterstützung suchen». Auf diese Weise werden «die Arbeitswelt und die Lernwelt von Jugendlichen und Erwachsenen zusammengeführt».[37]

QUARTIERTREFFPUNKTE, SCHREIB-STUBEN, EIN STADTFEST UND EIN FAMILIENTAUSCH

Zudem könnten, wo sie nicht sowieso schon vorhanden sind, Quartiertreffpunkte geschaffen werden als weitere wichtige Orte gemeinsamen und gegenseitigen Lernens. Denn nicht nur Junge können von Älteren lernen, auch das Umgekehrte kann überaus wertvoll und bereichernd sein, im gegenseitigen Austausch zwischen den Lebenserfahrungen der älteren Menschen und neuen, unkonventionellen Ideen der jüngeren. In den Quartiertreffpunkten könnten Kurzvorträge und Bildreportagen präsentiert werden über Ergebnisse persönlicher Recherchen zu ausgewählten Wissensgebieten, über Reiseeindrücke oder über persönliche Zukunftsvisionen. Kinder und Jugendliche könnten selber erfundene Theaterstücke vorspielen oder gesangliche und musikalische Darbietungen zum Besten geben. Menschen mit ausländischer Herkunft könnten über ihre Länder, Sitten und Gebräuche berichten oder mit anderen Menschen aus dem Quartier gemeinsam kochen. Kinder, Jugendliche und Erwachsene könnten sich gegenseitig selbergeschriebene Texte vorlesen und miteinander darüber diskutieren. Aktuelle Themen aus Zeitungsartikeln sowie Abstimmungsvorlagen wären Stoff für politische Streitgespräche und Meinungsbildung.

In «Schreibstuben» könnten Menschen, die über eine besondere Schreibfertigkeit verfügen, ihre Kenntnisse an andere Menschen weitergeben, welche sich damit eher schwertun. Hier könnten junge Menschen, die ihr erstes Gedicht geschrieben haben, ein kundiges Feedback einholen, um an ihrem Talent weiterarbeiten zu können. Wem schon lange ein Thema unter den Nägeln brennt und dazu unbedingt mal einen Leserbrief schreiben möchte, könnte hier erfahren, mit welchen Stilmitteln ein solcher Text die höchste Wirkung erzielt. Andere bekämen hier Unterstützung beim Ausfüllen von Formularen, beim Verfassen von Bewerbungsschreiben oder beim Formulieren von Reklamationen, Beschwerden oder Anfragen und Gesuchen an Behörden, wieder andere könnten sich hier ihre Semester-, Diplom- oder Abschlussarbeiten korrigieren und verbessern lassen.

Ein jährlich stattfindendes «Stadtfest» könnte ausgebaut werden zu einem grossartigen Gemeinschaftsprojekt, an dem Menschen jeglichen Alters und aus allen Berufen und sozialen Schichten teilnehmen würden und Historisches oder Lokalpolitisches in Form von Theaterstücken, Filmvorführungen, Konzerten oder Ausstellungen thematisiert werden könnte, so etwa in der Art der Basler Fasnacht, der Innerschweizer Tellspiele oder der an vielen Orten in der Westschweiz durchgeführten, überaus populären Winzerfeste. Solche Projekte haben überdies den wertvollen Nebeneffekt, die Bewohnerinnen und Bewohner des ganzen Dorfes oder der ganzen Stadt zusammenzubringen, zahlreiche neue Begegnungen zu schaffen und allfällig vorhandene Gräben zwischen verschiedenen Bevölkerungsgruppen zu überwinden.

Im Gegensatz zur traditionellen Jahrgangsklassenschule, in der die Kinder fast ausschliesslich mit einer einzigen erwachsenen Bezugsperson interagieren, und dies jeweils über zwei bis drei Jahre hinweg, ergäben sich in einer so offenen Welt freien Lernens immer wieder Kontakte mit Personen unterschiedlichsten Alters. Wie fruchtbar solche Begegnungen sein können, wurde mir einmal mehr anlässlich eines Rundgangs bewusst, bei dem eine altersmässig bunt gemischte Gruppe Kunstwerke einer Freilichtausstellung betrachtete und interpretierte. Zur grossen Verblüffung der Erwachsenen erblickten zwei Buben im Alter von etwa zehn und elf Jahren immer wieder Umrisse von Delfinen, Elefanten oder anderen Tieren in den Bildern, was den Augen der Erwachsenen offensichtlich verborgen geblieben war. Umgekehrt projizierten die Erwachsenen eher abstraktere und rationalere Interpretationen in die einzelnen Kunstwerke. Diese altersmässig unterschiedlichen Blickwinkel führten auf diese Weise zu einer viel ganzheitlicheren Gesamtschau, als wenn nur die Erwachsenen unter sich oder nur die Kinder unter sich die Bilder betrachtet und interpretiert hätten.

Aller Voraussicht nach würde so offenes, freies und weitläufiges Lernen weder an den Grenzen des Quartiers noch an den Grenzen der Stadt Halt machen. Erinnern wir uns an meine Spaziergänge mit den dreieinhalbjährigen Zwillingen. Am dritten Tag wollten Star und Bosni nicht mehr zu Fuss losziehen, sondern mit ihren Rollern, um, wie sie erklärten, weiterzukommen als an den beiden vorangegangenen Tagen. In jedem und jeder von uns steckt ein kleiner Kolumbus. Und erneut würde sich eine Fülle an neuen Möglichkeiten ergeben: Exkursionen und Erkundungen von Landschaften und Siedlungen in der näheren oder weiteren Region. Eine Reise zu Fuss quer über die Alpen, mit Sack und Pack, Übernachtungen im Freien und Begegnungen mit Menschen, die von ihrer Geschichte und ihren Lebenswelten erzählen. Ein kürzerer oder längerer Aufenthalt in einer anderen Sprachregion, um eine neue Sprache auf ganzheitliche, mit dem täglichen Leben verbundene Weise zu erwerben. Auch ein Familientausch könnte sich auf das Lernen höchst befruchtend auswirken: Der Sohn aus der in einer Stadt wohnenden Familie A. lebt drei Wochen lang in der auf dem Lande wohnenden Familie B., während die Tochter aus der Familie B. gleichzeitig in der Familie A. lebt.

Doch aufgepasst. Nicht alles müsste organisiert werden. Stets müsste auch dem eigenständigen, selbstbestimmten Lernen der Kinder und Jugendlichen genug Zeit und Raum zur Verfügung stehen. Sinnvoll wäre es, in der ganzen Stadt möglichst viele Räume, Material und fachliche Beratung zur Verfügung zu stellen, um junge Menschen beim Umsetzen eigener Ideen zu unterstützen – genau das, was heute bereit vielerorts von institutionalisierter Offener Kinder- und Jugendarbeit geleistet wird, deren fachliches Ziel in der Förderung von Lernen durch eigenes, selbstbestimmtes Tun besteht sowie in der Stärkung von Autonomie und Selbständigkeit junger Menschen durch Selbsttätigkeit, Erproben der Selbstwirksamkeit und Beteiligung sowie Mitbestimmung in allen Lebensbereichen.

So wichtig es ist, dem Lernen genug Nahrung zur Verfügung zu stellen, so unerlässlich wäre es aber auch, dass Kinder und Jugendliche stets frei entscheiden könnten, welches der Angebote zu welchem Zeitpunkt und in welcher Reihenfolge sie in Anspruch nehmen möchten, um nie den Faden zu jenem Lernen der ersten Lebensjahre zu verlieren, das so selbstbestimmt, lustvoll und erfolgreich begonnen hatte.

MAN KANN GAR NICHT *NICHT* LERNEN

Zweifellos wird auch autodidaktisches Lernen, unabhängig von irgendwelchen Schulreformen, vor allem dank den Möglichkeiten des Internets ohnehin in Zukunft eine immer wichtigere Rolle spielen.

Amir fiel mir auf, weil er schon in der zweiten Klasse der Oberstufe praktisch fliessend Englisch sprach und über einen so grossen Wortschatz verfügte, dass er diesen unmöglich innerhalb des regulären Englischunterrichts erworben haben konnte. Meine Frage, ob er einen englischsprachigen Elternteil hätte oder früher in einem englischsprachigen Gebiet gelebt hätte, verneinte er. Er hatte sich seine Kenntnisse der englischen Sprache ausschliesslich dadurch angeeignet, dass er sich während mehrere Jahre Tag und Nacht im Internet englischsprachige Filme angeschaut, englische Texte gelesen und englische Songs angehört hatte.

War Amir vor rund zwanzig Jahren noch so etwas wie ein Pionier auf diesem Gebiet, ist das Erlernen von Fremdsprachen – insbesondere von Englisch – ohne jeglichen traditionellen Sprachunterricht und ohne das mühsame Büffeln von Vokabeln und Grammatikregeln heute schon fast der ganz normale Alltag. «Neulich in der S-Bahn», berichtet Sepinud Poorghadiri im «Tagesanzeiger» vom 5. Dezember 2023, «setzen sich zwei Frauen neben mich hin. Ich schätze sie auf höchstens Anfang 20. Sie fangen an, miteinander zu reden. Akzentfreies Englisch. Doch plötzlich wechselt die eine in perfektes Zürichdeutsch, während die andere weiterhin Englisch spricht.» Poorghadiri erinnert sich in dieser Situation an einen Bekannten, der ihm kürzlich erzählt hätte, häufig, ohne sich dessen bewusst zu sein, von einer Sprache in eine andere zu wechseln. Stets komme es auf den Kontext an. Immer wenn er sich wohlfühle, hätte er ganz einfach das Bedürfnis, sich zu verständigen. Und ob das jeweils in Deutsch oder Englisch passiere, falle ihm meistens gar nicht mehr auf. Youtube-Videos, Serien und Gaming-Streams seien seine «Lehrpersonen» gewesen, Grammatikregeln kenne er fast keine. Alles habe damit begonnen, dass er einfach die Sprache, die er hörte, zu imitieren versuchte. Eine andere Bekannte, so Poorghadiri, hätte ihm sogar gesagt, Englisch sei mittlerweile ihre bevorzugte Sprache, es falle ihr viel leichter, sich darin auszudrücken, und sie denke, träume und halte Selbstgespräche nur noch auf Englisch. Obwohl Deutsch ihre Muttersprache sei, hätte sie Englisch mittlerweile viel mehr verinnerlicht.

Damit sind wir wieder bei jener so erfolgreichen und zugleich lustvollen Art und Weise, wie Kleinkinder ihre Muttersprache lernen. Lernen durch Imitation. Learning by Doing. Und diese Methode, die dann in letzter Konsequenz traditionellen Schulunterricht überflüssig macht, lässt sich natürlich auch auf alle anderen Wissensgebiete und Lernfelder übertragen. Nicht nur beim Sprachenlernen, sondern auch in Form von Youtubefilmen zu allen möglichen Wissensgebieten und mithilfe von Suchmaschinen, wo sich auf jede noch so ausgefallene Frage in Sekundenschnelle eine Antwort finden lässt. Ob wir wollen oder nicht, haben diese unzähligen neuen Formen freien, individuellen und selbstbestimmten Lernens ohnehin die traditionelle Lehrplan- und Jahrgangsklassenschulen längst schon überflüssig gemacht, und es ist nur die Macht der Gewohnheit, dass die Schule in ihrer heutigen Form nicht schon längst verschwunden ist.

Auch darf nicht vergessen werden, wie viel Kinder und Jugendliche im Zusammensein mit anderen Kindern, mit ihren Eltern, Grosseltern, weiteren Verwandten, Bekannten und Nachbarn so ganz alltäglich und beiläufig an Wissen und Fertigkeiten sozusagen «automatisch» erwerben. Lernen ist Leben. Wo immer sich mindestens zwei Menschen begegnen, entsteht Lernen ganz von selber. Man kann gar nicht *nicht* lernen. Auch wenn sich das nicht irgendwie «objektiv» messen lässt, wenn es auch nie geprüft oder bewertet wird, so macht das tägliche informelle Lernen vermutlich ein Vielfaches dessen aus, was in der konventionellen Schule gelernt wird. «Den grössten Teil dessen, was wir wissen», sagte der US-amerikanische Reformpädagoge Ivan Illich, «haben wir alle ausserhalb der Schule gelernt. Kinder und Jugendliche lernen das meiste ohne ihre Lehrerinnen und Lehrer und häufig trotz diesen. Wie man lebt, lernt jeder ausserhalb der Schule. Wir lernen sprechen, denken, lieben, fühlen, spielen, fluchen, politisieren und arbeiten, ohne dass sich ein Lehrer oder eine Lehrerin darum kümmert. Soweit in den Schulen überhaupt etwas gelernt wird, sind die Lehrkräfte eher hinderlich.» [38] Und auch der russische Schriftsteller Leo Tolstoi sah schon im Jahre 1911 eine Zeit kommen, da sich die Schule radikal ändern und nichts mehr zu tun haben würde mit den heutigen Lehrplan- und Jahrgangsklassenschulen: «Die Schule ist künftig vielleicht nicht mehr das, was wir darunter verstehen, mit Fussböden, Bänken, Stühlen; sie wird vielleicht ein Theater, eine Bibliothek, ein Museum, eine Unterhaltung sein.»

MAN SOLLTE IMMER DAS TUN, WOFÜR MAN GERADE AM MEISTEN BRENNT

Wie sähe eine Woche im Leben des 15-jährigen Michael aus, wenn es keine Schule im herkömmlichen Sinne mehr gäbe und er seinem eigenen «Lernplan», seinen eigenen Lernwegen in einer freien, offenen Welt vielfältigster Lernmöglichkeiten ganz so vertrauensvoll folgen könnte, wie er das auch schon in seinen ersten Lebensjahren getan hatte?

Montagmorgen. Michaels Arbeitstisch ist übersät mit jeglichem Kleinmaterial, Bauplänen und allerhand Werkzeug, in der Mitte des Tisches thront der halbfertige Rumpf von etwas, was schon ein wenig nach einem Modellschiff aussieht und, wenn alles klappt, in naher Zukunft über den kleinen See in der Nähe der Stadt gleiten soll, ferngesteuert vom Ufer aus punktgenau an sein Ziel gelangend. Michael und eine Kollegin, die er vor zwei Wochen für dieses Vorhabens begeistern konnte und die mittlerweile bei ihm eingetroffen ist, haben sich in den Kopf gesetzt, so viele Bestandteile des Schiffes wie nur möglich selber herzustellen, bis hin zur Steuerung der Schiffsschrauben je nach Windstärke und Windrichtung, der wohl kniffligsten Herausforderung des ganzen Projekts. Stunden später sind die beiden nur halbwegs zufrieden, sie hätten sich für den heutigen Tag mehr Fortschritte erhofft. Anschliessend ist für Michael Zeit für den Englischkurs, am dem er zweimal wöchentlich teilnimmt, nicht zuletzt deshalb, weil fast alle Anleitungen und Erklärungen, die er für seine technischen Experimente braucht, nur in englischer Sprache zugänglich sind.

Dienstag. Die Arbeit am Modellschiff geht weiter. Am Nachmittag besucht Michael, wie an jedem Dienstag, im Altersheim den 95-jährigen Pierre. Meistens dreht Michael mit Pierre, der seit zwei Jahren an einen Rollstuhl gefesselt ist, eine Runde durchs Quartier, erledigt mit ihm Kommissionen, verbringt mit ihm eine

Zeitlang an einem nahegelegenen Teich, führt ihn an Gärten mit im Laufe der Jahreszeiten wechselnder Blütenpracht vorbei oder an den neuesten Baustellen, wofür sich Pierre ganz besonders interessiert. Für Pierre sind diese zwei Stunden das Highlight der Woche. Und für Michael ist es eine wunderbare Gelegenheit, immer wieder Neues und Spannendes zu erfahren über eine Zeit, die er bisher nur vom Hörensagen kannte. Denn Pierre kann meistens fast nicht aufhören, Episode um Episode aus seinem so bunten und reichhaltigen Leben zu erzählen, von der Jugendzeit in Belgien über die Zeit des Zweiten Weltkriegs bis zu jenem Jahr, als er in die Schweiz kam, um hier zunächst als Ingenieur, später als freischaffender Kunst- und Schriftenmaler tätig zu sein – einen besseren Geschichtslehrer könnte sich Michael wahrlich nicht wünschen.

Mittwoch, die Sonne brennt vom Himmel, Michael verbringt den ganzen Tag im Freibad und verschlingt einen ganzen Science-Fiction-Roman. Später am Abend lässt es ihm keine Ruhe und er vertieft sich noch einmal in die Berechnungen für die elektronische Steuerung des Modellschiffs. Es wird zwei Uhr, bis er im Bett ist.

Donnerstag, Michael schläft bis zehn Uhr aus. Heute ist sein Geburtstag. Für den Abend hat er, nebst den Eltern, seiner Schwester und seinem Bruder, auch ein paar seiner besten Freunde eingeladen. Ihnen, die stets behaupten, Kochen sei nun mal nicht seine Stärke, will er heute Abend das Gegenteil beweisen. Er hat sich aus dem Internet nicht gerade das einfachste Rezept herausgesucht, geht am frühen Nachmittag einkaufen und steht dann fast drei Stunden lang in der Küche. Der Aufwand hat sich gelohnt, die Begeisterung der Gäste ist gross.

Freitag. Heute findet im städtischen Kulturzentrum die Hauptprobe einer neuen Kindertheaterproduktion statt, bei der Michael für die Lichtregie zuständig ist. Und während er die einzelnen Theaterszenen an sich vorbeiziehen sieht, sie in wechselnde Lichteffekte eintauchend, überkommt ihn plötzlich eine unbändige

Lust, selber einmal für eine Theaterproduktion Regie zu führen. Wie ein Blitz tauchen vor seinem Auge Bilder aus dem Science-Fiction-Roman auf, den er vor zwei Tagen im Freibad gelesen hat, und wenn er sich jetzt nicht voll und ganz auf die Lichtregie konzentrieren müsste, würde er wohl gleich zahllose Blätter mit Ideen für ein Theaterstück vollkritzeln, in dem sich Szenen aus dem gelesenen Roman mit anderen Szenen und Bildern, die in seinem Kopf herumschwirren, zu einer richtig spannenden Story vermischen würden. Und in diesem Augenblick ist für Michael klar, dass dies eines seiner ganz grossen nächsten Projekte sein wird. Auch während dem nachfolgenden Englischkurs bringt er das nicht wieder aus seinem Kopf.

Samstag, es regnet in Strömen, geht es weiter mit dem ferngesteuerten Schiff. Glücklicherweise kann Michaels Bruder, der kürzlich eine Lehre als Elektroniker abgeschlossen hat, Michael und seiner Kollegin ein paar wertvolle Tipps geben, sodass die Arbeit heute weitaus schneller voranschreitet als erwartet. Am Abend kommt Michael endlich dazu, die Ideen für sein geplantes Theaterstück aufzuschreiben. Er hört damit erst auf, als die Buchstaben vor seinen Augen vor lauter Müdigkeit immer mehr zu verschwimmen beginnen ...

«Ich glaube, man sollte immer das tun, wofür man gerade am meisten brennt», sagt auch eine junge Strassenkünstlerin, die mit ihrem selber gebauten Zirkuswagen durch die ganze Schweiz tourt: «Das ist das Grösste für mich, ich habe fast alles an diesem Wagen selber gebaut und er ist genau so geworden, wie ich ihn mir vorgestellt habe. Was kann es Schöneres geben, als sich seiner Stärken bewusst zu sein und mutig den eigenen Leidenschaften nachzugehen.» [39]

MIGUEL UND DIE SICH GEGENSEITIG ÖFFNENDEN TÜREN

Als Miguel zum ersten Mal zu mir in die Deutschstunde kommt, klaubt er zunächst ein halb zerknittertes A4-Blatt aus seinem Rucksack und legt es kommentarlos auf den Tisch. Ein Deutsch-Übungsblatt. Sätze, die in einer bestimmten Zeitform geschrieben sind, sollen in eine andere Zeitform umgeschrieben werden. Also zum Beispiel der im Perfekt geschriebene Satz «Ich habe einen Apfel gegessen» soll ins Plusquamperfekt verwandelt werden: «Ich hatte einen Apfel gegessen». Oder der im Präteritum stehende Satz «Wir waren zuhause» soll ins Futur II umgebaut werden, also «Wir werden zuhause geblieben sein».

Es ist so absurd, dass ich geradezu innerlich lachen muss. Da sitzt der zwölfjährige Miguel vor mir. Vor drei Jahren ist er mit seinen Eltern und seinem drei Jahre älteren Bruder aus Mexiko in die Schweiz gekommen. Eigentlich wäre es jetzt für ihn am wichtigsten, seinen Wortschatz in Deutsch zu erweitern und die wichtigsten Regeln der Alltagssprache kennenzulernen. Aber nein, er soll lernen, wie man *Sätze* aus der einen in die andere Zeitform übertragen kann, genauso, wie das auch alle anderen seiner 17 Klassenkolleginnen und Klassenkollegen lernen sollen, obwohl auch sie alle ganz unterschiedliche Lernbedürfnisse haben: Der eine hat mit der Rechtschreibung Probleme, eine andere kann sich, wenn sie einen Text gelesen hat, anschliessend nicht mehr an den Inhalt erinnern, wiederum ein anderer hat Angst, vor einer grösseren Gruppe etwas laut zu sagen.

Aber das Absurde ist ja nicht nur, dass sie alle trotz dieser unterschiedlichsten Lernbedürfnisse jetzt in der Deutschstunde genau das Gleiche tun sollen. Das noch viel Absurdere ist, dass das, was sie tun sollen, mit ihrem wirklichen Leben und ihren wirklichen Lernbedürfnissen auch rein gar nichts zu tun hat. Zu keiner Zeit und an keinem Ort, weder in der Schweiz noch anderswo, muss ein Mensch einen Satz, der in einer bestimmten Zeitform geschrieben ist, in eine andere Zeitform umbilden können. Es ist etwas, was einzig und allein in der Schule vorkommt und für keines dieser 18 Kinder von Miguels Klasse auch nur den geringsten Lernwert hat. Und trotzdem wird eine Unmenge an Zeit, Energie und – wenn man nur schon an den Lohn des Lehrers, die notwendigen Schulräumlichkeiten oder an die Herstellung von Büchern und anderen Lehrmittel denkt – eine Unmenge an Geld in diese Sache investiert. Und wie wenn das alles nicht schon genug absurd wäre, wird Miguels drei Jahre älterer Bruder, der am folgenden Tag zu mir in die Deutschstunde kommen wird, ein fast genau gleiches Übungsblatt aus seinem Rucksack klauben: Sätze müssen von der einen in die andere Zeitform transformiert werden. Als wäre das die wichtigste Sache der Welt. Und als wären sich die Erwachsenen – Lehrkräfte, Lehrplanmacher, Autorinnen und Autoren von Lehrmitteln – durchaus der Nutzlosigkeit ihres Tuns bewusst, sonst müsste ja nicht spätestens alle drei Jahre der gleiche Schulstoff wiederholt werden, den die Kinder vermutlich alle in der Zwischenzeit wieder vergessen haben, nicht weil sie so «vergesslich» wären, sondern nur deshalb, weil das Umformen von Sätzen aus der einen in die andere Zeitform mit ihrem wirklichen Leben rein gar nichts zu tun hat.

Nun aber sitzt Miguel immer noch vor dem unangetasteten Übungsblatt. Ich frage ihn, was er heute lernen möchte. Er braucht nicht lange zu überlegen: Er möchte mir von seinem früheren Leben in Mexiko erzählen. Und los geht es, wie ein übermütiger Bergbach. Hie und da fragt er mich nach einem Wort, oft stelle ich Zwischenfragen, manchmal unternimmt er mehrere Anläufe, bis die Formulierung korrekt ist, manches bleibt «falsch», anderes wird mit der Zeit immer «richtiger». Learning by Doing. Lernen durch Imitation. Selbstbestimmtes Lernen auf dem eigenen Lernweg, durch Fragen, Forschen und Entdecken. Echte Kommunikation, das ist mir in diesem Augenblick bewusster geworden als je zuvor, entsteht nicht aus dem Beherrschen möglichst vieler Grammatikregeln, sondern durch Anteilnahme, gegenseitige Neugierde und Liebe.

Eine Woche später wünscht er sich eine Hausbesichtigung. Unter anderem stossen wir dabei in einer Glasvitrine auf eine antike Zuckerdose in Form eines gläsernen Schwans mit silbernen Flügeln, die sich seitlich öffnen lassen, damit man mit einer winzigen, kunstvoll verzierten Zange die Zuckerstücke herausnehmen kann. Miguel ist hin und weg. Und auch ich habe dank ihm das kleine Kunstwerk neu entdeckt, sehe es seither wieder mit ganz neuen Augen. Echtes Lernen ist immer gemeinsames und gegenseitiges Lernen. Türen, die sich gegenseitig öffnen.

Bei der Hausbesichtigung stossen wir im grossen Wandschrank in der Ecke des Wohnzimmers unter anderem auch auf ein Scrabble-Spiel, bei dem es darum geht, mit einer begrenzten Zahl gegebener Buchstaben möglichst lange Wörter zu schreiben und auf diese Weise möglichst viele Punkte zu sammeln. Und schon steht fest, dass Miguel und ich in einer Woche Scrabble spielen werden…

Scrabble spielen mit einem zwölfjährigen Jungen aus Mexiko, was könnte es Lustigeres geben. Wir einigen uns darauf, auch Abkürzungen und Namen sowie deutsche, englische und spanische Wörter gelten zu lassen. Zudem schlägt Miguel vor, Wörter nicht nur von oben nach unten und von links nach rechts, sondern auch von unten nach oben und von rechts nach links zu schreiben. Gesagt, getan. Das Spiel stellt an uns auf diese Weise zusätzliche Herausforderungen, die es noch viel spannender machen, als es ohnehin schon ist. Eifrig erfindet Miguel die verrücktesten Wörter, eignet sich, ganz beiläufig, unter meiner Mithilfe die korrekte Schreibweise der Wörter an, sucht akribisch die Felder, auf denen er am meisten Punkte sammeln kann. Zugegeben, ich helfe ihm da und dort ein wenig. Und am Schluss gewinnt er tatsächlich um Haaresbreite das Spiel. Ein paar Tage später wird mir seine Lehrerin berichten, dass er am nächsten Tag glückstrahlend in die Schule gekommen sei und ihr erzählt hätte, dass er, der zwölfjährige Mexikanerbub, der erst seit drei Jahren in der Schweiz lebt und zum ersten Mal in seinem Leben Scrabble gespielt hat, den alten «Deutschprofessor», der sich ein Leben lang mit Sprache und Buchstaben herumgeschlagen hat, bezwungen hätte...

Es gibt kein intensiveres und erfolgreicheres Lernen als jenes, das aus der konkreten Begegnung zwischen Menschen und Dingen entsteht und sich in absoluter Übereinstimmung zwischen inneren und äusseren Herausforderungen befindet. Das sei zwar gut und richtig, werden viele sagen, aber leider liesse sich dies nur selten in die Praxis umsetzen. Doch weshalb denn nicht? Gibt es in meiner Stadt nicht schätzungsweise mindestens tausend weitere Miguels, die tausendmal lieber lustige Geschichten erzählen und mit selber erfundenen Regeln Scrabble spielen, als sich mit langweiligen und nutzlosen Übungsblättern herumzuschlagen? Und gibt es nicht in der gleichen Stadt ebenso schätzungsweise rund tausend Pensionierte wie mich, die sich einer solchen Aufgabe durchaus annehmen könnten? Meistens ist gerade das, was am nächsten liegt, zugleich auch das Einfachste und Beste.

Noch etwas zum Schluss von Miguels Geschichte: Was mich in unseren gemeinsamen Deutschstunden immer wieder so tief berührt, ist sein herzerfrischendes Lachen. Und ja, ist es nicht genau das, was uns in einer so hektischen, von Zeitdruck und permanenter Ernsthaftigkeit bestimmten Zeit häufig so schmerzlich fehlt: Die pure Lust am Leben, das, was uns die Kinder immer wieder vorleben und wovon wir so unendlich viel lernen könnten. Gemäss einer Metastudie der Psychologin Jenny Rosendahl aus Jena lachen Kinder pro Tag bis zu 400 Mal, Erwachsene nur noch etwa 15 Mal. Und die Kinder wissen schon, weshalb sie das tun: Lachen fördert nachweislich und sogar wissenschaftlich messbar tiefgreifend die psychische, geistige und körperliche Gesundheit, lässt auch schwierige Herausforderungen viel leichter bewältigen, steigert die Lebensfreude und damit eben ganz automatisch auch die Fähigkeit, zugleich lustvoll und höchst erfolgreich zu lernen. [40]

DIE ELTERN ALS ERSTE UND WICHTIGSTE LERNBEGLEITERINNEN UND LERNBEGLEITER IHRER KINDER

Zurück zu André Stern, dem Kind, das nie zur Schule ging. Seine Lernbiografie wäre wahrscheinlich ganz anders herausgekommen, wenn ihn seine Eltern dabei nicht so aufmerksam und hilfreich unterstützt hätten. Sie knüpften Kontakte zu anderen Menschen, bei denen sich André neues Wissen aneignen konnte. Sie begleiteten ihn beim Besuch von Vorlesungen an der Universität. Die monatlich erscheinenden, von ihnen abonnierten Bildbände über Tiere, Pflanzen, fremde Länder und Kulturen weckten sein Interesse an der Fotografie.

Die Eltern sind die ersten und wichtigsten Lernbegleiterinnen und Lernbegleiter ihrer Kinder. Sie üben sozusagen einen der wichtigsten Berufe aus, den man sich überhaupt vorstellen kann, lange bevor sich die Schule mit dem angeblichen «Ernst des Lebens» darum kümmern wird. Und doch wird für diesen so bedeutungsvollen, lebensprägenden Beruf, im Gegensatz zu allen anderen Berufen, keinerlei spezifische Ausbildung gefordert. Eigentlich ist es absurd: Die Kinder werden neun Jahre lang zur Schule geschickt und mit allem Wissen der Welt dermassen vollgepumpt, als gäbe es während der übrigen Lebenszeit rein gar nichts mehr zu lernen. Die Erwachsenen aber brauchen selbst dann nicht mehr zur Schule zu gehen, wenn ihr Wissen und ihre Kenntnisse über die Gesetzmässigkeiten von Erziehung und Lernförderung auch noch so mangelhaft sein mögen.

Vermutlich wäre es vorteilhafter, die Kinder aus einer allzu einseitigen Bevormundung durch ein überreguliertes Schulsystem zu befreien und dafür ihre Eltern in die Schule zu schicken. In dieser «Elternschule» würden dann vielleicht schon einige wenige Regeln genügen, um das Lernen der Kinder auf wunderbare Weise zu beflügeln: Höre deinem Kind immer aufmerksam zu, beantworte alle seine Fragen, auch wenn sie noch so schwierig sind, denn stets gibt es eine Möglichkeit, auch komplizierteste Sachverhalten mit solchen Worten zu erklären, dass das Kind sie verstehen kann. Dränge das Kind nie zu etwas, wozu es innerlich noch nicht bereit ist. Vermeide jede Art von Belohnung oder Bestrafung, die keinen Zusammenhang hat mit dem Verhalten oder einer Tätigkeit des Kindes. Ermutige das Kind, seinen eigenen Lernwegen zu folgen, auch wenn dir dies nicht immer gefällt und es für dich oft unendlich mühsam sein kann. Verbiete ihm möglichst wenig, nur Dinge, mit denen es sich in Gefahr bringen könnte. Achte stets auf sein Tempo – das Tempo, in dem sich Kinder durch die Welt bewegen, ist nicht das gleiche, mit dem sich Erwachsene durch die Welt bewegen. Lehre das Kind durch dein Vorbild, Kinder lernen nicht aus dem, was man ihnen beizubringen versucht, sondern aus dem, was sie sehen, hören, empfinden und erleben.

Vielleicht könnte man sogar ein Buch kreieren, in dem auf anschauliche und leicht verständliche Weise beschrieben wäre, wie Eltern das Lernen ihrer Kinder optimal begleiten und unterstützen können. Dies wäre dann vielleicht das einzige Schulbuch mit einem tatsächlichen pädagogischen Nutzen. Und es könnte die allermeisten sich heute auf dem Markt befindlichen sogenannten «Lehrmittel» ersetzen, welche in ihrer grossen Mehrheit viel zu theorielastig sind, weit mehr Verwirrung anstiften als Hilfe für gutes, erfolgreiches Lernen und die offensichtlich vor allem dem Zweck dienen, dass Autorinnen, Autoren und Verlage damit möglichst viel Geld verdienen können.

Wie elementar für das Lernen der Kinder die Rolle der Eltern und all das, was sie den Kindern vorleben, ist, zeigt sich beim Erlernen von Lesen und Schreiben in ganz besonderem Masse. So etwa führt Saskia Sterel, Dozentin für Fachdidaktik an der Pädagogischen Hochschule Zürich, die erschreckende Tatsache, dass viele Jugendliche am Ende ihrer Schulzeit nur mangelhaft lesen können, weniger auf die Schule zurück als vielmehr auf die häuslichen Voraussetzungen: «Die ersten Schritte in der Lesesozialisierung sind ungemein wichtig: das Vorlesen zuhause und dass die Eltern selber lesen. Wenn im Elternhaus wenig passiert, dann ist das für die Kinder schwierig.» [41] Gemäss der Neurowissenschaftlerin Maryanne Wolf besteht ein direkter Zusammenhang zwischen der Förderung des Lesens und der Förderung des Denkens: «Heute wird im Allgemeinen viel zu oberflächlich gelesen. Die Überfülle an Informationen auf dem Bildschirm verleitet zum schnellen Überfliegen von Texten, dadurch aber leidet das vertiefte Lesen, welches für eine gründliche Auseinandersetzung mit anderen Gedanken und damit für eine Schulung des Denkens unerlässlich ist. Wenn Kinder durch Bildschirme ständig hyperstimuliert werden, entwickelt sich die Fähigkeit nicht mehr, Aufmerksamkeit über eine gewisse Zeit auf ein Thema zu richten. So verlieren wir die Kinder schon im Babyalter. Das hat gravierende Auswirkungen: Wenn wir unsere Fähigkeit verlieren, kritisch zu denken, und Mühe damit haben, Information und Desinformation auseinanderzuhalten, gefährden wir am Ende unser demokratisches Zusammenleben.» Und eine gross angelegte, vom spanischen Leseforscher Ladislao Salmerón unlängst veröffentlichte Metastudie kommt zum Schluss, dass das Lesen von Printmedien zu deutlich besserem Leseverständnis führt als digitales Lesen. [42] Elternbildung, die solche Zusammenhänge thematisieren und das Bewusstsein für die elementare gesellschaftliche Bedeutung von vertieftem Lesen schärfen würde, käme nicht nur den betroffenen Kindern zugute, sondern auch den Erwachsenen und insgesamt einer funktionierenden Demokratie. An dieser Stelle könnte man sogar die Frage aufwerfen, ob man nicht so etwas wie ein Menschenrecht auf Information postulieren und zum Beispiel jeder Familie eine staatlich subventionierte Tageszeitung kostenlos zur Verfügung stellen müsste.

GESELLSCHAFTSPOLITISCHE VERÄNDERUNGEN SIND UNER–LÄSSLICH

Ein Konzept selbstbestimmten Lernens in einem offenen Raum vielfältigster, frei zu wählender Angebote anstelle einer für alle Kinder und Jugendlichen gleichermassen verpflichtenden Lehrplan- und Jahrgangsklassenschule kann nur funktionieren, wenn auch die Eltern in eine solche neue Philosophie und ein neues Wissen um die Geheimnisse des Lernens eingebunden sind, wonach Kinder und Jugendliche immer erst dann sinnvoll und erfolgreich lernen können, wenn auf dem Weg ihres individuellen «Lernplans» die Zeit dafür reif geworden ist. Dies beweisen heute schon alle jene sogenannten «Schulversager» und «Schulversagerinnen», welche mit dem Lernen in der herkömmlichen Lehrplanschule kaum etwas anzufangen vermochten und während ihrer Schulzeit fast nur Misserfolge und Enttäuschungen erlebten, später aber, war ihre Motivation erst einmal erwacht, in kürzester Zeit all das «Versäumte» nachzuholen vermochten und so erfolgreiche berufliche Karrieren an den Tag legten, dass dies niemand je zuvor für möglich gehalten hätte. Für das Lernen ist es nie zu spät. Wenn ein Kind im Alter von sieben Jahren im «Playhouse» Englisch lernt, ist es – vorausgesetzt, dies geschieht aus freien Stücken und ohne Druck von aussen – gut. Wenn ein Jugendlicher erst im Alter von 15 Jahren einen ersten Englischkurs besucht, ist es auch gut, denn er hat in der Zwischenzeit zahlreiche andere Facetten seines insgesamt vorhandenen Lernpotenzials entwickeln können.

Dass Eltern heutzutage die Aufgabe einer liebevollen und sorgfältigen Lernbegleitung ihrer Kinder in den ersten so wichtigen und prägenden Lebensjahren nur sehr unterschiedlich wahrnehmen und viele von ihnen dabei masslos überfordert sind, ist weniger die «Schuld» der betreffenden Eltern, sondern viel mehr eine unmittelbare Folge der herrschenden gesellschaftlichen Rahmenbedingungen. So berichtete Radio SRF1 Ende Juli 2023 über eine junge Mutter, die während fünf Nächten pro Woche zwischen 22 und 6 Uhr in einer Bäckerei arbeitet und sich tagsüber um ihre beiden Kinder kümmert – Schlaf ist für sie mehr oder weniger ein Fremdwort. Ihr Mann hat eine Stelle als Hilfsarbeiter. Trotz aller Schufterei reicht der Lohn kaum für das Allernotwendigste und schon gar nicht dafür, die Kinder wenigstens stundenweise in einer Kita betreuen zu lassen. Woher sollen eine Mutter und ein Vater unter solchen Umständen die Kraft und die Geduld herholen, um ihren Kindern bei ihrem Lernen eine so grosse Unterstützung zukommen zu lassen, wie das für André Stern ganz selbstverständlich gewesen war? Solchen Eltern Vorwürfe zu machen, sie kümmerten sich zu wenig um das Wohl ihrer Kinder, zeigt, wie wenig Ahnung manche privilegierte Bevölkerungsgruppen über das Leben weniger Privilegierter haben, und erzeugt bei diesen höchstens Schuldgefühle, aber nichts, was ihnen weiterhilft. Das Einzige, was weiterhelfen würde, wäre die so dringende und unerlässliche sozialpolitische Forderung, dass mit jeglicher beruflicher Tätigkeit der Lohn für eine Vollzeitstelle ausreichen müsste, um eine Familie ausreichend versorgen zu können – so dass alle Eltern die Möglichkeit hätten, sich frei zu entscheiden, ob sich ein Elternteil vollumfänglich der Betreuung der Kinder widmen, ob sie diese Aufgabe untereinander aufteilen oder ob beide Elternteile einer Erwerbsarbeit nachgehen und zur Betreuung der Kinder eine Kita in Anspruch nehmen möchten.

Darüber hinaus kommen wir wohl nicht darum herum, die Grundwerte der herrschenden Leistungsgesellschaft in Zukunft noch viel kritischer zu hinterfragen, als dies bisher der Fall gewesen ist. Der steigende Druck am Arbeitsplatz, der Zwang, in immer kürzerer Zeit eine immer grössere Leistung zu vollbringen, das atemlose Hetzen von Termin zu Termin, die vielbeschworene permanente «Selbstoptimierung» in allen möglichen und unmöglichen Lebenslagen, der gegenseitige, sich immer mehr verschärfende Konkurrenzkampf um den sozialen Aufstieg – all dies ist nicht nur Gift für all jene, denen im gegenseitigen Wettlauf ein immer höheres Tempo aufgezwungen wird, sondern vor allem auch für die Kinder und die Jugendlichen, welche für ein gutes Aufwachsen zuallererst ganz viel Zeit, Musse, Sorgfalt und Liebe bräuchten, viel zu oft und viel zu früh aber nur als «ökonomische» Wesen betrachtet werden, die in dieser Gesellschaft permanenter Leistungssteigerung so schnell und so gut wie möglich funktionieren sollen. «Weil unsere Kinder unsere einzige reale Verbindung zur Zukunft sind und weil sie die Schwächsten sind», sagte der frühere schwedische Premierminister Olaf Palme, «gehören sie an die erste Stelle der Gesellschaft.»

BEDINGUNGSLOS DEN KINDERN UND JUGENDLICHEN ZUR SEITE STEHEN

Es ist allerdings davon auszugehen, dass völlig freies Lernen ohne jegliche Institutionalisierung vermutlich nicht so ganz problemlos schon von Anfang an funktionieren würde, vor allem deshalb, weil wir uns über so viele Generationen hinweg an etwas völlig anderes gewöhnt haben. Es mag daher sinnvoll erscheinen, parallel zur Einführung einer neuen Welt freien und offenen Lernens sozusagen einige «Sicherungen» einzubauen.

Eine solche «Sicherung» könnte beispielsweise darin bestehen, jedem Kind, etwa ab dem sechsten Lebensjahr, so etwas wie eine «Gotte» oder einen «Götti» zur Seite zu stellen, eine pädagogische Fachperson, welche mit einem wachsamen Auge die Lernentwicklung des Kindes begleiten würde. Regelmässig fänden Gespräche mit dem Kind und seinen Eltern statt, mögliche offene Fragen, etwa in Bezug auf die zukünftige Berufswahl, könnten dabei geklärt werden und dem Kind stünde jederzeit, falls unerwartete Schwierigkeiten auftreten, eine Vertrauensperson zur Verfügung, auf die es sich hundertprozentig verlassen könnte. Wie ein guter Hausarzt oder eine gute Hausärztin eine medizinische Lebensbegleiterin nicht nur des Kindes, sondern auch seiner Familie ist, so wäre der «Götti» oder die «Gotte» sozusagen eine pädagogische Lebensbegleiterin ebenfalls nicht nur des jeweiligen Kindes, sondern auch seiner ganzen Familie. Auch käme es nicht, so wie in der herkömmlichen Schule mit dem Klassenlehrer oder der Klassenlehrerin, alle paar Jahre zu einem Wechsel der zuständigen Hauptbezugsperson, sondern der «Götti» oder die «Gotte» würde das Kind in aller Regel ab seinem sechsten Lebensjahr bis zum Eintritt in eine Berufslehre und, wo nötig, vielleicht sogar darüber hinaus zuverlässig begleiten.

Die eigentliche Hauptaufgabe des «Göttis» bzw. der «Gotte» bestünde darin, «ihrem» Kind durch Dick und Dünn auch in schwierigsten Zeiten bedingungslos zur Seite zu stehen, sich durch nichts von ihrem Glauben an das Kind abbringen zu lassen und stets seine Anwältin zu sein, wenn es zu Konflikten, unnötiger Bevormundung oder zu Machtkämpfen auf dem Weg seiner Selbstverwirklichung käme, die sich anders nicht lösen liessen. Im Gegensatz zu einer traditionellen Klassenlehrkraft, die sich nicht nur um das seelische Wohl der Kinder kümmern sollte, sondern zugleich eine Art «Respektsperson» ist, welche die Kinder bei möglichem «Fehlverhalten» massregelt, sie bei ihren Lernfortschritten bewertet und miteinander vergleicht sowie die Aufgabe hat, unliebsame und oft angstmachende Prüfungen zu organisieren – also gezwungen ist, lauter Dinge zu tun, die einem vertrauensvollen Verhältnis zwischen ihr und den Kindern weitgehend abträglich sind –, ist die «Gotte» oder der «Götti» von alledem befreit und kann sich ausschliesslich auf eine liebevolle, unterstützende und Mut machende Beziehung zu den ihnen anvertrauten Kindern beschränken und im besten Falle sogar so etwas wie ein guter Freund oder eine gute Freundin des Kindes sein.

Als weitere «Sicherung» könnte man so etwas einführen wie eine «Neunuhrrunde»: Jedes Kind wird, wenn es den Kindergarten verlässt, einer fixen Gruppe von zum Beispiel zwölf Kindern und Jugendlichen unterschiedlichen Alters zugeteilt, die man auch als kleine «Lernfamilie» bezeichnen könnte. Jede dieser Gruppen trifft sich immer am Morgen um neun zu einem kurzen Gedankenaustausch über Erfahrungen, Erlebnisse und Begegnungen des vorangegangenen Tages sowie über anstehende Projekte oder andere Aktivitäten auf den individuellen Lernwegen jedes Einzelnen. Bei dieser Gelegenheit könnten auch Fragen geklärt oder mögliche Schwierigkeiten gelöst werden, bei denen das einzelne Kind oder die einzelne Jugendliche aus eigenen Kräften nicht mehr weiterkommt. Die Teilnahme an der «Neunuhrrunde» wäre verbindlich. Wer nicht teilnehmen könnte, müsste sich per SMS abmelden und den Grund dafür angeben. Vorzugsweise wäre die erwachsene Bezugsperson, welche die «Neunuhrrunde» moderieren würde, identisch mit der «Gotte» oder dem «Götti» der betreffenden Kinder und Jugendlichen dieser Gruppe. Dies alles mag ein wenig nach «alter» Schule klingen, hat aber nichts zu tun mit Fremdbestimmung, Bevormundung oder gar irgendeiner anderen Form von Machtausübung Erwachsener gegenüber Kindern und Jugendlichen, es würde einzig und allein

dazu dienen, jene Kinder und Jugendlichen, die auf ihren individuellen Lernwegen auf unerwartete Schwierigkeiten stossen, hilfreich zu unterstützen, zu begleiten und nützliche Tipps zu vermitteln, auch mithilfe der gegenseitigen Erfahrungen der übrigen Mitglieder der Gruppe. Gleichzeitig könnten innerhalb
solcher «Lernfamilien» soziale Bindungen und Freundschaften
entstehen, die – im Gegensatz zur traditionellen Jahrgangsklasse,
in der alle Kinder oder Jugendlichen im Verlaufe eines Tages
genau das Gleiche erleben – gerade davon leben würden, dass im
Verlaufe des Tages ganz unterschiedliche Erfahrungen gemacht
und ganz Unterschiedliches erlebt wurde, das nun, in der «Lernfamilie», miteinander ausgetauscht werden und als Impuls für
die Planung des weiteren Lernens dienlich sein kann.

Zusätzlich wäre es vielleicht hilfreich, wenn jedes Kind und alle
Jugendlichen eine Art «Lerntagebuch» führen würden, in dem sie
ihre täglichen Erfahrungen, Erkenntnisse, besondere Eindrücke
und Begebenheiten sowie Notizen für zukünftiges Lernen und
geplante Projekte schriftlich festhalten würden, zwecks Selbstre-
flexion, regelmässigem Schreibtraining und als Instrument, um
in einer späteren Phase der Persönlichkeitsentwicklung auf frühere Erfahrungen zurückblicken zu können. Das individuelle
«Lerntagebuch» würde wohl auch beim regelmässigen Erfah-
rungsaustausch zwischen dem Kind, seinen Eltern, seinen
Geschwistern und seinem «Götti» bzw. seiner «Gotte» eine wichtige Rolle spielen.

Spätestens jetzt stellt sich auch die Frage, wie sich geistig und
körperlich beeinträchtigte Kinder und Jugendliche in einer Welt
so offenen, freien und selbstbestimmten Lernens zurechtfinden
würden. Bei der herkömmlichen Jahrgangsklassenschule ist die
«Inklusion» ein wichtiges Thema, die Frage also, ob ein mehr
oder weniger körperlich oder geistig «behindertes» oder «kran-
kes» Kind ins reguläre Schulsystem passt oder nicht und dann
zwangsläufig ausserhalb dieses Systems in irgendeiner Spezialin-

stitution betreut werden muss. Diese Frage stellt sich allerdings nur, solange es dieses Schulsystem in der bisherigen Form gibt. Entfällt es, dann entfallen damit auch sämtliche Fragen rund um die Inklusion. Denn wenn es das System nicht mehr gibt, dann gibt es, einfach gesagt, auch nicht mehr die Frage, ob jemand hineinpasst oder nicht. So wie jedes «nichtbehinderte» Kind in einer offenen Lernwelt voller unterschiedlicher Angebote seinen individuellen Weg des Lernens gehen würde, so würde das, verbunden mit falls nötiger spezifischer Fachbegleitung, auch jedes «behinderte» Kind tun. Es gäbe dann nicht mehr «normale» und vom «Normalen» abweichende Lernwege, sondern jeder Lernweg wäre für das betreffende Kind sein authentischer, unauflöslich mit seiner Persönlichkeit verbundener, einzigartiger, einzig möglicher. Und in letzter Konsequenz gäbe es dann auch nicht mehr den Unterschied zwischen «behinderten» und «nichtbehinderten», «beeinträchtigten» und «nichtbeeinträchtigten» Kindern, sondern nur eine unendliche Vielfalt an Individuen, welche, jedes auf seine Weise, gleichberechtigt ihre je vorhandenen Lernpotenziale zur Entfaltung bringen könnten – ob sie dabei mehr oder weniger Hilfe von aussen benötigen würden, wäre völlig belanglos. An vielen Angeboten der offenen Lernwelt – so zum Beispiel an Bildungsreisen, Abenteuerlagern sowie Theater- und Konstprojekte – könnten «behinderte» und «nichtbehinderte» Kinder und Jugendliche ohnehin problemlos gemeinsam teilnehmen und sämtliche künstliche Grenzen zwischen ihnen würden sich auflösen.

WIE KLEINE VÖGEL, BIS SIE GENUG STARK SIND, UM AUCH OHNE FREMDE HILFE IN DIE WEITE WELT HINAUSFLIEGEN ZU KÖNNEN

Geht man vom natürlichen, selbstbestimmten Lernen der ersten Lebensjahre aus, so bildet der heutige Kindergarten, im Gegensatz zu den darauffolgenden Schulstufen, zweifellos die idealsten Voraussetzungen für zugleich höchst individuelles, spielerisches, lustvolles wie auch erfolgreiches Lernen. Es ist daher kein Zufall, dass die allermeisten Kinder den Kindergarten mit viel Freude und Begeisterung besuchen, bevor dann, im Laufe der späteren Schulzeit, diese Freude und diese Begeisterung fast immer nach und nach abnehmen.

Aus verschiedenen Gründen erscheint es daher sinnvoll, den Kindergarten beizubehalten – freilich möglichst ohne das in letzter Zeit immer stärkere Überhandnehmen typisch «schulischer» Unterrichtselemente und der Tendenz, den Kindergarten mehr und mehr als eine Art «Vorschule» zu betrachten. Im Kindergarten, so wie er ursprünglich gedacht war und lange Zeit auch überaus erfolgreich praktiziert wurde, könnten die Kinder von etwa fünf bis sieben Jahren ohne äusseren Druck und in ihrem eigenen Tempo das im häuslichen Umfeld begonnene frühkindliche Lernen unter günstigsten Voraussetzungen weiterführen. Dieser «neue» Kindergarten würde, im Gegensatz zum heutigen, länger dauern, etwa bis zum siebten Lebensjahr, und die Kinder würden nicht zu fix vorgegebenen Terminen, sondern zu ganz individuellen Zeitpunkten in ihn eintreten bzw. aus ihm austreten. So könnte auch gewährleistet werden, dass die elementaren Grundfertigkeiten des Lesens und Schreibens bei jedem Kind vorhanden wären, bevor es sich dann selbstbestimmt und auf eigenen Wegen in die grosse, weite Welt vielfältigsten offenen Lernens begibt. Dieser «neue» Kindergarten wäre dann so etwas wie eine Brücke zwischen der überschaubaren Lebenswelt der frühen Kindheit und jener grossen, weiten Welt des Lernens, die anstelle der bisherigen Lehrplan- und Jahrgangsklassenschule auf sie bald schon warten würde, vergleichbar kleinen, zunächst hilflosen Vögelchen, denen die Eltern so lange unermüdlich Nahrung bringen, bis sie genug stark sind, um eines Tages ohne fremde Hilfe in die weite Welt hinausfliegen zu können.

Freilich müsste dabei aber gewährleistet sein, dass die Kinder beim Erwerb ihrer Lese- und Schreibfertigkeiten, einem Prozess, der ja bei den meisten Kindern schon viel früher beginnt, während der Kindergartenzeit sich dann aber sozusagen bis zur Perfektion weiterentwickeln würde, stets die absolute Freiheit haben müssten, selbstbestimmt ihren eigenen, individuellen Lernwegen, Methoden und Lernstrategien zu folgen, genau so, wie sie das auf ganz natürliche Art und Weise auch schon beim Erlernen der Muttersprache in ihrem mündlichen Gebrauch getan hatten. Das eine Kind würde zuerst lesen lernen, dann erst schreiben, bei einem anderen wäre es genau umkehrt, wieder ein anderes versuchte die Wörter in ihrer Ganzheit zu erfassen und nochmal ein anderes würde sich zunächst auf die einzelnen Buchstaben konzentrieren. Dass so viele Erwachsene auch noch in späteren Lebensjahren immer noch mit dem Lesen und dem Schreiben Mühe bekunden, oft dabei sogar von Ängsten geplagt sind und sich manchmal aus Angst vor zu vielen Fehlern nicht einmal getrauen, einer bekannten Person einen Brief zu schreiben, rührt wohl daher, dass sie, bei der ersten Begegnung mit der geschriebenen Sprache in der Schule, nicht so frei, selbstbestimmt und entlang ihren eigenen Wegen des Forschens, Ausprobierens und Entdeckens lernen durften, wie ihr ureigener «Lernplan» dies eigentlich gefordert hätte. Lernstörungen, einmal mehr, als Folge einer lernstörenden Schule.

Werfen wir an dieser Stelle noch einen Blick auf die sogenannt «fremdsprachigen» Kinder. Sie, so wird oft behauptet, bedürften einer ganz besonders systematischen, zielgerichteten Beschulung. Nicht selten werden hierfür sogar spezielle Klassen oder Lerngruppen eingerichtet, wo sich diese Kinder dann meist fast ausschliesslich unter «Ihresgleichen» aufhalten. Das ist wahrscheinlich so ziemlich das Dümmste, was man tun kann. Kinder lernen Sprachen nicht vor allem durch Schulunterricht, auch wenn er methodisch noch so ausgeklügelt sein mag, sondern durch möglichst häufiges Zusammensein mit jenen Kindern oder Erwachsenen, welche die zu erlernende Sprache sprechen – Learning by Doing eben, ganz so, wie es eine meiner ehemaligen Schülerinnen tat, die nach drei Jahren Französischunterricht, der nicht wirklich sehr ergiebig gewesen war, bei einer französischsprachigen Familie in Genf ein Haushaltpraktikum absolvierte, um ein Jahr später, als sie wieder nachhause kam, nahezu fliessend Französisch zu sprechen. Oder so, wie es meine siebenjährige Enkelin Mila und meine zehnjährige Enkelin Leonie tun, wenn sie in ihren Rollenspielen miteinander ein so perfektes und akzentfreies Hochdeutsch sprechen, dass sie dies unmöglich in der Schule gelernt haben können, sondern – Lernen durch Imitation – einzig und allein dadurch, dass sie es in Filmen, Hörbüchern oder auf CDs immer und immer wieder gehört haben.

Wollen wir die Sprachkenntnisse «fremdsprachiger» Kinder fördern, dann müssten sie von klein auf möglichst oft und in möglichst vielen verschiedenen Situationen und Lebenswelten mit «einheimischen» Kindern zusammen sein und man müsste alles daran setzen, jegliche Segregation zwischen Wohnquartieren aufzuheben, welche die Menschen aufgrund ihrer Herkunft, ihrer Lebensweisen und ihrer unterschiedlichen Sprachen voneinander trennen, statt sie zusammenzuführen, miteinander in Kontakt zu bringen und alle ihre vorhandenen Lernpotenziale gegenseitig und gemeinsam zur Entfaltung bringen zu lassen.

Oft wird auch behauptet, die herkömmliche Schule sei ein wichtiges Instrument für die Gemeinschaftsbildung und die gesellschaftliche Integration von Kindern und Jugendlichen ausländischer Herkunft. Doch auch diese Behauptung steht auf wackligen Füssen. Denn ausgerechnet Kinder und Jugendliche ausländischer Herkunft fühlen sich in einem Schulunterricht, in dem die Sprachkenntnisse in fast allen Fächern eine überaus zentrale Rolle spielen, gegenüber jenen, welche die Landessprache beherrschen, oft minderwertig und benachteiligt, was sich auch auf die schulischen Leistungen, die Noten und die Zeugnisse auswirkt und vor allem auf der Oberstufe, wo die Jugendlichen vielerorts immer noch leistungsbezogenen Klassenzügen zugeteilt werden, erst recht zu einer Spaltung zwischen «Einheimischen» und «Neuankömmlingen» führt. Da leistet zum Beispiel ein Fussballverein, in dem sich Jugendliche gegenseitig nicht mit intellektuellen und sprachlichen Fähigkeiten messen, sondern mit körperlicher Kraft, Ausdauer, Beweglichkeit und Geschicklichkeit, einen weitaus wertvolleren und grösseren Erfolg versprechenden Beitrag zur interkulturellen Gemeinschaftsbildung.

KINDERCLUB UND JUGENDCLUB

Doch auch bei noch so vielen verschiedenen Lernorten und Lerngelegenheiten in der Stadt oder im Dorf und bei noch so grossen Freiräumen für eigentätiges Forschen und Lernen würde es zweifellos Zeiten geben, in denen Kinder und Jugendliche «unbeschäftigt» wären. Auch würde es die häusliche Umgebung nicht immer zulassen, dass Kinder und Jugendliche ihren jeweiligen Lern- und Lebensbedürfnissen sinnvoll nachgehen könnten. Besonders dann, wenn Eltern berufstätig sind und vor allem jüngere Kinder zu oft sich selber überlassen wären.

Es bräuchte daher einen Ort, wo sich Kinder und Jugendliche immer dann aufhalten könnten, wenn sie gerade nicht an einem selber gewählten Lernangebot teilnehmen, einer eigenen Aktivität zuhause oder mit Kolleginnen und Kollegen nachgehen würden oder schlicht und einfach keine Lust hätten, bloss irgendwo herumzuhängen.

Dieser Ort könnte so etwas sein wie ein «Kinderclub» für jüngere und ein «Jugendclub» für ältere Kinder und Jugendliche: Ein Haus – vorzugsweise würden sich hierfür die bisherigen Schulhäuser eignen – mit verschiedensten Räumen voller unterschiedlichster Angebote für vielfältigste Aktivitäten. Da gäbe es zum Beispiel einen Bastelraum mit einer Fülle von Materialien zur Herstellung verschiedenster Gegenstände. Ein Malatelier. Eine Holzwerkstatt. Einen Experimentierraum. Eine Küche. Einen Leseraum. Eine Schreibwerkstatt. Einen Verkleide- und Theaterraum mit Kisten voller Kostüme und Requisiten. Einen Raum ausschliesslich voller Legosteine. Ein Computerzimmer. Einen Raum mit Gesellschaftsspielen. Einen Raum mit Pingpongtisch, «Tschütterlikasten», Carambol, Wurfpfeilspiel und weiteren Spielgeräten. Einen Tanz- bzw. Discoraum mit unbedingt einer Glitzerkugel. Einen «Kraftraum», wo sich besonders bewegungsfreudige Kinder und Jugendliche austoben könnten und wo ein Boxsack auf keinen Fall fehlen dürfte. Und im Freien eine Spielwiese, einen Sandkasten, Rutschbahnen, Klettergerüste, Seilbahnen, ein Trampolin, ein Fussballfeld, eine Beachvolleyballanlage und eine Bocciabahn. Wahrscheinlich würden die meisten Kinder, gefragt nach ihrer Vorstellung einer «idealen Schule», genau so etwas beschreiben wie einen solchen Kinder- oder Jugendclub.

Zwischen den verschiedenen Orten und Räumen würden sich die Kinder und Jugendlichen frei hin und her bewegen und dabei stets selber entscheiden, wo und wie lange sie am jeweiligen Ort verweilen möchten. Stets würden dabei Jüngere von Älteren lernen, Zwölfjährige würden Neunjährigen von der Wunderwelt des Universums oder der Ozeane erzählen, Fünfzehnjährige würden Elfjährige in die Regeln des Schachspiels einführen, Vierzehnjährige würden Zehnjährigen zeigen, wie sich am Computer ein Bildprogramm erstellen lässt. Das gemeinsame Lernen und Spielen von Kindern unterschiedlichen Alters, welches schon zuhause in der einzelnen Familie so gut funktioniert, würde sich im Kinderclub und im Jugendclub, in einer solchen Fülle von Materialien, zwischenmenschlichen Begegnungen und Lerngelegenheiten aller Art, sozusagen in unendlich vielen zusätzlichen Variationen erweitern und vervielfachen.

In jedem Raum wäre zudem eine erwachsene Bezugsperson anwesend, für alle Fragen der Kinder und Jugendlichen, aber auch, um das notwendige Material bereitzustellen, beim Aufräumen mitzuhelfen und bei Konflikten immer dann einzugreifen, wenn die Kinder und die Jugendlichen diese nicht alleine zu lösen vermöchten. Im Kinderclub und im Jugendclub könnte auch die Mittagszeit verbracht und es könnten gemeinsam zubereitete Mahlzeiten, Zwischenverpflegungen, Getränke konsumiert und Geburtstage gefeiert werden.

Im Kinderclub und im Jugendclub stünden für sämtliche Kinder und Jugendlichen Materialien, Geräte, Informations- und Lernmittel gleichermassen zur Verfügung, die in ihren jeweiligen Familien nur höchst ungleich verteilt sind: Während sich beispielsweise in den Kinderzimmern wohlhabender Eltern Spielsachen oft in viel zu grösser Fülle auftürmen und sich ärmere Eltern für ihre Kinder nicht einmal eine einzige kleine Legoschachtel leisten können, stünde im Kinder- und Jugendclub alles allen zur Verfügung und selbst das Kind reicherer Eltern fände hier noch eine grössere Auswahl an Lernmaterialien, als dies zuhause der Fall ist.

Da Kinder und Jugendliche – wie Bosni und Star auf ihren Erkundungstouren durchs Quartier – immer neue Erfahrungen, Begegnungen und Herausforderungen suchen, würden die vielfältigen Angebote des Kinder- und Jugendclubs vermutlich ungeahnte Lernprozesse auslösen, die im privaten Kinderzimmer nur schon deshalb gar nicht möglich sind, weil da täglich nur eine begrenzte Zahl von Spielsachen vorhanden ist, welche die Kinder schon längst in- und auswendig kennen und die deshalb mit der Zeit immer weniger Lernimpulse auslösen können. Es ist aber nicht nur die begrenzte – oder oft nicht einmal vorhandene – Menge an Spielsachen im privaten Raum der Kleinfamilie, welche die Lernmöglichkeiten der Kinder einschränkt. Es ist vor allem auch die begrenzte Zahl an zwischenmenschlichem, gegenseitigem und gemeinsamem Lernen. Hat das Kind in den vier Wänden der Kleinfamilie nur eines, zwei oder vielleicht, wenn es ein Einzelkind ist, nicht einmal einen einzigen Spielkameraden, so würden den Kindern und Jugendlichen im Kinder- und Jugendklub täglich fast eine unbegrenzte Anzahl von Spielkameradinnen und Spielkameraden zur Verfügung stehen und vielfältigste und immer wieder neue Möglichkeiten gegenseitigen Kennenlernens und Erforschens unterschiedlichster Lebenswege und Lebenserfahrungen würden sich daraus ergeben. Gut vorstellbar, dass dies zu einer geradezu explosionsartig zunehmenden Fülle an sich daraus ergebenden Lernprozessen führen könnte und das, was heute meist nur in den Sommerferien möglich ist, wenn sich Kinder fern aller Fremdbestimmung durch Erwachsene dem freien Spiel mit vielen anderen Kindern auf dem Zeltplatz oder am Meeresstrand hingeben können, sozusagen zum ganz normalen Alltag würde.

Man könnte den Kinderclub und den Jugendclub auch als eine Art «Spielhaus» bezeichnen, beruhend auf der längst auch wissenschaftlich erwiesenen Tatsache, dass Spielen eine der urtümlichsten und effizientesten Formen von Lernen ist, nicht nur im Kindesalter, sondern auch während des gesamten Lebens. Eine Urzeit, bevor das erste Kind eine Schule besuchte, spielten Kinder schon über Jahrtausende hinweg in ihrer jeweiligen unmittelbaren Lebensumwelt, viele Formen von Spiel, die wir auch heute noch kennen, stammen aus dieser Frühzeit der Menschheitsgeschichte. «Das Spiel», sagte der deutsche Schriftsteller Jean Paul, «ist die erste Poesie des Menschen.» Der deutsche Schriftsteller Friedrich Schiller sah im Spiel sogar jenes Instrument, wodurch der Mensch erst zu seiner «ganzen Vollkommenheit» gelange. Für Friedrich Fröbel, den Begründer des Kindergartens, war das Spiel nichts anderes als die «früheste Form der geistigen Bildung», der «wichtigste Schlüssel zur Entdeckung und Eroberung der Welt.» Und der norwegische Dramatiker Henrik Ibsen war sogar überzeugt, dass man «in dieser schönen Welt gar nichts Gescheiteres tun kann, als zu spielen.»

Dass es den Kindern, so sich selber überlassen und ohne Führung durch Erwachsene, früher oder später langweilig werden könnte, ist kaum zu befürchten. Als sich meine Enkelkinder wieder einmal einen ganzen Nachmittag lang dem freien Spiel hingegeben hatten und ich nur jeweils dann einspringen musste, wenn mal eine Giraffe oder ein Hundefänger gebraucht wurde, hätte Leonie, als es Zeit für das Abendessen war, unbedingt lieber weiterspielen wollen. Sie hätte, so meinte sie, einen so grossen «Ideenüberschuss». Aber selbst wenn sich mal Langeweile breit machen sollte, wäre auch das alles andere als schlimm, denn «leere» Zeiten, Langeweile und Musse bilden meist die beste Voraussetzung für Kreativität und ungeahnte Lernentwicklungen.

Zudem müssten im Kinder- und Jugendclub nebst den Räumen für gemeinsame Aktivitäten auch Orte vorhanden sein, wohin man sich alleine, zu zweit oder in kleinen Gruppen zurückziehen könnte, sich ungestört von anderen Kindern oder Jugendlichen in die Lektüre eines Buches vertiefen, sich dem Verfassen eines Tagebuchs widmen oder mit der besten Freundin der Welt stundenlang plaudern könnte. Schön wäre ein Park mit vielen Bänklein, gemütlichen Ecken und Nischen, ein kleiner Teich, Bäume, die willkommenen Schatten spenden ...

WIE BLUMEN, DIE SICH ZU IHRER GANZEN SCHÖNHEIT ENTFALTEN

Noch wochenlang war die 14-Jährige, die in einem Musical an ihrer Schule die Hauptrolle gespielt und ihr Publikum zu wahren Begeisterungsstürmen hingerissen hatte, an ihrer Schule das Tagesgespräch. Auch dann noch, als sie schon längst wieder als ganz «gewöhnliche» Schülerin im Schulzimmer sass, an ihrem Bleistift kaute, dem Lehrer mehr oder weniger interessiert zuhörte und ihre Schulhefte und Schulbücher, so wie alle ihre Mitschülerinnen und Mitschüler, im 50-Minuten-Rhythmus sich wechselnder Lektionen ein- und auspackte. Etwas wie ein Glanz aus diesen Tagen, als sie auf der Bühne im Scheinwerferlicht gestanden hatte und der Applaus aus dem Saal nicht aufhören wollte, war an ihr hängen geblieben. Jedes Mal, wenn man sie nur schon von weitem sah, auf dem Pausenplatz, beim Wechseln zwischen dem einen und dem anderen Schulzimmer, irgendwo auf dem Schulweg am Morgen, am Mittag oder am Abend: Augenblicklich war alles wieder da, sie war es und sie würde es für immer bleiben, der Star auf der Bühne eines Musicals, sie, die ein paar Tage lang mit ihrem phantastischen Talent die ganze Schule in eine andere Welt hinein verzaubert hatte. Selbst als sie sich am nächsten Morgen nach der Aufführung des Musicals verschlafen und die Mathematikprüfung voll und ganz vermasselt hatte, war ihr das vollkommen schnuppe. Längst war sie, wachgeküsst, von der Wolke, auf der sie jetzt schwebte, nicht mehr herunterzuholen. Später würde sie in ihr Tagebuch schreiben, dass sie noch nie in ihrem ganzen Leben so glücklich gewesen war.

Die Entdeckung einer Begabung, die vielleicht schon Jahre zuvor, ohne dass du dir dessen bewusst warst, in dir geschlummert hat, ist fast so etwas wie eine Neugeburt, der Beginn eines neuen Lebens: Plötzlich spürst du Kräfte, die du vorher nie gespürt hast, hast zum ersten Mal in deinem Leben deine Einzigartigkeit so richtig bewusst wahrgenommen. Wie eine Blume, die sich über Nacht zu ihrer ganzen Schönheit entfaltet hat. Schon der griechische Gelehrte Aristoteles sagte vor über 2400 Jahren: «Das Wohl des Menschen besteht darin, seine natürlichen Anlagen zur Entfaltung zu bringen.»

Oft zeichnen sich individuelle Begabungen und Interessen schon sehr früh ab. Claude Nicollier, der erste Schweizer Astronaut, baute schon als Kind aus Stühlen «Raketen».[43] Bernhard Winter, Leiter eines ETH-Spin-Offs, berichtet, dass man ihn schon in seiner Kindheit als kleinen Daniel Düsentrieb bezeichnet hätte, weil er in seinem Kinderzimmer unaufhörlich herumexperimentierte und kleine Roboter entwickelte: «Dass ich aber eines Tages einen treppensteigenden Rollstuhl auf den Markt bringen würde, hätte ich nie gedacht. Die Schule fand ich stets langweilig, von meinen Lehrpersonen wurde ich vor allem unterschätzt. Deshalb tüftelte ich nebenher an meinen eigenen Projekten weiter, was ich bis heute nie bereut habe.»[44] Carlo Baldini, Inhaber einer Filmproduktionsfirma mit 30 Mitarbeiterinnen und Mitarbeitern in Bern, Berlin, Costa Rica und Malaysia, erwarb sich schon als Jugendlicher das Filmhandwerk mithilfe von Online-Tutorials und drehte als Gymnasiast erste Imagefilme für regionale Unternehmen.[45] Joya Marleen, eine der derzeit erfolgreichsten Schweizer Popsängerinnen, schrieb im Alter von elf Jahren ihren ersten Song, mit dem sie, nach zahlreichen weniger gelungenen Versuchen, endlich vollumfänglich zufrieden war: «Seither habe ich nicht mehr aufgehört, Lieder zu schreiben, früher brauchte ich das Komponieren als Pause von der Schule, jetzt ist es mein Beruf.»[46] Dies nur einige wenige Beispiele, denen sich beliebig viele weitere hinzufügen liessen.

Auch mein jüngerer Bruder fertigte schon im Alter von sieben Jahren, wenn wir bei Bekannten oder Verwandten zu Besuch gewesen waren, jeweils hernach die Grundrisse und auch schon erste perspektivische Skizzen der Räumlichkeiten an, die er gesehen hatte, später wurde er Architekt. Ich selber gab, ebenfalls im Alter von sieben Jahren, erstmals eine kleine Zeitschrift heraus, zunächst nur für meine Eltern. Neun Jahre später – ich publizierte regelmässig pro Monat eine Nummer, zuerst von Hand geschrieben, später mit einer Wachsmatrize vervielfältigt – hatte ich, dank der internationalen Gästeschar in dem von meinen Eltern geführten Hotel, sage und schreibe über 60 Abonnentinnen und Abonnenten aus einer Vielzahl von Ländern und – worauf ich besonders stolz war – aus insgesamt fünf Kontinenten – noch heute ist das Schreiben meine grösste Leidenschaft. Mein jüngerer Sohn erklärte mir im Alter von viereinhalb Jahren, als wir von einer Busfahrt zurückgekehrt waren, dass wir soeben einen «Peter» gefahren wären. Erst nach längerem Überlegen verstand ich, was er gemeint hatte: Aus der Vogelperspektive glich die zurückgelegte Strecke tatsächlich einem «P», also dem ersten Buchstaben meines Vornamens. Waren das wohl schon erste Anzeichen eines analytischen Denkens, das ihn später auch bei seiner Ausbildung und Tätigkeit als Informatiker begleiten sollte und ihm heute noch, in seiner Arbeit als Psychotherapeut, zugutekommt? Ein Bekannter erinnert sich an seine Schulzeit, als er stets seine Prüfungsblätter mit unzähligen Mustern und Figuren vollkritzelte und dafür sogar mit einem Notenabzug bestraft wurde, doch er blieb sich treu und erlernte später den Beruf des Grafikers. Auch die Geschichte einer weiteren Bekannten tönt spannend: Schon als Kind verschlang sie jeden Tag ein Buch, weil aber die Zeit dafür neben der Schule nicht ausreichte, las sie nachts im Bett weiter, sehr zum Missfallen ihrer Eltern, die sich Sorgen machten, sie bekäme zu wenig Schlaf, und ihr das Lesen in der Nacht verboten, worauf sie sich mit einer Kerze unter die Bettdecke zurückzog und eines Nachts fast das ganze Haus in Brand geraten wäre – heute leitet sie mit grosser Leidenschaft einen Buchladen und liest immer noch fast jeden Tag ein ganzes Buch.

«GEWINNE DEN MUT, DICH SELBER ZU LEBEN»

Unter was für Bedingungen können sich Begabungen, die schon bei fast allen Menschen in frühem Alter schlummern, optimal entfalten? Bestimmt nicht, indem man zwanzig oder mehr Kinder in ein Schulzimmer einsperrt und ihnen einen für alle identischen Einheitsbrei an Wissensstoff vor die Nase setzt. Individuelle Begabungen können sich nur dann entfalten, wenn Kinder und Jugendliche mit möglichst vielen unterschiedlichen Dingen in Berührung kommen und möglichst viele verschiedene Menschen mit je ihren eigenen Begabungen kennen lernen. Je mehr Kontakte, umso grösser die Chance, dass an irgendeiner Stelle ein Funken entzündet und ein Feuer entfacht wird, um zunächst vielleicht nur eine einzelne Saite, mit der Zeit aber das ganze Instrument zum Klingen zu bringen. Kinder und Jugendliche mit möglichst vielen unterschiedlichsten Bezugspersonen in Kontakt zu bringen, bedeutet nicht, sie zu überfordern, sondern ganz im Gegenteil, ihnen grösstmögliche Chancen zu einer möglichst ganzheitlichen Selbstverwirklichung offenzuhalten.

«Dein eigenes Wesen finden und ihm treu bleiben», schrieb der bekannte, im März 2023 verstorbene Schweizer Balancekünstler Mädir Eugster vom Zirkus «Rigolo», «allein darauf kommt es an. Erkenne, wer du bist, und gewinne den Mut, dich selber zu leben. Denn es gibt Melodien, Worte, Bilder, Gesänge, die nur in dir schlummern, und es ist wohl die Aufgabe deines Lebens, sie auszusagen und auszusingen.» Und die in Albanien aufgewachsene Philosophin und Buchautorin Lea Ypi erzählt, dass sie von ihrer Grossmutter die wichtigste Lektion über die Freiheit gelernt hätte, als diese ihr sagte, dass die Dinge, die man für sich selber entdecke, so viel wichtiger seien als die Dinge, welche andere Leute einem sagen würden. «Wenn man diesen Gedanken einmal hat», so Lea Ypi, «dann geht er nie mehr verloren».[47]

Eigentätiges Lernen aus dem im tiefsten Inneren jedes Kindes schlummernden «Schöpfungsplan» erinnert an einen Baum, der immer wieder neue Äste, Zweige, Blätter und Früchte hervorbringt, bis er zu seiner ganzen Grösse und Vollkommenheit herangewachsen ist. Wie Bäume selber wachsen, so sollen auch die Kinder selber wachsen können. Was sie hierfür brauchen, sind nicht Belehrungen, Zurechtweisungen und von aussen aufgedrängte Erwartungen, sondern schlicht und einfach nur eine möglichst gute Erde, viel Regen und viel Sonne oder, anders gesagt: gute Rahmenbedingungen, viel Freiheit, eine wohlwollende Umgebung, Liebe und unendlich viel Nahrung für immer wieder neues Lernen, damit sie immer grösser und stärker werden können.

Ausschliesslich das tun können, was man am liebsten macht, und gleichzeitig das vermeiden, was mit Unbehagen, Widerwillen und Ängsten verbunden ist – dies wäre sozusagen die Grundphilosophie dieser neuen, freien, offenen Welt selbstbestimmten Lernens. Wie hätte ich mir als neun- oder zehnjähriger Bub so etwas gewünscht! Meine mit Abstand schlimmste Kindheitserinnerung ist der Turnunterricht. Ich hatte vor jeder Turnstunde so fürchterliche Angst, dass ich am liebsten in einem Mausloch verschwunden wäre. Das Allerschlimmste war das Geräteturnen, Reck, Barren, Ringe und dergleichen. Ich war vor Angst wie gelähmt, stand stocksteif vor dem jeweiligen Gerät und wusste schon zum Vornherein, dass ich es als Einziger der Klasse nicht schaffen würde. Und dass mich einmal mehr der strafende Blick des Lehrers treffen und alle anderen Kinder mich einmal mehr hämisch auslachen würden. Stand am Montag eine Turnlektion im Stundenplan, war das ganze Wochenende versaut, ich konnte an nichts anderes denken. Noch heute, über sechzig Jahre später, träume ich immer wieder davon, zitternd vor Angst in diesem langen, grünlichen und meist ziemlich kalten Korridor zu stehen, der zum Eingang in die Turnhalle führte, selbst den Geruch dieses Ortes des Schreckens habe ich immer noch in der Nase. Heute würde man wahrscheinlich sagen, ich wäre, in Bezug auf den schulischen Turnunterricht, ein traumatisiertes Kind gewesen.

Dabei war es ja nicht einmal so, dass es nicht auch durchaus positive Berührungspunkte zu körperlichem Tun gegeben hätte. Nur eben nicht das Geräteturnen. Bei den Pfadfindern fand ich Spass am Orientierungslaufen, in der Rekrutenschule überstand ich auch längste Fussmärsche mit schwerem Gepäck ohne Probleme und bis heute habe ich auch jenen Moment nicht vergessen, als der Turnlehrer am Gymnasium mir eines Tages sagte, ich hätte das Potenzial zu einem erfolgreichen Langstreckenläufer – es war das einzige Mal innerhalb meiner gesamten 13-jährigen Schulzeit, dass mir ein Turnlehrer etwas Positives gesagt hatte. Doch weshalb dieses unsägliche Leiden, dieser kaum aushaltbare Schatten über meiner Kindheit, diese unbeschreiblichen Ängste? Nichts, aber auch nicht das Geringste brachte der Zwang, etwas tun zu müssen, was mir dermassen widerstrebte. Gebracht hatte es einzig und allein, dass ich viele Jahre brauchte, um mich davon wieder zu erholen und fast per Zufall zu entdecken, dass ich ja fast noch ein erfolgreicher Langstreckenläufer hätte werden können ...

DER ÜBERGANG IN DIE BERUFSWELT

Doch wie sollte in einer so offenen, freien, individuellen Welt des Lernens die «Selektion» für die Berufswelt erfolgen? Wie sollte man, wenn es keine Lehrpläne, keine Prüfungen, keine Noten und keine Zeugnisse mehr gäbe, herausfinden können, wer welche zukünftige berufliche Ausbildung absolvieren, wer welche Lehrstelle bekommen und wer sich für welchen beruflichen Weg am besten eignen sollte?

Die Antwort ist einfach. Wenn ein Bildungssystem es schafft, dass junge Menschen ihr Potenzial optimal ausschöpfen können, dann ist das wichtigste Ziel ja eigentlich schon erreicht. Mehr braucht es nicht. Stärken müssen nicht gemessen und verglichen, sondern entwickelt und aufgebaut werden. Anschliessend geht es nur noch darum, herauszufinden, welches Spektrum an Begabungen und Fähigkeiten am besten zu welcher zukünftigen Berufsausbildung passt. Aber auch hierfür wiederum braucht es weder Prüfungen, Noten noch Zeugnisse. Es genügt, zu wissen: Welche Interessen und welche Stärken hat dieser junge Mensch? Und welcher berufliche Weg würde sich hierfür am besten eignen?

Nicht wenige Lehrstellenverantwortliche, mit denen ich es während meiner Zeit als Lehrer zu tun hatte, schauten sich die Zeugnisse ihrer angehenden Lehrlinge nicht einmal an und interessierten sich kaum für Noten, Eignungstests und dergleichen, wohl wissend, dass all dies nur wenig Aussagekraft besitzt. Lieber nahmen sie die Lehrstellenbewerberinnen und Lehrstellenbewerber im Rahmen eines Praktikums unter die Lupe, wiesen ihnen verschiedenste Aufgaben zu und führten mit ihnen ausführliche Gespräche über ihre Interessen und ihre Motivation, um dann aufgrund dieser Fakten einen Entscheid zu treffen. Vielleicht ist das heute anders. Aber wenn man sieht, wie viele Jugendliche oft schon nach kurzer Zeit ihre Lehrstelle wieder aufgeben, dann kann ja das frühere, von vielen Lehrbetrieben praktizierte und primär auf die Praxis zugeschnittene Auswahlverfahren ganz so schlecht auch nicht gewesen sein.

«Keine schulische Beurteilung», sagt auch Dagmar Rösler, Zentralpräsidentin des Dachverbands schweizerischer Lehrerinnen und Lehrer, «wird jemals das persönliche Kennenlernen von Kandidatinnen und Kandidaten für eine Lehre vor Ort im Betrieb ersetzen. Darum stützen sich viele Lehrbetriebe bereits heute nur teilweise oder sogar überhaupt nicht mehr auf die Leistungsnachweise von Jugendlichen ab. Diese Betriebe wissen, dass die Anforderungsprofile in einem bestimmten Beruf nicht unbedingt mit den Anforderungen in der Schule korrelieren. Die Motivation, das soziale Verhalten und die Rücksichtnahme auf die Gegebenheiten vor Ort sind viel wichtiger als Zeugnisnoten. Nötig sind nicht zusätzliche Hürden, sondern dass man sich mehr Zeit für die jungen Menschen nimmt, die sich gerade in einer wichtigen Phase ihres Lebens befinden.»[48]

Das Argument vieler Lehrkräfte, sie würden ja auch selber nur ungern ihre Schülerinnen und Schüler ständig unter Druck setzen und miteinander messen und vergleichen, doch die «Wirtschaft» verlange dies eben von ihnen, kann nicht wirklich überzeugen. Denn was könnte der «Wirtschaft» lieber sein als junge Menschen, die ihre Kräfte kennengelernt und bestmöglich entfaltet haben, über möglichst viel Selbstvertrauen, eine positive Lebenseinstellung, Kreativität und eigenständige Ideen verfügen – all das, was eine auf Druck, permanentes gegenseitiges Vergleichen und Fremdbestimmung fixierte Schule eben gerade nicht wirklich zu fördern vermag. Denn Jugendliche, die erfolgreich in die Berufswelt starten möchten, sollten auf ihren bisherigen Lernwegen vor allem möglichst viele Erfolge erlebt und ein möglichst grosses Vertrauen in ihre eigenen Kräfte entwickelt haben, nicht aber vor allem Kenntnisse haben über ihre Mängel, Defizite und Schwächen.

Die beste Voraussetzung für einen optimalen Berufswahlentscheid bildet auf der einen Seite eine möglichst umfassende Kenntnis der eigenen Fähigkeiten, auf der anderen eine ebenso möglichst umfassende Kenntnis der Berufswelt, um beides miteinander in eine bestmögliche Übereinstimmung zu bringen. Hierfür braucht es weder Prüfungen, Noten noch Zeugnisse, sondern einzig und allein schon von frühestem Alter an möglichst viele Begegnungen und Erfahrungen mit der Arbeitswelt. Wenn sich dies auf eine oder zwei «Schnupperwochen» gegen Ende der obligatorischen Schulzeit beschränkt, während die Kinder und Jugendlichen die übrige Zeit weitgehend von der Arbeitswelt abgeschirmt werden, dann muss man sich wirklich nicht wundern, wenn so viele «falsche» Berufswahlentscheide gefällt werden und so viele Lehren schon nach kurzer Zeit wieder abgebrochen werden müssen, was in aller Regel bei den betroffenen Jugendlichen das Selbstvertrauen und den Optimismus in Bezug auf ihre berufliche Zukunft erst recht und völlig unnötig zusätzlich belasten kann.

NEUE AUFGABEN FÜR DIE BISHERIGEN LEHRKRÄFTE

Heisst das nun, wenn es keine Schule im herkömmlichen Sinne mehr gäbe, dass sämtliche bisherige Lehrkräfte überflüssig geworden wären? Natürlich nicht. Ganz im Gegenteil, sie würden in der neuen Welt des freien, offenen, selbstbestimmten Lernens an allen Ecken und Enden noch so dringend gebraucht...

Als «Göttis» und «Gotten» in der pädagogischen Fachbegleitung von Kindern, Jugendlichen und ihren Familien. Als Kindergärtnerinnen und Kindergärtner. Als Lernbegleiterinnen und Lernbegleiter von Kindern und Jugendlichen mit geistigen oder körperlichen Einschränkungen. Als Kursleiterinnen und Kursleiter für Sprachen, Informatik, Handarbeit oder Kochen. Als Organisatorinnen von Abenteuerlagern, Exkursionen, Wanderprojekten und Sprachaustauschprogrammen. Als Betreuerinnen und Betreuer von Kinder- und Jugendclubs. Als Beraterinnen und Berater für Kinder und Jugendliche, die eigene Projekte verwirklichen möchten, denen aber das nötige Knowhow, fachliche Kenntnisse, notwendiges Material, Werkzeug oder geeignete Räumlichkeiten fehlen. Als Leiterinnen und Leiter von Quartiertreffpunkten. Als Jugendarbeiterinnen und Jugendarbeiter in all jenen, vor allem kleineren, Gemeinden, wo diese heute noch fehlen. Als Organisatorinnen und Organisatoren pädagogischer

Fachreferate für die Öffentlichkeit. Als Autorinnen und Autoren von Zeitungsartikeln, in denen über neueste Erkenntnisse aus der psychologischen und pädagogischen Forschung berichtet würde. Als Vermittlerinnen und Vermittler von Elternbildungsangeboten. Als Unterstützerinnen und Unterstützer all der von Vereinen heute schon geleisteten Arbeit, wenn diese in ihrem ehrenamtlichen Engagement an personelle Grenzen stossen und durch pädagogisch ausgebildete Fachleute wirkungsvoll entlastet werden könnten, etwa indem diese personell besonders aufwendige Aufgaben übernähmen. Und als Mitarbeiterinnen und Mitarbeiter auf einer zentralen Koordinationsstelle, wo sämtliche administrativen Aufgaben von der Zuteilung der «Göttis» und «Gotten» zu den einzelnen Kindern und Jugendlichen über die Terminausschreibung von Kursen, dem Mieten von Räumlichkeiten bis hin zu Finanz- und Versicherungsfragen erledigt würden.

«Ich würde furchtbar gerne auf einem Planeten leben, wo die Menschen – Kinder und Erwachsene – versuchen, ihre Träume wahr werden zu lassen. Kannst du dir vorstellen, wie spannend das wäre? Wir bekämen Filme von den einen, Kuchen von den anderen, Philosophie, Musik, Wissenschaften, Milliarden von Träumen...» – Schöner als die bekannte Kinderbuchautorin Catherine Baker kann man es nicht sagen. Mit der Auflösung der traditionellen Lehrplan- und Jahrgangsklassenschule und einer neuen Welt weiten, offenen, freien und selbstbestimmten Lernens auf der Grundlage individueller Selbstverwirklichung würden nicht nur Kinderträume wahr, sondern auch die Träume all jener Erwachsenen mit grosser pädagogischer Leidenschaft, die nichts lieber täten, als andere Menschen bei ihrem Lernen zu unterstützen, ohne sich tagtäglich mit «schwierigen» Kindern und Eltern, Disziplinproblemen und Gewalt herumschlagen und Wissensstoff und Schulfächer unterrichten zu müssen, die ihnen oft selber gar keinen Spass machen, nur weil es ihnen von irgendeinem künstlich geschaffenen Lehrplan vorgeschrieben wird.

In der neuen Welt des Lernens könnten alle Pädagoginnen und Pädagogen aufgrund ihrer individuellen Begabungen genau das tun, was sie am liebsten tun, genauso, wie auch alle Kinder und Jugendlichen das täten, was sie am liebsten tun. Denn nicht Druck, Zwang und Fremdbestimmung sind die wahren Schlüssel zu gutem, erfolgreichem Lernen, sondern Freude, Begeisterung und Selbstbestimmung. Wenn ich an meine eigene Zeit als Lehrer zurückdenke, dann erinnere ich mich am meisten an die jährlichen Theaterprojekte. Wie oft hätte ich mir gewünscht, meine ganze Zeit und Energie nur noch in diese Arbeit zu stecken und alle anderen Schulfächer Kolleginnen und Kollegen zu überlassen, die viel mehr dafür brannten. Auch meine ehemaligen Schülerinnen und Schüler schwärmen noch heute von diesen Theatererlebnissen und nur höchst selten von irgendeiner Französisch- oder Geschichtsstunde: Feuer lassen sich nur entfachen, wenn man selber von diesem Feuer beseelt ist. Und so werden im besten Falle Talente immer wieder durch Menschen, welche von ihnen erfüllt sind, von der einen an die nächste Generation weitergetragen.

Wenn ich mir diese neue Lernwelt vorstelle, in der sowohl die Kinder wie auch die Erwachsenen all das tun, was sie am liebsten tun und was ihnen am meisten Spass macht, und mir dann überlege, für welche Tätigkeiten und Aufgaben ich mich entscheiden würde, dann brauche ich nicht lange, um es zu wissen: Zunächst würde ich Theaterprojekte mit Kindern, Jugendlichen und Erwachsenen initiieren und als Produktionsleiter wie auch als Regisseur begleiten. Zweitens würde ich eine Schreibstube einrichten, wo Kinder, Jugendliche und Erwachsene ihre Schreibfertigkeiten perfektionieren könnten und ich sie dabei unterstützen würde, auch bei ganz praktischen Dingen wie dem Ausfüllen eines Formulars oder dem Abfassen eines Leserbriefs oder einer politischen Initiative. Drittens würde ich einmal pro Monat eine für Kinder, Jugendliche und Erwachsene offene Gesprächs- und Diskussionsrunde zu einem aktuellen gesellschaftspolitischen

Thema moderieren. Viertens würde ich mich in die pädagogische Fachliteratur vertiefen und Artikel sowie Bücher zu pädagogischen Themen schreiben. Fünftens würde ich mich in der Ausbildung zukünftiger pädagogischer Fachpersonen engagieren. Und schliesslich würde ich sechstens als «Götti» die Lernbegleitung so vieler Kinder und Jugendlicher übernehmen, wie es meine verbliebene Arbeitszeit noch zuliesse, am liebsten von besonders «schwierigen» Kindern und Jugendlichen aus besonders «schwierigen» Familienverhältnissen.

So würde ein ganz neues Berufsbild entstehen. Der Lehrer und die Lehrerin – man beachte die Berufsbezeichnung: eine Person, deren Haupttätigkeit im «Lehren» bzw. Unterrichten besteht – würde zum Lernbegleiter bzw. zur Lernbegleiterin, zu einer Person, die Lernen nicht mehr plant und steuert, sondern nur begleitet und unterstützt. Demzufolge wären dann die Hauptfächer in den pädagogischen Fachkursen auch nicht mehr die Didaktik und die Methodik, die Kunst des Unterrichtens, sondern das, was Pestalozzi als «Menschenbildung» bezeichnete und wofür die «Menschenliebe» der eigentlich zentrale Begriff wäre. Dies wäre der endgültige Abschied von jener irrwitzigen Idee, Lernen könne erst dann entstehen, wenn man Kinder belehrt – statt sie einfach in Ruhe und ohne äusseren Druck selber lernen zu lassen. Somit hätte dann dieses neue Berufsbild auch nicht mehr das Geringste mit jenem Machtgefälle zu tun, das heute, vor allem in den Schulen, zwischen Erwachsenen und Kindern immer noch weit verbreitet ist. Nein, Lernbegleiterinnen und Lernbegleiter würden nicht Macht über Kinder oder Jugendliche ausüben, sondern würden ihnen stets auf Augenhöhe zur Seite stehen, als beste Freundinnen und Freunde.

Es versteht sich eigentlich von selber, dass die unzähligen, auf verschiedensten Fachgebieten an heutigen Schulen oder in deren Umfeld tätigen Therapeutinnen und Therapeuten, Schulsozialarbeiterinnen und Schulsozialarbeiter, Schulpsychologinnen und

Schulpsychologen, Spezialistinnen und Spezialisten für Mobbing etc. damit ebenfalls überflüssig würden, besteht ihre Beschäftigung doch weitgehend im Bekämpfen von Symptomen, welche die Folgen einer Schule sind, welche sich viel zu wenig an den Gesetzmässigkeiten natürlichen Lernens orientiert. Mir ist jedenfalls kein Fall bekannt, wo für das frühkindliche Erlernen der Muttersprache jemals ein Therapeut oder eine Therapeutin hätte beigezogen werden müssen, obwohl dieser Lernprozess so ziemlich das Anspruchsvollste und Schwierigste ist, was ein Mensch im Verlaufe seines Lebens zu bewältigen hat. Anders gesagt: Das herkömmliche Schulsystem bekämpft laufend – und gar in immer grösserem Ausmass – Probleme, die es ohne dieses Schulsystem gar nicht gäbe. Die ehemaligen Therapeutinnen und Therapeuten und weitere Fachkräfte könnten, als Lernbegleiterinnen und Lernbegleiter in der neuen Welt des offenen und freien Lernens, weitaus sinnvollere Aufgaben übernehmen und müssten sich nicht mehr mit den Schwächen und Defiziten von Kindern und Jugendlichen herumplagen, sondern könnten sich vielmehr voll und ganz auf die Förderung ihrer Stärken und ihrer Begabungen konzentrieren.

Weil der Beruf der Lernbegleiterin und des Lernbegleiters aller Voraussicht nach um einiges attraktiver wäre als der heutige Lehrerberuf und alles Lernen dadurch wieder zu dem würde, was es ursprünglich einmal gewesen war, nämlich die schönste, faszinierendste und abenteuervollste Sache der Welt, könnte man wohl davon ausgehen, dass der Mangel an pädagogischem Fachpersonal, der gegenwärtig immer dramatischere Ausmasse annimmt, in einer offenen Welt freien und selbstbestimmten Lernens schon bald endgültig der Vergangenheit angehören würde.

ICH MACHE MIR DIE WELT, SO WIE SIE MIR GEFÄLLT

«Ich mache mir die Welt, so wie sie mir gefällt», singt Pippi Langstrumpf, das grosse Idol der Kinder. Das Mädchen, das alles auf den Kopf stellt und genau so fröhlich in den Tag hineinlebt, wie wohl die meisten Kinder insgeheim auch am liebsten leben würden: frei, selbstbestimmt, voller Abenteuerlust und ohne sich an irgendwelche Vorschriften und Regeln zu halten, deren Sinn sie nicht einzusehen vermögen.

Die Schule, so wie wir sie heute kennen, ist nicht irgendeines Tages vom Himmel gefallen. Sie wurde, vor etwa 250 Jahren, sozusagen entgegen allen Gesetzmässigkeiten natürlichen Lernens, nicht von den Kindern, sondern von Erwachsenen geschaffen in die Welt gesetzt, hat sich inzwischen weltweit ausgebreitet und ist mittlerweile so sehr zu einer Selbstverständlichkeit geworden, dass wir bei sämtlichen Unzulänglichkeiten, Schwierigkeiten oder Missständen, die in Schulen auftreten, die Ursachen stets nur bei den Kindern und Jugendlichen suchen, nicht aber beim Schulsystem als solchem. Was Yuval Noah Hariri in seinem Buch «21 Lektionen für das 21. Jahrhundert» über das weltweit herrschende kapitalistische Wirtschaftssystem sagt, gilt gleichermassen auch für das weltweit herrschende Schulsystem, in dem sich Schulen von Afrika bis Asien, von Europa bis Amerika und Australien im Laufe der Zeit immer ähnlicher geworden sind: «In vormodernen Zeiten haben die Menschen nicht nur mit verschiedenen politischen Systemen experimentiert, sondern auch mit einer verblüffenden Vielfalt wirtschaftlicher Modelle. Heute dagegen glaubt so gut wie jeder in leicht unterschiedlichen Variationen an das gleiche kapitalistische Thema und wir alle sind Rädchen in einem einzigen globalen Produktionsprozess.»

Doch was ist, muss nicht so bleiben. Genauso wie die Schule geschaffen wurde, kann sie auch wieder umgebaut oder abgeschafft und durch etwas von Grund auf Neues und Besseres ersetzt werden. Damit die Träume der Kinder wahr würden und sie nicht mehr, wenn sie gefragt würden, was das Schönste an der Schule sei, zur Antwort geben müssten, dies wären die Pausen und die Ferien. Sondern dass die Schule selber das Schönste wäre, eine Welt, die nicht mehr von Erwachsenen für Kinder gemacht würde, sondern von den Kindern selber. So wie Pippi Langstrumpf ihre eigene Welt bauen konnte, so sollte auch jedes Kind sich seine eigene Schule selber bauen können, aufgrund seiner eigenen Interessen, seiner eigenen Lern- und Lebensbedürfnisse und dem «Lernplan», der vom Beginn seines Lebens an in ihm eingeschrieben ist. Denn «der Mensch», so der russische Schriftsteller Boris Pasternak, «wird nicht geboren, um sich auf das Leben vorzubereiten. Er wird geboren, um zu leben.»

Der Mensch wird nicht geboren, um sich auf das Leben vorzubereiten, er wird geboren, um zu leben. Man kann diesen Satz nicht genug oft wiederholen. Denn genau das können wir Erwachsene von den Kindern lernen: einfach in vollen Zügen das Leben geniessen, ohne an den nächsten Tag zu denken. Denn der Mensch ist nicht dazu gemacht, in der Gegenwart zu leiden, nur um in der Zukunft ein besseres Leben zu haben. Nein, er ist einzig und allein dazu gemacht, das Leben zu feiern, zu singen, zu tanzen, zu spielen, sich über jede noch so scheinbar bedeutungslose Kleinigkeit zu freuen, sich und die ganze Welt zu lieben. Und nur wenn die Kinder so früh und so intensiv wie nur möglich alle diese schönen Seiten des Lebens kennenlernen dürfen, werden sie in ihrem späteren Leben auch die dunkleren und schwierigeren Seiten des Lebens bewältigen können, ganz einfach deshalb, weil sie wissen, wie schön das Leben sein kann.

Das Leben zu feiern und zu geniessen, im Hier und Jetzt zu leben und nicht immer gleich schon an den nächsten Tag zu denken – all dies würde die Lernleistungen von Kindern und Jugendlichen nicht, wie oft befürchtet wird, vermindern, sondern, ganz im Gegenteil, zweifellos massiv steigern. Denn es trifft eben, obwohl es immer wieder hartnäckig behauptet wird, ganz und gar nicht zu, dass die Kinder und Jugendlichen in den Schulen überfordert wären. Viel eher ist es so, dass sie *unterfordert* sind bzw. *falsch* gefordert, indem sie auf Wege gezwungen werden, die nichts zu tun haben mit ihrem eigentlichen ursprünglichen Lernpotenzial. Lässt man die Zügel erst einmal los, kann man nur noch staunen, in welchem Tempo die kleinen Pferde losgaloppieren und wozu sie fähig sind …

Die türkische Schülerin Elif Bilgin experimentierte zwei Jahre lang, bis ihr im Alter von 16 Jahren der grosse Durchbruch gelang, auf einfache und kostengünstige Weise Bananenschalen zu einem vielseitig verwendbaren Kunststoff zu verarbeiten, der beispielsweise zur Isolierung von Kabeln benutzt werden kann.[49] Carina Lämmle wurde im Alter von 16 Jahren von der Hochschule für Bauwesen und Wirtschaft im süddeutschen Biberach zur Dozentin für Massenspektrometrie gewählt.[50] Maximilian Janisch ist zurzeit mit 19 Jahren am Institut für Mathematik der Universität Zürich der jüngste Doktorand der Schweiz.[51] Neil Abata fand im Alter von 15 Jahren aufgrund von Messdaten, die ihm sein Vater zur Verfügung gestellt hatte, heraus, dass die Bahnen, in welchen rund 30 Zwerggalaxien die Andromedagalaxie umlaufen, nicht, wie bisher angenommen, dem scheinbar chaotischen Schwirren von Bienen rund um einen Bienenstock gleichen, sondern eine Art Scheibe bilden, welche mit den Umlaufbahnen der Planeten in unserem Sonnensystem vergleichbar sind – eine Erkenntnis, welche die gesamte Fachwelt in Staunen versetzte und dazu führte, dass die Entstehung der Galaxien seither neu gedacht werden muss.[52] Nica Schmid aus dem schweizerischen Allmendingen schrieb im Alter von 13 Jahren ihren 312 Seiten starken Roman «Leads Mission – Verrat in Rio», der im Adonia-Verlag veröffentlicht wurde.[53] Und der Neunjährige Dane Best aus Severance, Colorado, verhandelte mit den Behörden seiner Stadt so geschickt, dass sich diese schliesslich einverstanden erklärten, ein im Jahre 1920 eingeführtes Verbot von Schneeballschlachten endlich wieder aufzuheben. [54]

Wenn es sich bei diesen Beispielen auch um besonders herausragende Fälle aussergewöhnlicher Leistungen und Fähigkeiten junger Menschen handeln mag – sozusagen um die Spitze des Eisbergs –, so lassen diese doch erahnen, was für ein riesiges Potenzial in Kindern und Jugendlichen steckt, das nur sehnlichst darauf wartet, entdeckt und ans Tageslicht befördert zu werden. Vermutlich würden die Kinder und die Jugendlichen viel schneller und viel erfolgreicher lernen, wenn sich nicht die Erwachsenen beständig in ihr Lernen einmischen würden. Wahrscheinlich ist es ganz einfach so, dass Kinder von Natur schlicht und einfach viel zu intelligent sind für eine Schule, welche nicht nach ihren eigenen Ideen, sondern nach den Ideen der Erwachsenen eingerichtet wurde.

NICHTS IST UNMÖGLICH, ALLES IST MÖGLICH

Dies alles hätte freilich Auswirkungen, die weit über mögliche Veränderungen des Schulsystems an diesem oder jenem Ort, in diesem oder jenem Land hinausgehen. Denn wenn das Recht des Kindes auf ein schönes, reiches und gutes Leben Wirklichkeit werden soll, dann muss dieses Recht für *alle* Kinder gelten, und auch nicht nur für die Kinder, sondern für alle Menschen, ganz unabhängig von ihrem Alter und ihrer sozialen, geografischen oder kulturellen Herkunft, weltweit über *alle* Grenzen hinweg, sonst wäre es bloss das Privileg einiger weniger auf Kosten vieler anderer. Ohne eine radikale gesellschaftliche Erneuerung in Richtung sozialer Gerechtigkeit, ohne eine umfassende Abkehr von egoistischem Profit- und Machtstreben einzelner Menschen, Gruppen, Bevölkerungsschichten, Wirtschaftsunternehmen oder ganzer Staaten und ohne ein grundlegendes Bekenntnis dazu, dass nicht übertriebene Ansprüche Einzelner, sondern stets das Gemeinwohl an oberster Stelle stehen muss, ist auch eine echte, tiefgreifende Erneuerung des Schul- und Bildungssystems nicht möglich.

Dies wäre eine zu schwierige, zu komplizierte oder vielleicht sogar unmögliche Aufgabe? Dies könnte man wohl erst dann behaupten, wenn man es zumindest versucht hätte und dann möglicherweise gescheitert wäre. Denn jeder Mensch kann die Welt ein klein wenig verändern, man muss es nur wenigstens versuchen. So wie Jakob Schaub aus dem sanktgallischen Buchs. Als junger Funker bereiste er im Auftrag des Roten Kreuzes das im Zuge eines fürchterlichen Kriegs im Jahre 1971 weitgehend zerstörte Bangladesch. Er sah, wie verwahrloste Kinder in Abfallbergen wühlten und sich mit Hunden um Essensreste stritten, und er wurde Augenzeuge des unbeschreiblichen Leidens von Leprakranken in ihrem letzten Lebensstadium. «Da ging mir ein Licht auf», sagt er heute, rund 50 Jahre später, «dass nicht die Armen dieser Welt die Ausnahme sind, sondern wir, die im Wohlstand leben dürfen.»

Zurück in der Schweiz, arbeitete Schaub beim lokalen Elektrizitätswerk und stieg bis zum technischen Leiter des Unternehmens auf. Doch die Bilder aus Bangladesch verschwanden nie aus seinem Kopf. Im Alter von 60 Jahren liess er sich frühpensionieren und im Jahre 2005 gründete er mit seiner Frau den Verein Shanti-Schweiz, ein kleines Hilfswerk mit dem Ziel, die Berufsausbildung Jugendlicher aus mittellosen Familien in Bangladesch zu unterstützen. 2007 baute er in Rudrapur, einem kleinen Dorf im Nordwesten des Landes, in einem halb zerfallenen und notdürftig renovierten Gebäude eine erste Ausbildungsstätte für Elektriker auf. Die Jugendlichen sassen am ersten Schultag auf dem Boden, weil es noch keine Tische und Stühle gab. Auch die

Lehrmittel musste Schaub von A bis Z selber erstellen. Seine Hauptaufgabe sah er darin, Lehrkräfte für die Schule auszubilden, selber sprang er nur in Notfällen ein. Nach dem Vorbild des schweizerischen dualen Ausbildungssystems fand am Vormittag Schulunterricht statt, am Nachmittag praktische Arbeit. Das Schulgeld betrug einen Euro pro Monat oder wurde, je nach den finanziellen Verhältnissen der Familien, sogar gänzlich erlassen. Schaub selber, für den Geld nie wichtig gewesen war, arbeitete ausschliesslich ehrenamtlich.

Am 11. Januar 2020 konnte in Paturia, 140 Kilometer westlich der Hauptstadt Dhaka, ein zweites Ausbildungszentrum eröffnet werden. In diesem Zentrum werden auch Frauen zu Elektrikerinnen ausgebildet. In Rudrapur und in Paturia werden im Zwei-Jahre-Turnus je 50 Schülerinnen und Schüler zu Elektrikerinnen und Elektrikern ausgebildet. Sie sind auf dem Arbeitsmarkt höchst begehrt, viele von ihnen arbeiten in Konzernen oder sind bereits mit einem eigenen Business durchgestartet. Seit der Gründung der ersten Schule konnten insgesamt 200 junge Menschen zu Elektrik-Fachleuten ausgebildet und damit aus bitterer Armut befreit werden. Einen wichtigen Schwerpunkt der Ausbildung bildet die Solartechnik, die für ein Land wie Bangladesch besonders zukunftsträchtig ist. Seit Längerem sind auch Zivildienstleistende aus der Schweiz in Rudrapur und Paturia im Einsatz.

Die beiden von Jakob Schaub ins Leben gerufenen Schulen machten in Bangladesch landesweit von sich reden. Und Schaub wurde im Januar 2024 vom «Gomagazin» mit dem «Hero Hope Award» des Jahres ausgezeichnet. Jahid, der Leiter der Schule von Paturia, sagt: «In Bangladesch ist nichts unmöglich, aber alles ist möglich.» Und Jakob Schaub ergänzt: «Er hat Recht, es geht in kleinen Schritten vorwärts. Die bengalische Jugend ist unglaublich zuversichtlich und stolz auf ihr Land. Sie ist das wertvollste Kapital des Landes.» [55]

In diesem Moment kommt mir Miguel, der kleine Mexikanerbub, der bei mir Deutschstunden besucht, wieder in den Sinn. Das Leuchten in seinen Augen. Sein Lachen. Die Türen, die sich gegenseitig öffnen. Das schier unerschöpfliche Potenzial an Begabungen und Lernvermögen in jedem einzelnen Kind, nicht nur in Bangladesch, nicht nur in der Schweiz, auch in jedem anderen Land. Wie, wenn man dies alles miteinander verbinden könnte? Zum Beispiel, indem man so etwas aufbauen würde wie eine Lernpartnerschaft zwischen Paturia und Rudrapur und zwei Schweizer Dörfern oder Städten vergleichbarer Grösse. Die Kinder und Jugendlichen aus Bangladesch und der Schweiz könnten sich gegenseitig Briefe schreiben und Videobotschaften austauschen. Junge Schweizerinnen und Schweizer, die in einer der beiden Elektrikerschulen ihren Zivildienst geleistet haben, könnten anschliessend in der jeweiligen Partnerstadt Vorträge halten und über ihre Erfahrungen berichten. Zukunftsvisionen könnten gegenseitig ausgetauscht und diskutiert werden, nicht nur zwischen bengalischen und schweizerischen Städten und Dörfern, sondern zwischen allen Dörfern und Städten über alle Grenzen hinweg. Und könnte dies nicht sogar eine riesige Chance dafür sein, dass Kinder und Jugendliche, miteinander weltweit vernetzt und Seite an Seite mit Erwachsenen, Unmögliches möglich machen könnten, was sich heute fast noch nicht vorstellen lässt, so etwas wie jenen Zeitensprung etwa, als meine Zwillingsenkelkinder eine seit 2000 Jahren geltende Regel für das Schachspiel einfach so innerhalb weniger Sekunden über Bord warfen und den Krieg in Liebe verwandelten? Nein, der Traum einer alle Grenzen sprengenden neuen Welt des Lernens ist noch längst nicht am Ende, er hat soeben erst begonnen ...

MIT PESTALOZZI NOCH EINMAL VON VORNE ANFANGEN

Das Schönste ist, dass wir diese neue Schule bzw. diese neue, offene Welt des Lernens, welche an die Stelle der bisherigen Lehrplan- und Jahrgangsklassenschule treten würde, gar nicht erst erfinden müssen. Sie besteht nämlich bereits, in Form unzähliger Lernorte und Lerngelegenheiten ausserhalb der heutigen Schulen, in Form aller Formen und Arten eigentätigen, selbstbestimmten Lernens und in Form aller täglicher Begegnungen zwischen Menschen, die etwas wissen oder können, was andere nicht wissen oder nicht können und von diesen lernen möchten. Alles in allem ist die heutige Lernwelt ausserhalb von Schulen bereits so vielfältig, dass es Schulen im herkömmlichen Sinne schon längstens gar nicht mehr bräuchte, um das Lernen der Kinder zu beflügeln.

Neues, das Bestand haben soll, entsteht nicht vor allem dadurch, dass man das Alte bekämpft. Es entsteht vielmehr dadurch, dass man Neues so lange wachsen lässt, bis es genug stark geworden ist, um das Alte überflüssig zu machen. Wie ein Baum, der zuerst ganz zaghaft aus einem Spalt in einem Felsblock herauswächst, um immer grösser zu werden, bis der Felsblock eines Tages auseinanderbricht. Genau an diesem Punkt sind wir heute. Eine Schule, deren geistige Wurzeln immer noch im 19. Jahrhundert liegen und die mit ihren Strukturen von Lehrplänen, Jahrgangsklassen, Schulzimmern und der Schulhausglocke, welche Lernen und Leben, Arbeit und Freizeit fein säuberlich voneinander trennt, immer noch an die Fabriken des frühen 20. Jahrhunderts erinnert, hat in der heutigen Zeit nichts mehr zu suchen.

Es wäre tatsächlich so etwas wie eine pädagogische Revolution. Und wo wären hierfür die Voraussetzungen besser als in der Schweiz, dem Land, wo sich seit jeher viele namhafte Persönlichkeiten mit pädagogischen Fragen auseinandergesetzt haben, von Johann Heinrich Pestalozzi über Jean-Jacques Rousseau und Jean

Piaget bis zu Marcel-Müller Wieland und Remo Largo. Dem Land, das mit seinem einzigartigen dualen Berufsbildungssystem in diesem Bereich Weltruhm geniesst. Dem Land, wo sich dank seiner Kleinräumigkeit und seinem Föderalismus Reformen weitaus einfacher durchsetzen lassen als in Ländern mit einer ausgeprägten zentralistischen Struktur. Dem Land, wo, im Gegensatz zu vielen anderen Ländern, doch immer noch weitgehend genügend finanzielle Ressourcen zur Verfügung stehen, um ein so grosses Projekt bewältigen zu können. Dem Land, das sich in pädagogischen Fragen so gerne auf Johann Heinrich Pestalozzi beruft, der vor allem als «Vater unserer Volksschule» gilt, zweifellos aber einer der radikalsten Kritiker unseres heutigen Schulsystems wäre, welches sich viel zu wenig an den tatsächlichen Lern- und Lebensbedürfnissen von Kindern und Jugendlichen orientiert. Nur allein seine zentralste Forderung, kein Kind mit dem andern zu vergleichen, sondern stets nur jedes mit sich selber, brächte, nähme man sie ernst, schon heute unser ganzes Schulsystem augenblicklich zum Einsturz.

Eigentlich wäre es ganz einfach: Man müsste nur irgendeine Schweizer Stadt auswählen für einen umfassenden Schulversuch, bei dem die traditionellen Jahrgangsklassen aufgelöst würden und die Kinder und Jugendlichen in der grossen weiten Welt mannigfachen Lernens selbstbestimmt ihren individuellen Interessen, ihrer Neugierde und ihrem Forscherdrang folgen könnten, mit jenen Methoden, welche sie sich alle bereits in ihren ersten Lebensjahren, lange bevor sie zur Schule gingen, angeeignet hatten. Ein «Lernlabor» sozusagen, mitten im Leben, zusammen mit all den Menschen, die in dieser Stadt wohnen, etwas ganz Praktisches, nicht etwas Künstliches und Abgehobenes irgendwo fern aller Lebenswirklichkeit. Dies wäre dann nicht bloss ein Schul- oder Bildungsprojekt, sondern würde wahrscheinlich weit darüber hinaus geradezu zu so etwas wie einer kulturellen Erneuerung der Stadt führen. Denn wenn sich die Türen zwischen den

Kindern öffnen, werden sich früher oder später auch die Türen zwischen den Erwachsenen öffnen. Und früher oder später würden die Menschen aus den verschiedenen Quartieren, die heute noch fein säuberlich voneinander getrennt sind, in den gleichen Gärten sitzen und über alle beruflichen, altersbedingten, kulturellen und sprachlichen Grenzen hinweg miteinander ins Gespräch kommen, voneinander lernen und wohl bald einmal erkennen, um wie viel grösser und wesentlicher als alles Trennende das ist, was die Menschen miteinander verbindet. Gut vorstellbar, dass sich damit auch die Identifikation der Einzelnen mit dem Gemeinwesen als Ganzem sowie das gegenseitige Verantwortungsgefühl erheblich verstärken würden und sich viele neue Ideen entwickeln könnten, wie sich all die in den einzelnen Einwohnerinnen und Einwohnern der Stadt vorhandenen und zu einem grossen Teil brachliegenden Ressourcen noch viel besser zum gegenseitigen und gemeinsamen Wohle aller nutzen liessen.

VOM LERNHAUS «SOLE» BIS ZUR WALLISER DORFSCHULE IN BRATSCH

Wieviel selbst im Rahmen institutionalisierter Schulen in Richtung auf freies, offenes, selbstbestimmtes Lernen von Kindern und Jugendlichen heute schon möglich wäre, zeigen zahlreiche, zumeist aus Elterninitiativen hervorgegangene Privatschulen, von denen an dieser Stelle nur einige wenige, als Beispiele für viele andere, kurz skizziert werden sollen.

Das Lernhaus «Solis» in Mollis GL. Sein zentraler Leitsatz lautet: «Nicht das Kind soll sich der Umgebung anpassen, sondern wir sollten die Umgebung dem Kind anpassen.» Das Lernhaus «Sole» ist zugleich Kinderhaus, Begegnungsort, Orientierungspunkt für Zukunftsfragen, ein Haus der Entfaltung, ein Ort der

Inspiration, welcher die Kinder auf dem Weg zur Erkennung ihrer Stärken begleitet. Eine Schule, die es sich zum Ziel gesetzt hat, «die Schätze, welche jedes Kind in sich trägt, zu schützen und zu bewahren.» Das Lernen geschieht lebensnah, im Malatelier, beim Spielen, im Werkraum, draussen in der Natur, bei gemeinsamem Kochen. Die Schule bietet auch eine integrierte Familienberatung mit Seminaren und Vorträgen an. [56]

«Mini Roots» in Niederweningen ZH. Die wichtigsten pädagogischen Grundsätze dieser Schule lauten: Lernen soll Spass machen und auf ganz natürliche Weise geschehen, wichtigstes Lernfeld ist die Natur, stets müssen genug Zeit und Raum vorhanden sein, damit sich die Kinder in ihrem eigenen Tempo entwickeln können. Wichtig ist auch die physische Freiheit: Damit die Kinder «beim Sichaustoben den Zauber spüren können, der sich einstellt, wenn man mit der natürlichen Umgebung in Verbindung tritt und diese aktiv erforscht.» Die Kinder können frei wählen, was sie wann, wie und mit wem lernen wollen. [57]

Die «LernStatt Schule» in Solothurn. Sie geht von folgendem Leitgedanken aus: Jeder Mensch bringt einen eigenen «Bauplan» mit, den es zu entfalten und zu entwickeln gilt. Denn «Kinder lernen nicht nur selbstmotiviert krabbeln, laufen und sprechen, sondern auch alle anderen Dinge des Lebens, wenn sie es brauchen. Kinder lernen durch das Leben und im Leben, durch Tun sowie durch Versuch und Irrtum.» An dieser Schule greifen Erwachsene nur ein, wenn die Kinder um Hilfe bitten oder wenn es gefährlich wird. [58]

«La Nave» im sanktgallischen Buchs. Ziel der Schule ist es, die Kinder und Jugendlichen dabei zu unterstützen, das zu werden, «was man im Grunde seines Wesens ist». Sie bietet den Kindern und Jugendlichen Raum, «ihre Talente zu entdecken, ihre Fähigkeiten zu bilden und als mutige Persönlichkeiten ihr Leben und die Welt zu gestalten». Gemäss dem Menschenbild dieser Schule ist in jedem Menschen ein gesunder Kern angelegt, der sich entfalten möchte, um zu einem gelingenden und sinnerfüllten Leben zu gelangen. Die Schule will die Kinder und Jugendlichen darin unterstützen, ihrer inneren Kraft zu vertrauen und ihre «eigenen Wege» zu gehen. [59]

Die «Neuen Stadtschulen» in der Stadt St. Gallen, deren Grundkonzept darauf beruht, dass sich der Stundenplan an den Schülerinnen und Schülern orientiert und nicht umgekehrt. So etwas wie Jahrgangsklassen gibt es hier nicht, jedes Kind arbeitet individuell und im eigenen Tempo an den Lerngegenständen, die es selber auswählt. [60]

Die Dorfschule des kleinen Walliser Bergdorfs Bratsch, initiiert von einem jungen, visionären Pädagogen, dem die kantonale Erziehungsdirektion die Genehmigung zu einer allen Kindern offenstehenden Privatschule erteilte und der mit seinem Konzept das gängige Schulmodell buchstäblich auf den Kopf stellte. Nicht die Wissensvermittlung nach vorgegebenem Lehrplan steht an dieser Schule im Zentrum, sondern die Förderung der Kinder mit ihren ureigenen Anlagen, Talenten und Bedürfnissen. Lernen findet überall dort statt, wo sich im Dorf Möglichkeiten anbieten oder geschaffen werden können. Kinder erteilen älteren Dorfbewohnerinnen und Dorfbewohnern Computerkurse und ein Kind übernimmt den Vorsitz einer Sitzung mit dem Gemeinderat, bei der es um Einsprachen von Anwohnern gegen einen von den Kindern geplanten Hühnerstall geht. Der in zahlreichen Schweizer Kinos gezeigte Film «Bratsch – ein Dorf macht Schule» vermittelt einen wunderbaren, begeisternden Blick in eine Welt ganzheitlichen Lernens, von der die grosse Mehrheit der Kinder und Jugendlichen in unseren heutigen öffentlichen Schulen leider noch nicht einmal zu träumen wagen. [61]

Der einzige, allerdings ganz und gar nicht vernachlässigbare Wermutstropfen bei den Privatschulen liegt darin, dass das Schulgeld weitgehend von den Eltern erbracht werden muss und es daher, selbst bei einkommensabhängigen Schulgeldern, längst nicht jedem Kind möglich ist, eine solche Schule zu besuchen. Eigentlich müssten solche innovative Schulmodelle Bestandteil der öffentlich finanzierten Volksschule sein, so etwas wie «Laboratorien», in denen sich neue Lernformen und Lernwege erproben liessen und eine unmittelbare Wirkung auf die traditionellen Schulen haben müssten.

INNOVATIVE LEHRKRÄFTE, DIE AN DIE GRENZEN DES SYSTEMS STOSSEN

Für nochmals einen anderen Weg entscheiden sich all jene Eltern, welche ihre Kinder schon gar nicht mehr zur Schule schicken, sondern zuhause unterrichten, in sogenanntem «Homeschooling». Das waren im Schuljahr 2022/23 schweizweit immerhin schon 4136 Kinder, doppelt so viele wie noch vor vier Jahren.[62] Homeschooling hat gegenüber der traditionellen Schule viele Vorteile: Das Lernen ist auf natürliche Weise in den Alltag eingebettet, es gibt keine künstliche Trennung zwischen Leben und Lernen, es kann viel individueller auf die Lernbedürfnisse der einzelnen Kinder eingegangen werden, das gemeinsame Lernen mit jüngeren und älteren Geschwistern sowie mit Erwachsenen – Verwandten, Bekannten, Nachbarn – vermittelt zusätzliche Impulse, die ursprüngliche Lernfreude kann durch natürliches Lernen, Entdecken und Forschen bewahrt werden, die Kinder und die Jugendlichen können eigene Ideen und Projekte verwirklichen.

Zudem kann im Homeschooling viel besser auf natürliche Lern- und Lebensrhythmen wie auch auf die jeweilige Motivation und Befindlichkeit des Kindes eingegangen werden: An einzelnen Tagen braucht das Kind vor allem Ruhe, Musse und Erholung, an anderen wiederum kann man seinen Lerneifer und seine Neugierde fast nicht bremsen. Und während die Kinder, welche die herkömmliche Schule besuchen, im Sommer wie im Winter dem gleichen Stundenplan folgen und jeden Morgen zur gleichen Zeit aufstehen müssen, können Kinder, welche zuhause unterrichtet werden, am Morgen so früh oder so spät aufstehen und am Abend so früh oder so spät zu Bett gehen, wie sie wollen. Die oft an Homeschooling geübte Kritik, wonach dabei das soziale Lernen, das Pflegen von Freundschaften und die Gemeinschaftsbildung zu kurz kommen könnten, erweist sich bei näherer Betrachtung als wenig stichhaltig. Eher ist das Gegenteil der Fall: Bei häuslichem Lernen wird in aller Regel die vorhandene Zeit so gut ausgenützt, dass die Kinder nicht täglich während acht oder neun Stunden über den Büchern sitzen müssen und auch nicht zusätzlich mit Hausaufgaben belastet werden, sodass ihnen viel Zeit bleibt für Freizeitbeschäftigungen und soziale Kontakte ausserhalb der Familie.

Es soll an dieser Stelle freilich nicht unerwähnt bleiben, dass auch innerhalb der staatlichen Volksschulen zahlreiche innovative Lehrkräfte am Werk sind und die vorhandenen Spielräume für eine kreative, liebevolle, Mut machende und Selbstvertrauen aufbauende Unterrichtsgestaltung voll und ganz ausnützen. Sie stossen dabei jedoch unweigerlich immer wieder an die Grenzen des Systems und müssen viel zu viele Widersprüche aushalten, so lange die «heiligen Kühe» der Jahrgangsklasse, des Prüfungs- und Notensystems, eines allgemeinverbindlichen Lehrplans und der Grundidee, Lernen erfolge vor allem durch Belehrung und Unterweisung und nicht so sehr durch eigentätiges, individuelles, forschendes und selbstbestimmtes Tun, unangetastet bleiben. Dennoch ist das individuelle Engagement dieser Lehrpersonen unverzichtbar, bei ihnen liegt die Hoffnung, dass unermüdliche, zukunftsgerichtete Arbeit im Kleinen nach und nach auch weiterreichende Veränderungen im Grossen bewirken kann. Denn, wie André Stern einmal sagte: «Zwischen der heutigen Welt und der zukünftigen ist ein riesiger Ozean, und da ist es schon klar, dass wir diesen Sprung nicht unter einem Mal schaffen, sondern nur mit vielen kleinen Schritten.»

Im März 2024 wurde in Schweizer Kinos der Film «Radical» gezeigt. Er beruht auf einer wahren Begebenheit und erzählt die Geschichte des Lehrers Sergio Juárez Correa, der im Jahre 2011 neu die 6. Klasse der mexikanischen José-Urbina-Lopez-Grundschule übernehmen, welche als schlechteste Klasse Mexikos galt. Wer den Film gesehen hat, wird wohl den Traum von einem radikal neuen pädagogischen Weg, wie lustvolles, selbstbestimmtes und zugleich höchst erfolgreiches Lernen miteinander verknüpft werden können, nie mehr loswerden.

Schon am ersten Schultag setzt sich der neue Lehrer mitten zwischen die Kinder und fragt sie, was sie lernen möchten. Diese werfen sich zunächst nur höchst verständnislose Blicke zu, denn sie erleben zum allerersten Mal, dass ein Lehrer sie fragt, was sie lernen möchten. Bis endlich einer der Jungen, wohl nicht zufällig der, welcher als eigentlicher «Klassenflegel» gilt, das Schweigen bricht und wissen möchte, weshalb Boote auf dem Meer nicht untergehen. Erste von den Kindern geäusserte Vermutungen werfen immer wieder neue Fragen auf, schliesslich entsteht daraus ein ganzes aus den unterschiedlichen Theorien der Kinder wachsendes «Physikprojekt» und bald schon sind die Kinder bei ihrem eigenständigen Lernen nicht mehr zu bremsen. Jeden Tag sagt der Lehrer seinen Schülerinnen und Schülern, wie begabt sie seien, wie viel er von ihnen lernen könne und dass er niemals auch nur eines von ihnen verlieren möchte. Er fordert sie auf, Fehler zu machen, denn aus Fehlern könne man am meisten lernen.

Sämtliche Lehrerkollegen wie auch der Schuldirektor meinen zunächst, Sergio sei verrückt. Doch der «Verrückte» hat, indem er so ziemlich alles Bisherige auf den Kopf gestellt hat, nichts weniger als eine kleine Revolution ausgelöst. Der ausgebrochene Lerneifer der «schlechtesten» Klasse Mexikos sprengt alle Grenzen. Am schönsten ist, wie der Schuldirektor, der Sergio zunächst am

liebsten wieder entlassen hätte, zu seiner grossen Verblüffung
nach und nach wahrzunehmen beginnt, was für eine Lernfreude
und Lernbegeisterung Sergio bei seinen eben noch so «abgelösch-
ten» Schülerinnen und Schülern auszulösen vermochte. Als der
Schuldirektor in einem Gespräch mit dem Lehrer meint, die Kinder hätten sich eben verändert und das Unterrichten sei heute viel
schwieriger als früher, entgegnet dieser, nein, es möge zwar sein,
dass die Zeiten und die gesellschaftlichen Umstände schwieriger
geworden seien, die Kinder aber, sie seien immer noch genau die
gleichen wie seit eh und je.

Ein absolutes Highlight des Films ist die Szene, in der zunächst
Sergio, dann auch der Schuldirektor in ein Wasserbecken springt,
weil die Kinder herausgefunden haben, dass sich das Volumen
eines Körpers aus der durch ihn verursachten Wasserverdrängung
berechnen lässt. Der grossgewachsene, fettleibige Schuldirektor
sitzt prustend im Wasser, der kleine, dünne Sergio steht lachend
daneben, die Kinder jubeln und tanzen rund um das Wasserbecken herum. Und am Ende des Schuljahrs, bei den nationalen
Schlussprüfungen, schneidet Sergios Klasse als eine der landesweit
besten ab und die Schülerin Paloma, eine der Hauptfiguren des
Films, erreicht in Mathematik die höchste Punktzahl des ganzen
Landes und bekommt sogar einen Auftritt in einem mexikanischen TV-Programm. Sie, Tochter eines Müllsammlers, arbeitet
heute als Anwältin in einem politischen Amt und möchte ihre
Erfahrung, wieviel mit dem Glauben an die Menschen bewirkt
werden kann, an möglichst viele andere Menschen weitergeben. [63]
Doch «Radical» ist nicht nur die Geschichte eines bahnbre-
chenden pädagogischen Projekts. Es ist auch die Geschichte darüber, wie dieser Film zustande kam und gemacht wurde. Auch der
in Kenia geborene Weltenbummler Christopher Zalla, Regisseur
des Films, ist eine Art «Systemsprenger». Als er, nach mehreren
anderen Filmprojekten, bei denen er sich völlig verausgabt und
übernommen hatte, von der Geschichte des Lehrers Sergio hörte,

war er so ergriffen, dass er weinen musste. Für ihn war es am wichtigsten, die Geschichte aus der Perspektive der Kinder zu erzählen. Als er eines Nachts gegen drei Uhr morgens die Casting-Videos jener Kinder, die es nicht in die Endauswahl für den Film geschafft hatten, nochmals durchging, stiess er auf dieses Mädchen für die Rolle der Paloma und schlagartig wurde ihm bewusst, dass die These des rebellischen Lehrers, wonach sich Genie «überall findet», eine absolute, allumfassende Gültigkeit besitzt. Und wenn man sich die schauspielerischen Leistungen der zwölfjährigen Laiendarstellerinnen und Laiendarsteller dieses Films, die den Leistungen von professionellen Schauspielerinnen und Schauspielern in nichts nachstehen, vor Augen führt, dann ist dies gerade noch einmal eine zutiefst ergreifende Bestätigung dafür, wozu junge Menschen fähig sind, wenn man ihnen etwas so Grosses, was zunächst niemand für möglich gehalten hätte, tatsächlich zutraut. «Alles scheint zunächst unmöglich zu sein», so ein Schlüsselzitat des Lehrers Sergio, «aber nur solange, bis man es macht.» [64]

EIN POSITIVES MENSCHENBILD ALS VORAUSSETZUNG FÜR GUTES LERNEN

Die zentrale Botschaft des Films «Radical» besteht darin, was für ungeahnte Kräfte entstehen können ganz einfach daraus, dass man die Menschen liebt und an sie glaubt. Dies ist zweifellos die wichtigste und absolut unverzichtbare Voraussetzung dafür, dass auch der Ersatz der bisherigen Lehrplan- und Jahrgangsklassenschule durch eine weite, offene Lernwelt, durch welche sich die Kinder aufgrund ihrer spontanen Interessen und Lebensbedürfnissen frei und selbstbestimmt bewegen könnten, funktionieren würde.

Viel zu sehr ist unser heutiges gesellschaftliches Zusammenleben noch von negativen Menschenbildern geprägt. Zu oft unterstellt man anderen Menschen böse Absichten, sieht in anderen eher das Schlechte als das Gute, nörgelt insbesondere bei Kindern und Jugendlichen an all dem herum, was einen stört oder nervt, traut insbesondere Kindern und Jugendlichen nicht zu, auch aus eigener Kraft und ohne Anleitung von aussen das «Richtige» zu tun. Zu oft wird zu viel Freiheit als etwas «Negatives» gesehen, etwas, was dazu führen könnte, dass man sie missbraucht, sich nicht mehr anstrengt, faul wird, keine «Leistungen» mehr erbringt.

Es ist allerhöchste Zeit, dieses negative Menschenbild durch ein positives abzulösen. Ohne positives Menschenbild kommen wir nicht weiter, nicht nur im Bereich der Bildung, sondern in sämtlichen Lebensbereichen, in der Wirtschaft wie in der Politik, überall, im Kleinen wie im Grossen. Wir müssen daran glauben, dass der Mensch im Grunde gut ist – selbst wenn das sogar «objektiv» oder «wissenschaftlich» in Frage gestellt werden könnte. Tatsache ist eben – und das ist das zutiefst Pädagogische daran –, dass das, woran man glaubt, gerade dadurch zugleich auch stärker wird. Dazu die berühmte Parabel von den zwei Wölfen: Eines Abends erzählte ein alter Cherokee-Indianer seinem Enkelsohn am Lagerfeuer von einem Kampf, der in jedem Menschen tobt. Es ist ein Kampf zwischen zwei Wölfen. Einer der Wölfe ist böse, das ist der Zorn, der Neid, die Eifersucht, die Sorgen, der Schmerz, die Gier, die Arroganz, das Selbstmitleid, die Schuld, die Vorurteile, die Minderwertigkeitsgefühle, die Lügen, der falsche Stolz und das Ego. Der andere Wolf ist gut, das ist die Freude, der Friede, die Liebe, die Hoffnung, die Heiterkeit, die Demut, die Güte, das Wohlwollen, die Zuneigung, die Grosszügigkeit, die Aufrichtigkeit, das Mitgefühl und der Glaube. Der Enkel dachte einige Zeit über die Worte des Grossvaters nach, dann fragte er: «Und nun, welcher der beiden Wölfe gewinnt?» Und der alte Cherokee antwortete: «Der, den du fütterst.» [65]

Der Wandel von einem negativen zu einem positiven Menschenbild: Dies ist die erste unverzichtbare Voraussetzung dafür, dass eine Welt offenen, freien und selbstbestimmten Lernens ohne äusseren Zwang tatsächlich funktionieren kann. Gerade im Umgang mit Kindern und Jugendlichen ist dies so offensichtlich: Je mehr wir ihnen zutrauen, je mehr wir an sie glauben, umso mehr wachsen ihre Kräfte, umso stärker werden sie, umso mehr entsprechen sie dem Bild, das wir in ihnen sehen. Vielleicht könnte man sogar Intelligenz auf diese Weise definieren: Sie ist einerseits das, was in jedem Menschen als Potenzial angelegt ist. Sie ist aber auf der anderen Seite auch etwas, was im Laufe des Lebens zunehmen oder abnehmen kann. Zunehmen und wachsen kann Intelligenz immer dann, wenn du einem Menschen sagst: Du *kannst* es! Aber nicht nur im Umgang mit Kindern und Jugendlichen, sondern ganz allgemein: Das Leben ist unvergleichlich viel schöner und leichter, wenn man in allem das Gute sieht.

«Der Mensch ist gut und will das Gute», sagte auch Johann Heinrich Pestalozzi, «und wenn er böse ist, so hat man ihm den Weg verrammelt, auf dem er gut sein wollte». Um das Gute im Menschen zu erkennen, bedarf es indessen vor allem auch einer kritischen Betrachtungsweise gegenüber den wirtschaftlichen und gesellschaftlichen Verhältnissen, in denen wir leben und deren Zwängen, Erwartungen und Fremdbestimmung wir tagtäglich ausgesetzt sind. In aller Regel, wie Pestalozzi so treffend sagte, sind es die äusseren Umstände, welche verhindern, dass sich das Gute so frei entfalten kann, wie das eigentlich in der Natur der Menschen läge. Und je kritischer wir diese gesellschaftlichen Zwänge betrachten, umso mehr Bewunderung werden wir für die Menschen aufbringen, dass sie sich oft trotz widrigster Umstände dennoch so geduldig, fleissig und aufopfernd durchs Leben schlagen.

An das Gute im Menschen glauben heisst auch: An die Kraft glauben, die in jedem Menschen vorhanden ist und ihn dazu befähigt, unter günstigen äusseren Bedingungen sein vorhandenes Entwicklungspotenzial optimal zu entfalten. Der Grundantrieb dazu ist vor allem seine Neugierde, etwas, was jedes Kind zu diesem wundervollen und so erfolgreichen Lernen der ersten Lebensjahre antreibt. Man muss daher den Kindern nicht künstlich etwas aufpfropfen, sondern nur dafür sorgen, dass das bereits Vorhandene zeitlebens nicht mehr verloren geht und dass die ursprüngliche, jedem Kind geschenkte Neugierde während des ganzen Lebens erhalten bleibt. Dann brauchen wir uns nicht mehr den Kopf darüber zu zerbrechen, ob nun ein jedes Kind das «Wichtige» für sein Leben auch alleine aus eigener Kraft zu lernen vermag oder nicht.

GEMEINSCHAFTSDENKEN STATT EINZELKÄMPFERTUM

Die zweite unerlässliche Veränderung und zugleich Voraussetzung dafür, dass freies, selbstbestimmtes Lernen in einer grossen, offenen Welt vielfältigster Lernmöglichkeiten erfolgreich funktionieren würde, ist der Wandel vom Einzelkämpfertum zum Gemeinschaftsdenken. Unser heutiges Schul- und Bildungssystem beruht darauf, dass schon die kleinen Kinder gezwungen sind, in einem von Anfang an unerbittlichem Wettlauf gegenseitig um individuellen Erfolg und sozialen Aufstieg zu kämpfen, eine Ausgangslage, die naturgemäss stets Sieger und Verlierer produziert, wobei tragischerweise die Verlierer mit ihren Enttäuschungen, Opfern und Misserfolgen dazu beitragen, dass die anderen obenaus schwingen und sich als Sieger fühlen können.

Im Gegensatz dazu müsste Bildung als eine *gesamtgesellschaftliche* Aufgabe angesehen werden, in der *alle* für *alle* verantwortlich sind und in der *niemand* zurückgelassen werden darf. Denn eine

Kette, so eine uralte Redewendung, ist immer nur so stark wie ihr schwächstes Glied. Mit anderen Worten: Privilegien, Vorteile, bessere Ausgangslagen, über welche ein Teil der Bevölkerung verfügen, dürfen nicht bloss dazu dienen, diese im Kreise der bereits Privilegierten aufrechtzuerhalten oder gar noch auszubauen, sondern sie müssten dazu dienen, den weniger Privilegierten unter die Arme zu greifen und sie möglichst gleichberechtigt an den gemeinsam erschaffenen Früchten teilhaben zu lassen.

Konkret würde dies bedeuten, dass erlerntes Wissen und erlernte Fertigkeiten nicht mehr vor allem nur zum eigenen Fortkommen verwendet würden, sondern an unzähligen Stellen im Netz offenen und freien Lernens so etwas wie ein permanenter «Tauschhandel» stattfinden müsste, wo die erworbenen Schätze möglichst gerecht unter alle verteilt werden und sich somit die Unterschiede zwischen mehr Profitierenden und weniger Profitierenden immer weiter verringern würden. Den Lernbegleiterinnen und Lernbegleitern käme dabei die zentrale Aufgabe einer Art von «Entwicklungshelferinnen» und «Entwicklungshelfern» zu, deren oberstes Ziel darin bestehen würde, *niemanden* auf der Strecke zu lassen und stets alle im Boot zu behalten.

Dennoch wird trotz alledem das gegenseitige Gerangel um die gesellschaftlichen «Sonnenplätze» erst dann ein Ende haben, wenn tatsächlich die Arbeitswelt und die Gesellschaft als Ganzes nicht mehr einer Pyramide gleichen, mit Stufen unterschiedlichen sozialen Ansehens, unterschiedlicher Wertschätzung und unterschiedlicher Entlohnung, sondern einer Art blühenden Tales, in dem alle Menschen miteinander und füreinander gleichberechtigt leben und arbeiten. Auch wenn dies im Moment noch reine Zukunftsmusik sein mag und ins Reich purer Phantasie verbannt werden könnte: Früher oder später werden wir nicht daran vorbeikommen, uns vom Einzelkämpfertum zu verabschieden, welches schon heute so unermesslichen Schaden anrichtet, und uns einem Gemeinschaftsdenken zu verschreiben, in dem sowohl die Lasten und Anstrengungen, die zu erbringen sind, wie auch die Früchte, die man erntet, auf alle Menschen – letztlich auch weltweit – gleichmässig und gleichberechtigt verteilt sind.

Die dritte unverzichtbare Veränderung würde darin bestehen, dass sich die ganz «gewöhnlichen» Menschen jenes «Expertentum», das im Laufe der Zeit immer mehr an «Fachleute», «Spezialistinnen» und «Spezialisten», Lehrkräfte, Schulbehörden und Hochschulen delegiert worden ist, wieder zurückholen. Denn Lernen ist nicht etwas, wovon nur scheinbar besonders «gescheite» oder «gebildete» Menschen etwas verstehen. Die kompetentesten Lernexpertinnen und Lernexperten sind die Kinder selber, sie sind dem Geheimnis des natürlichen, in jedem Menschen angelegten individuellen Lernplans noch am nächsten. *Alle* Menschen verstehen etwas vom Lernen, genauso, wie sie auch vom Leben etwas verstehen. Am weitesten davon entfernt sind wahrscheinlich höchstens jene, die sich in die Elfenbeintürme angeblicher «Wissenschaftlichkeit» soweit zurückgezogen haben, dass sie nicht selten den Bezug zu den einfachsten Dingen des Lebens schon fast gänzlich verloren haben.

Wenn wir aber alle Expertinnen und Experten unseres Lernens sind, dann können wir mit dieser Erfahrung auch alle in der grossen weiten Welt freien und gegenseitigen, sämtliche Altersgrenzen überschreitenden Lernens zu diesem etwas Nützliches beitragen. Lernen findet jederzeit und überall statt und am meisten dort, wo es am wenigsten geplant und organisiert wird. Einfach dort, wo auch das Leben stattfindet. Je bunter und reichhaltiger die Welt, je mehr Menschen andere Menschen an ihren Talenten, an ihrem Wissen und an ihren Fertigkeiten teilhaben lassen, je mehr gegenseitige Unterstützung und Anteilnahme, umso mehr Lernen kann sich entfalten. Jegliche Spaltung zwischen Lernen und Leben muss überwunden werden. Denn Lernen *ist* Leben.

JEDEM KIND SEINE EIGENE SCHULE

Eigentlich ist es absurd: In den ersten Lebensjahren lässt man die Kinder auf unendlich vielen verschiedenen Wegen und auf unterschiedlichste Art und Weise lernen und hat dabei volles Vertrauen, dass es gut herauskommt. Nicht anders in der Zeit nach dem 16. Lebensjahr, wenn sich Menschen aufgrund ihrer Begabungen und Interessen für einen bestimmten Beruf entscheiden und sich wiederum auf ganz verschiedenen Wegen durch ihr zukünftiges Leben weiterbewegen werden. Doch ausgerechnet zwischen dem sechsten und dem 16. Lebensjahr, einer Zeit intensivsten geistigen, seelischen, sozialen und körperlichen Wachstums, zwingt man alle Kinder und Jugendlichen dazu, einen gleichen, durch staatliche Vorschriften vorgegebenen, einheitlichen Weg zu gehen.

Nichts liegt näher, als eine Verbindung zu schaffen zwischen der ersten und der dritten Lebensphase, die beide gleichermassen von Selbstbestimmung und Individualisierung geprägt sind. Mit anderen Worten: Auch und ganz besonders zwischen dem sechsten und dem 16. Lebensjahr darf es nicht nur einen einzigen Weg von Lernen und Persönlichkeitsentfaltung geben, sondern es müsste genau so viele verschiedene Wege geben, wie es auch verschiedene Menschen mit ihren je einzigartigen, einmaligen Denkweisen, Strategien und Lebensplänen gibt.

Das Einheitsmodell der Lehrplan- und Jahrgangsklassenschule einfach durch ein anderes Einheitsmodell völlig freien, unorganisierten und unstrukturierten Lernens für alle zu ersetzen, wäre daher kein echter Gewinn und würde nur bedeuten, vom Regen in die Traufe zu geraten. Wenn wir die Individualität und Einzigartigkeit jedes einzelnen Menschen wirklich ernst nehmen, dann müssen in diesem nach dem Ende des traditionellen Schulsystems frei gewordenen Raum alle denkbaren Wege und Formen von Lernen möglich sein, selbst wenn diese im Einzelnen durchaus Elemente «früherer» Bildungsformen annehmen mögen. Gut vorstellbar, dass sich in zehn oder zwanzig Jahren die einen Kinder, so wie André Stern, vollkommen selbstbestimmt durch die grosse weite Welt des Lernens bewegen, andere eine kleine, innovative Waldschule besuchen, andere sich ihr Wissen und ihre Befähigungen ausschliesslich durch häusliches Lernen aneignen und wieder andere so etwas wie ein kleines «Gymnasium» für Zwölf- bis 16-jährige gründen werden, wo im Sinne des griechischen Philosophen Sokrates Wissen über die letzten Geheimnisse der Welt, das Zusammenleben der Menschen und das Hinterfragen scheinbarer allgemeiner Wahrheiten durch gemeinsamen Dialog erarbeitet wird.

Auch brauchen nicht alle Kinder und Jugendlichen bei ihrem Lernen gleich viel Hilfe und Unterstützung. Was für die einen absolut unerlässlich und wünschbar ist, würden andere schon wieder als Bevormundung und Fremdbestimmung empfinden. Auch kann das Bedürfnis, neue Herausforderungen lieber in Zusammenarbeit mit anderen oder lieber ganz alleine anzupacken, von Kind zu Kind stark variieren. So böten die neu gewonnenen Freiräume die wunderbare Chance, dass sozusagen jedes Kind, in Zusammenarbeit mit seinen Eltern und allen weiteren hilfreichen Begleitpersonen, seine eigene «Schule» verwirklichen könnte, um den seinen Voraussetzungen am besten entsprechenden Weg zu finden, um sein individuelles Lernpotenzial möglichst optimal zu entfalten.

Zugegebenermassen wäre die Schaffung einer so reichhaltigen und offenen Welt freien und selbstbestimmten Lernens, in der jedes Kind und alle Jugendlichen ihre je eigenen «Schulen» verwirklichen könnten, so etwas wie ein riesiges Experiment, ein regelrechtes Zukunftslabor des Lernens. Ein Experiment, in dem zweifellos nicht alles von Anfang an tadellos funktionieren würde, in dem immer wieder auch Fehler gemacht würden, diese «Fehler» aber stets dazu dienen würden, das Ganze laufend zu verbessern, ganz so, wie auch die «Fehler», die jedes Kind beim Erlernen seiner Muttersprache macht, stets dazu dienen, dass sich das Korrekte immer stärker durchzusetzen vermag. Und Hand aufs Herz: Ist nicht auch unser heutiges Schulsystem im Grunde nichts anderes als ein riesiges Experiment, aufbauend auf zahllosen irgendwann einmal in die Welt gesetzten Prämissen und meist kaum mehr hinterfragten Glaubenssätzen? Der Unterschied ist bloss: Das Experiment der traditionellen Lehrplan- und Jahrgangsklassenschule ist, wenn man sich die immensen daraus resultierenden Opfer vor Augen führt, längst schon kläglich gescheitert. Bei einem radikal neuen, auf den individuellen Lernwegen jedes Einzelnen basierenden Bildungsmodell hingegen wäre die Wahrscheinlichkeit, dass es zum Wohle aller gelingen könnte, wohl unvergleichlich viel grösser.

NEUE WEGE ENTSTEHEN, INDEM MAN SIE GEHT

Das traditionelle Schul- und Erziehungssystem ist darauf ausgerichtet, die bisher geltenden Werte und Normen auf die nächstfolgende Generation zu übertragen und diese sozusagen möglichst nahtlos in das bestehende Wirtschafts- und Gesellschaftssystem zu integrieren. Damit aber vertun wir auf geradezu fahrlässige Weise die Chance, aus den neuen, unverbrauchten Ideen, aus der Kreativität, aus dem Widerstand und dem Ungehorsam von Kindern und Jugendlichen zu lernen, damit eine gesellschaftliche Weiterentwicklung möglich wird und nicht einfach alles stets beim Alten bleibt. Kinder denken grundsätzlich anders als Erwachsene, noch viel freier, unangepasster, sie verfügen über ein tiefes Wissen um die Geheimnisse des Lebens, welches die meisten Erwachsenen schon längst vergessen haben.

«Drei Dinge», sagte der italienische Dichter Dante Alighieri, «sind uns aus dem Paradies geblieben: Kinder, Blumen und Sterne». Das Paradies steht hier für eine andere Welt, in der fast alles, was an Werten und Normen in der herrschenden Gesellschaftsordnung selbstverständlich ist, auch noch ganz anders gesehen werden kann, viel offener, freier, widersprüchlicher und kritischer. Auch der bekannte Urwalddoktor Albert Schweitzer sagte: «Im Jugendidealismus erschaut der Mensch die Wahrheit. Mit ihm besitzt er einen Schatz, den er gegen nichts in der Welt eintauschen darf.» Und Albert Einstein hatte wie wenige andere erkannt, dass gesellschaftlicher Fortschritt nur möglich ist, wenn freies, unkonventionelles Denken genügend Raum bekommt, denn: «Probleme kann man nie mit der gleichen Denkweise lösen, mit der sie geschaffen wurden.» Und da das kreative Potenzial des Menschen wohl während seines ganzen Lebens nie grösser ist als während der ersten 18 Lebensjahre, müsste demzufolge auch der Raum, in dem sich dieses Potenzial entfalten könnte, in dieser Lebenszeit der denkbar allerfreieste, offenste und grösstmögliche sein. Denn, wie der Philosoph Philipp Blom einmal sagte: «Die Phantasie, die wir den Kindern auszutreiben versuchen, ist der wichtigste Rohstoff zur Gestaltung der Zukunft.»

Einen kleinen Vorgeschmack dessen, was in einem solchen freien Raum an Kreativität und unkonventionellen neuen Ideen entstehen könnte, erlebte ich im November 2022 anlässlich einer Eigenproduktion im städtischen Kleintheater. Zwei junge Frauen, die eine als Stückeschreiberin, die andere als Regisseurin, hatten ein Stück auf die Bühne gezaubert, das mich mehr als jedes andere Theaterstück, das ich über mehr als vierzig Jahre hinweg im Kleintheater gesehen hatte, in seinen Bann zog: Die Göttinnen und Götter im griechischen Olymp hatten sich aus lauter Langeweile aus einem Klumpen Lehm ein Spielzeug gebastelt, das ihren Alltag ein wenig aufheitern sollte: den Menschen. Doch zu ihrem Leidwesen gebärdete sich dieser ganz anders, als sie sich erhofft hatten. Hass, Streitigkeiten, Eifersucht, Kriege und ein rücksichtsloser Umgang mit der Mutter Erde trübten ihr Zusammenleben, so dass die Göttinnen und Götter schliesslich darüber abstimmten, ob dieses Experiment nicht besser so schnell wie möglich abgebrochen werden und der Mensch wieder von der Erde entfernt werden sollte. Die Abstimmung endete mit einem Unentschieden, sodass der Göttervater Zeus den Stichentscheid fällen musste. Er lautete, dem Menschen noch eine letzte Chance zu geben, sich mit sich selber, der Erde und seiner Zukunft auszusöhnen. Grossflächig projizierte Bilder von paradiesischen Landschaften, unterbrochen von Kriegsszenen und explodierenden Atombomben, und trotz alledem einer unerschütterlichen Hoffnung auf ein gutes Ende, untermalt von himmlischer Musik, hinterliessen zum Ende der Aufführung bei mir so unbeschreiblich tiefe Gefühle, dass ich sie bestimmt für immer in meinem Herzen bewahren werde. Wenn Heinrich Kleists «Zerbrochener Krug», Johann Wolfgang Goethes «Faust», Friedrich Schillers «Räuber» und William Shakespeares «Hamlet» heute zu den berühmtesten Klassikern der Weltliteratur zählen, so sehe ich keinen plausiblen Grund dafür, weshalb nicht auch dieses Werk zweier junger, noch gänzlich unbekannter Frauen, so reich nicht nur an seiner Grundaussage, sondern auch an phantastischen Kostümen, Bühnenbildern und witzigen Dialogen, einen Platz unter den grössten Dramen aller Zeiten bekommen sollte.

Selten war die Notwendigkeit eines gesellschaftlichen Neubeginns wohl so dringend nötig wie in unserer Zeit, denken wir doch an die weltweit zunehmende soziale Ungleichheit, an Armut und Hunger, an die Klimakatastrophe mit allen ihren verheerenden Auswirkungen und an die Tatsache, dass immer noch viel zu viele Konflikte zwischen Völkern und Staaten wie eh und je mit den Mitteln von Gewalt und Kriegen ausgetragen werden. Eine neue, offene Welt des Lernens, an der alle Generationen über alle Grenzen hinweg gleichermassen beteiligt wären und die nicht mehr bloss darin bestehen würde, junge Menschen während der schönsten Zeit ihres Lebens in Schulzimmer einzusperren und mit Wissen vollzupfropfen, das sie wahrscheinlich sowieso gar nie wirklich brauchen werden, würde die einmalige Chance eröffnen, endlich jenes neue Land zu entdecken, das doch als tiefe Sehnsucht nach Frieden, Gerechtigkeit und Liebe in uns allen schlummert. Dann wären Ungehorsam und Widerstand gegen das Bestehende auf einmal nicht mehr negative, sondern, ganz im Gegenteil, die gefragtesten Werte und junge Menschen wie Greta Thunberg, die noch voller Idealismus und Zukunftsglauben sind, wären nicht mehr gezwungen, den Schulunterricht zu verweigern, um die Welt zu retten.

Doch es würde noch viel weiter gehen. «Autonome Kinder, die selber entscheiden, wann sie was lernen möchten», so eine pensionierte Kindergärtnerin, die schon früh die ersten Entwürfe zu vorliegendem Buch gelesen hatte, «werden auch ganz generell Erwachsenen gegenüber nicht mehr blindlings gehorsam sein, sondern ihre Freiheit auch jenseits des Lernens einfordern. Es wäre ein so radikales Konzept, dass es die gesamte Gesellschaft total verändern würde.» Im Gegensatz zur traditionellen Staatsschule, die von oben verordnet wurde und sich daher von Anfang an durch starke Machtstrukturen auszeichnete, würde eine neue Welt offenen, freien und selbstbestimmten Lernens von unten her entstehen, aus den ureigenen Lern- und Lebensbedürfnissen eines jeden Menschen, ohne Bevormundung und Fremdbestimmung durch andere.

Es wäre, endlich, die so längst schon fällige Emanzipation der Kinder und der Jugendlichen, der nächste logische Schritt nach der Emanzipation der Frauen, welche gänzlich unvollkommen bleiben müsste, solange nicht auch die Kinder und die Jugendlichen das gleiche Recht auf Gleichberechtigung gegenüber den Erwachsenen haben werden wie die Frauen gegenüber den Männern. «Längst ist erwiesen», schreibt auch die «NZZ am Sonntag» vom 20. November 2022, «dass ein gleichberechtigter Einbezug die Kinder stärkt und in jeglicher Hinsicht zu besseren Ergebnissen führt. Im umgekehrten Fall können Kinder gebrochen werden, wenn über sie verfügt wird. 33 Jahre nach Verabschiedung der UNO-Kinderrechtskonvention ist es höchste Zeit, dass diese Erkenntnis auch in den hintersten Amtsstuben und Schulstuben des Landes ankommt.»

Dies alles können wir hier und heute freilich noch nicht wissen, höchstens erahnen. Um herauszufinden, ob es tatsächlich so ist, müssen wir es ausprobieren. Ein neues Land freien, offenen, selbstbestimmten, gleichberechtigten Lernens wartet. Um es zu finden, müssen wir uns – wie Star und Bosni auf unseren Erkundungen quer durch das Wohnquartier – mutig und neugierig und voller Entdeckungsfreude auf den Weg machen und werden dabei nicht darauf verzichten können, uns von unzähligen liebgewonnen Denkgewohnheiten nach und nach zu verabschieden. Denn neue Wege entstehen, wie der deutsche Schriftsteller Franz Kafka schon vor über 100 Jahren sagte, «nur dadurch, dass man sie geht.»

DIE TREPPE UND DER GARTEN

WEHE, WENN SIE AUS DER REIHE TANZEN

Leider ist mein Buch an dieser Stelle noch nicht zu Ende. Von den beschriebenen Visionen sind wir zurzeit noch himmelweit entfernt. Umso wichtiger ist es daher, uns alle diese Baustellen, welche auf dem Weg zu einer neuen, freien und offenen Welt des Lernens noch überwunden werden müssen, im Einzelnen genauer anzuschauen, um herauszufinden, was getan werden müsste, um sie möglichst erfolgreich zu überwinden.

Heute können Eltern im Internet das Alter ihres Kindes auf den Monat genau eingeben und sehen augenblicklich, was ihr Kind in diesem Alter schon alles können sollte: Wie viele Wörter mit wie vielen Buchstaben es schon bilden, wie viele Malstifte es schon in der Hand halten und ob es schon einen Purzelbaum schlagen können sollte oder nicht. Und wenn dann ihr Kind etwas davon noch nicht kann oder gar der gleichaltrige Nachbarsbub schon redet wie ein Buch, während ihr eigenes Kind noch nicht einmal sein erstes Wort gesagt hat, bricht auch schon gleich Panik aus. «Alle Eltern kennen es», schreibt die «NZZ am Sonntag» am 26. September 2021 unter dem Titel «Wehe, wenn sie aus der Reihe tanzen»: «Kaum hat der Nachwuchs den ersten Schrei getan, wird er auf die Waage gelegt und seine Grösse gemessen. Diese beiden Zahlen sind, neben Geburtszeit, Datum und Ort, die ersten statistischen Angaben, die von jedem Neugeborenen erfasst werden. Es ist die Stunde null der Vermessung des Kindes. Ab dann folgt ein Reigen der Abklärungen und Tests, der nicht mehr abreissen will: Frühförderung, Zeugnisse, Standortbestimmungstests, Übertrittsprüfung, Matura, Berufseignungstest, Lehrabschlussprüfung. Noch nie in der Geschichte der Bildung wurden Kinder so früh und so permanent abgeklärt und schubladisiert. Und noch nie hat dies bei den Eltern so viele Ängste ausgelöst: Sind die anderen Kinder besser als unseres? Entspricht unser Kind der

Norm? Müssen wir es gezielter optimieren? Braucht es Frühförderung, Stützunterricht oder gar eine Therapie?»

Die Schweizerische Gesellschaft für Pädiatrie empfiehlt 15 Vorsorgeuntersuchungen, die für die zentralen pädiatrischen Altersstufen vorgesehen sind. 15 Checks von der ersten Lebenswoche bis zum 15. Altersjahr. Sie haben zum Ziel, entwicklungsspezifische und alterstypische Gesundheits- und Verhaltensstörungen des Kindes und der Jugendlichen möglichst frühzeitig zu erfassen, damit innert nützlicher Frist eine korrekte Abklärung oder falls erforderlich eine angemessene Behandlung durchgeführt werden könne. Und so geht das dann zu und her: «Die zuständige Neurophysiologin schleppt einen schweren Koffer in ein Zimmer des Kinderspitals Zürich, Abteilung Entwicklungspädiatrie. Aus dem Koffer nimmt sie verschiedene Utensilien und hält schliesslich eine Stoppuhr in der Hand. Auf das Startsignal müssen die Kinder so schnell wie möglich viele kleine Stecker in die Löcher einer Tafel stecken, 16 Sekunden mit der rechten Hand, 22 Sekunden mit der linken Hand. Weitere Aufgaben sind unter anderem das Hüpfen von einem Bein auf das andere oder das Ein- und Ausdrehen von Schrauben. Dabei werden die Kinder bewusst etwas gestresst. Denn die Geschwindigkeit, mit der sie die Aufgaben bewältigen, gibt Auskunft über ihren Entwicklungsstand. Die Resultate werden in Kurven, sogenannten Perzentilen, angezeigt. Die Normdaten zeigen den Kinderärztinnen und Kinderärzten, ob sich ein Kind im Vergleich zu seinen Altersgenossinnen und Altersgenossen motorisch normal entwickelt. Hellhörig macht den Kinderarzt oder die Kinderärztin, wenn Kinder leicht umkippen, nicht auf einem Bein hüpfen können oder nicht Fussball spielen wollen, denn das machen Buben normalerweise. Wenn nötig, muss dem Kind dann mit Massnahmen wie Ergotherapien oder Psychomotorik geholfen werden. Denn heute wollen alle Eltern, dass jedes ihrer Kinder top ist. Darum wird optimiert, um möglichst jedes Defizit auszumerzen.» [66]

«Im Moment», so der deutsche Kinderpsychiater Jochen Mariss, «kommen viele Kinder in meine Praxis, die vermeintlich nicht der Norm entsprechen. Das Kind ist ein Jahr alt und kann noch nicht laufen? Das Kind ist fünf und kann noch keine Schnürsenkel binden? Das Kind ist neun und kann das Einmaleins nicht flüssig? Das gleiche Kind kann aber super sprechen und seine Gedanken teilen. Es kann richtig leckeren Kuchen backen, und doch hat es das Gefühl, es könne gar nichts. Da sitzt dieser kleine Junge also vor mir und sagt, er sei dumm und er könne gar nichts und am liebsten würde er mit einer Rakete ins Weltall fliegen und niemals wieder kommen.» [67]

Und dies alles, obwohl der Schweizer Kinderarzt Remo Largo schon vor vielen Jahren durch unzählige Studien nachweisen konnte, dass Entwicklungsunterschiede von bis zu drei Jahren in diesem Alter durchaus normal sind. Weshalb nur sind wissenschaftliche Erkenntnisse so machtlos gegen solch grenzenlosen Unfug und solche Panikmacherei? Und weshalb klammern wir uns immer noch so sehr an die unsinnige Vorstellung, alle Kinder müssten möglichst gleich sein, während das Wesentliche doch nicht vor allem in dem liegt, worin sie sich gleichen, sondern viel mehr in dem, was jedes Einzelne von ihnen, jenseits aller «Durchschnitte» und Normen, von allen anderen unterscheidet und zu einem einzigartigen, unverwechselbaren Individuum macht, das nie zuvor auf der Erde war und auch nie mehr wieder hierher zurückkehren wird.

DAS GRAS WÄCHST NICHT SCHNELLER, WENN MAN DARAN ZIEHT

Die unmittelbare Folge des gegenseitigen Vergleichens der Kinder ist all das, was dann so beschönigend unter dem Begriff «Frühförderung» verstanden wird und zum Ziel hat, angeblich vorhandene «Rückstände» in der Lernentwicklung einzelner Kinder gegenüber anderen möglichst schnell und gezielt wettzumachen.

Heute sitzen schon Dreijährige in Förderkursen, so berichtete Seraina Sattler im Tages-Anzeiger vom 27. Oktober 2018: «Der Sohn einer Freundin mag den Frosch nicht ausmalen. Auch den Polizisten nicht oder die Blume. Das Finde-die-zehn-Unterschiede-Bild interessiert ihn ebenfalls nicht. Überhaupt sitzt er im Kindergarten nicht gern am Pültchen, da wird er ganz unruhig. Viel lieber spielt er. Wenn er ein Lego-Haus baut oder einen Arzt mimt, ist er konzentriert. Der Bub ist fünfeinhalb. Die Kindergärtnerin findet, man müsse handeln. Jetzt! Sonst werde der Knabe in einem knappen Jahr, wenn er in die Schule komme, grosse Probleme haben. Dort müsse er stillsitzen und Arbeitsblätter ausfüllen können. Deshalb wäre diese oder jene Therapie möglichst ab sofort schon ganz wichtig.»

«Kinder stehen heute unter Dauerstress», sagte auch die Erziehungswissenschaftlerin Margrit Stamm in einem Interview mit der «Sonntagszeitung» vom 21. August 2022. Die Kinder müssten, wenn es nach dem Willen der Eltern ginge, möglichst überall gut sein, nicht nur in der Schule, sondern auch im Sport und im Musikunterricht. Zahlreiche Kinder hätten ein voll durchgetaktetes Nonstopp-Programm, auch am Mittwochnachmittag und am Wochenende, ihr Terminkalender sei mittlerweile so voll wie der eines gestandenen Managers. «Es gibt Kinder», so Stamm, «die schlafen bei den Hausaufgaben fast ein und müssen sich zwingen, nachher noch ins Training zu fahren.» Der immense Erwartungsdruck seitens vieler Eltern führe dazu, dass ihre Kinder alles daraufsetzten, möglichst gute Noten zu schreiben, um nur ja die Eltern nicht zu enttäuschen und ihnen nur ja keine Probleme zu bereiten. Wenn die Kindergärtnerin oder der Primarlehrer das Kind kritisch bewerten würden, dann hätten Eltern schnell das Gefühl, sie müssten noch mehr unternehmen, um das Kind zu fördern. Bereits hätte schon ein Drittel der Drei- bis Fünfjährigen Erfahrung mit privaten Coachingprogrammen und 30 bis 40 Prozent der Siebenjährigen besuchten sogar mehrmals pro Woche verschiedene Förderangebote, zum Beispiel Sprach-, Mathe- und Computerkurse. Der immense Leistungsdruck, so Stamm, führe dazu, dass heute bereits 60 Prozent aller Kinder im Grundschulalter eine Therapie hinter sich hätten, eines von zehn Kindern schon einmal in einer psychotherapeutischen Behandlung gewesen sei, mehr als zehn Prozent von Schul- und Prüfungsängsten geplagt seien und – wie eine Untersuchung der WHO ergeben hätte – fast ein Drittel aller elfjährigen Schulkinder in der Schweiz an Schlafproblemen litten und 15 Prozent von ihnen ständig niedergeschlagen seien. «Den Schonraum der frühen Kindheit», so Stamm, «gibt es nicht mehr.» [68]

Nicht einmal Spielen darf heute noch zweckfrei sein. Bereits ist schon auf fast jeder zweiten Spielschachtel zu lesen, welche motorischen, kognitiven und sozialen Fähigkeiten mit diesem Spiel ganz besonders gefördert werden. Kein Wunder, empfinden Kinder – so das Ergebnis einer vom Entwicklungspsychologen Moritz Daum an der Universität Zürich durchgeführten Studie – Aktivitäten nur dann als «echtes Spielen», wenn «keine Erwachsenen mitmischen», haben doch alle Kinder, so Daum, ein «angeborenes Bedürfnis nach Autonomie». [69]

Und zu alledem auch noch das: Immer mehr Kinder und Jugendliche müssen während der Sommerferien, meist auf mehr oder weniger sanften Druck ihrer Eltern, schulische Intensivkurse besuchen – ein lukratives Geschäft für die Lerninstitute, die ihr Angebot gerne mit dem Argument begründen, die Kinder würden sonst «nichts tun» und innerhalb von fünf Wochen Ferien den ganzen bisherigen Schulstoff wieder vergessen. [70] Auch der da und dort im Zusammenhang mit den höheren Sommertemperaturen erhobene Ruf nach längeren Sommerferien wird insbesondere von Arbeitgeberseite und Politik vehement zurückgewiesen, so etwa meint FDP-Nationalrat Hans-Ulrich Bigler, längere Sommerferien würden «das ganze Bildungssystem auf den Kopf stellen.» [71]

Die Botschaft, die auf diese Weise den Kindern pausenlos vermittelt wird, ist stets die gleiche: So, wie du bist, ist es nicht gut, eigentlich solltest du viel mehr leisten, als du tatsächlich leistest, und eigentlich solltest du ein ganz anderer Mensch sein als der, der du bist. «Selbstoptimierung», schreibt auch die deutsche Soziologin und Sozialpsychologin Vera King in ihrem Buch «Lost in Perfection», «ist zu einer der bedeutendsten Leitvorstellungen der Gegenwart geworden. Alle müssten sich immer wieder übertreffen, um im globalisierten Wettbewerb mithalten zu können, jeglicher Leerlauf sei undenkbar, alles müsse sich lohnen. «Der Optimierungsdruck unserer Leistungsgesellschaft», so die Kinderrechtsorganisation «Pro Juventute» am 13. Oktober 2017, «ist endgültig auch in den letzten Kinderzimmern angekommen. Doch während es für die Erwachsenen zahlreiche Regelungen gibt, die sie vor Überlastung schützen sollen, wie zum Beispiel Höchstarbeitszeiten und die Bewilligungspflicht für Sonntag- und Nachtarbeit oder das Leisten von Überstunden, sind Kinder und Jugendliche dies allem mehr oder weniger schutzlos ausgeliefert.»

Noch extremer wird es, wenn wir zum Beispiel in die USA schauen: Dort entwickelte Vivienne Ming, Psychologin, Hirnforscherin und Unternehmerin aus Kalifornien, die App «Muse», eine virtuelle Supernanny, gedacht zur kostenlosen Anwendung für Eltern von Kindern zwischen null und zwölf Jahren. «Muse» fordert zuerst persönliche Informationen ein: Arbeitest du ausser Haus? Liest du mit deinem Kind? War dein Kind in letzter Zeit wütend, und du wusstest genau, wie du dich verhalten musstest? «Muse» protokolliert alles und schlägt, basierend auf diesen Daten, spezifische Übungen und Spiele vor. Im Hintergrund ordnet die App die Informationen über das Kind 50 Fähigkeiten und

Faktoren zu und berechnet, ob diese gut ausgeprägt sind oder gestärkt werden sollten. [72]

Und wie wenn das alles nicht schon genug wäre, geht man nach der «Selbstoptimierung» der Kinder bereits nahtlos weiter zur «Babyoptimierung»: Ebenfalls in den USA werden heute schon jungen Eltern hierfür passende Verfahren angeboten, im Speziellen Techniken, die sich bei Kindern nutzen lassen, welche per künstlicher Befruchtung gezeugt wurden. Denn in der Regel entstehen im Labor gleich mehrere Embryonen, unter denen man ohnehin auswählen muss. Die untersuchten DNA-Sequenzen sollen dann verraten, welcher Embryo die grössten Chancen hat, möglichst klug zu werden. [73] Und in China werden selbst schon Techniken zu Eingriffen zwecks Genveränderung bei Babys erforscht, welche dazu dienen sollen, nicht nur die Augenfarbe, Hautfarbe und Körpergrösse des Kindes zu bestimmen, sondern auch seine Intelligenz. Mit ähnlichen Methoden arbeitet Gerald Schwank an der ETH Zürich. Gross sind die damit verbundenen möglichen Gefahren aus der Sicht von Anita Rauch vom Institut für medizinische Gentechnik an der Universität Zürich: «Wenn das so weitergeht, haben alle, die natürlich gezeugt und nicht optimiert wurden, bald nichts mehr zu melden. Und nur noch künstlich optimierte Menschen regieren dann die Welt.» [74]

Das zutiefst Tragische beim ganzen derzeitigen «Frühforderungswahn» besteht darin, dass damit das Lernen, statt es tatsächlich zu fördern, vielmehr dessen natürlicher Wurzeln beraubt wird und die Kinder auf diese Weise nicht *mehr*, sondern sogar viel *weniger* lernen, als sie tatsächlich lernen könnten. Als hätte es nie schon vor vielen hundert Jahren dieses wunderbare afrikanische Sprichwort gegeben, das eigentlich über der Tür eines jeden Schulhauses, eines jeden Schulzimmers und eines jeden psychomotorischen, ergotherapeutischen oder heilpädagogischen Therapieraums hängen müsste: «Das Gras wächst nicht schneller, wenn man daran zieht.»

SPORTLICHE FRÜHERZIEHUNG BIS ZUR SELBSTZERSTÖRUNG

Besonders krass gebärdet sich der Frühförderungswahn im Bereich der Erziehung zum Spitzensport. Heute werden schon Vierjährige gezwungen, sich fünf Mal pro Woche am Barren, am Reck, an den Ringen oder im Bodenturnen bis an die Grenzen ihrer Belastbarkeit abzurackern. Achtjährige müssen schon um sechs Uhr morgens vor Schulbeginn zum Training im Synchronschwimmen antraben, anstrengendste Figuren unter der Wasseroberfläche ausführen, bis sie fast keine Luft mehr kriegen und nicht selten sogar ohnmächtig werden. 18-Jährige müssen selbst mit gebrochenen Knöcheln noch weiterturnen, weil sie nicht von ihren Trainern als Weichlinge beschimpft werden wollen. Unter anderen Umständen würde man von Folter sprechen, die Förderung des Spitzensports indessen scheint alle auch noch so menschenfeindlichen Mittel zu heiligen.

Dann heisst es immer so beschönigend, dass die Kinder dies ja selber wollten und dass es bloss um die Verwirklichung von Lebensträumen ginge, die man den Kindern doch allen Ernstes nicht verwehren dürfe. Doch was für Lebensträume sind das? Es sind die gleichen Märchen und die gleichen Illusionen, auf denen auch das Schulsystem beruht: Nämlich die Lüge, dass jedes Kind, wenn es sich nur genügend anstrenge, früher oder später ein guter Schüler oder eine gute Schülerin werden oder in sieben oder zehn Jahren bei Olympischen Spielen zuoberst auf dem Podest stehen könne. Doch niemand erklärt den Kindern diese so grausame Eigengesetzlichkeit des Konkurrenzprinzips: Dass für jeden, der am Ende zuoberst auf dem Podest steht, unzählige andere Jahre um Jahre leiden mussten und dennoch früher oder später auf der Strecke geblieben sind. Und dass für jeden Traum, der in Erfüllung geht, zehntausende andere Träume zerplatzen mussten. Es ist wohl kaum etwas Schlimmeres als das denkbar, was man Kindern antun könnte: Ihren kindlichen Glauben, Wunder vollbringen zu können und irgendwann einmal eine Prinzessin oder eine Goldmedaillengewinnerin zu sein, dafür zu missbrauchen, ihnen während einer so jungen Zeit ihres Lebens so unglaubliche Entbehrungen, Schmerzen, Leiden und Enttäuschungen abzuverlangen.

Dabei gilt für die sportliche Frühförderung genau das Gleiche wie für die Frühforderung mathematischer oder sprachlicher Kenntnisse und Fertigkeiten: Alles, was die natürlich vorhandene Leistungsbereitschaft des Kindes übersteigt und missachtet, verkehrt sich früher oder später ins pure Gegenteil: Zieht man das Gras künstlich weiter in die Länge, als es selber wachsen möchte, wird es eines Tages seine ganze Kraft verlieren und hilflos umknicken. «Verhängnisvoll ist der Glaube, eine frühe Beschleunigung der Leistungsentwicklung verbessere die langfristige Leistungsentwicklung bis ins Erwachsenenalter», so Arne Güllich, Professor für Sportwissenschaften an der Technischen Universität Kaiserslautern, «je mehr eine Sportlerin oder ein Sportler in jungen Jahren spezialisiert trainiert, desto geringer sind in den nachfolgenden Jahren die Leistungsfortschritte pro investiertem Trainingsumfang, das Risiko späterer Überlastungsschäden erhöht sich. Der bei uns oft übertriebene Aufwand und die damit verbundenen Kosten aufseiten des Kindes – hinsichtlich seiner Zeit, seines Körpers, seiner Gesundheit und seiner Bildung – sind für den Erfolg im Erwachsenenalter weder erforderlich noch förderlich. Das System produziert viel mehr Misserfolge als Erfolge. Dazu kommt, dass der Nachwuchs in Eliteschulen und Nachwuchsleistungszentren in einer Art Ghetto aufwächst. Der Freundeskreis besteht aus den anderen Sportlern und jeder Tag ist komplett durchgetaktet. Dabei wollen wir doch, dass unsere Kinder selbstbestimmte und verantwortungsbewusste Erwachsene werden. Um Verantwortung und Selbstbestimmung zu erlernen, muss ich aber Gelegenheiten dafür haben. Mit einer solchen Umgebung nehmen wir den Kindern nichts weniger als die eigentliche Entwicklung ihrer Persönlichkeit.»[75]

Weshalb geht dieser ganze Irrsinn allen besseren Wissens, aller Vernunft zum Trotz ungebrochen weiter, ja nimmt sogar immer noch dramatischere Formen an? Gibt es so etwas wie eine Eigendynamik des Irrsinns, der sich von selber immer weiter ausbreitet und das Verrückte je länger je mehr – weil es ja alle anderen auch machen – als etwas ganz «Normales» erscheinen lässt?

ALLEIN 17 NEUE NACHRICHTEN WÄHREND EINER EINZIGEN NACHT

Hand in Hand mit dem gegenseitigen Vergleichen, Messen und Bewerten der Kinder, mit der Selbstoptimierung und den immer drastischer um sich greifenden Frühförderungsmassnahmen geht der Kontrollwahn, der zunehmend von Eltern über ihre Kinder ausgeübt wird.

«Wenn Isabelle K. wissen will, wo ihr Sohn gerade ist, drückt sie auf ihrem Smartphone die entsprechende Taste», so berichtete der «Kölner Stadt-Anzeiger» am 24. Oktober 2017. Und weiter: «Da der Neunjährige eine Armbanduhr mit GPS-Tracker trägt, wird ihr der genaue Aufenthaltsort samt Landkarte mit Strasse und Hausnummer sofort angezeigt. Und wenn er zuhause in seinem Zimmer ist, dann kann Isabelle K. über eine dort eingebaute Kamera feststellen, ob ihr Sohn mit den Hausaufgaben beschäftigt ist oder nicht.»

Seither haben sich die technologischen Instrumente zur Überwachung von Kindern rasant weiterentwickelt, wie das «Tagblatt» vom 2. Juli 2022 berichtete. So können Eltern neuerdings mit einem digitalen geografischen «Zaun» den Bewegungsradius des Kindes definieren. Verlässt das Kind diesen, vibriert das eigene

Smartphone. Immer öfters installieren Eltern in ihrem Haus auch gleich in mehreren Zimmern Kameras, um auch aus der Ferne das Treiben des Nachwuchses kontrollieren zu können. Und Kameras am Hauseingang registrieren, wer wann nach Hause gekommen ist oder das Haus verlassen hat.

Was macht das Baby gerade? Isst es auch ordentlich? Wo befindet es sich zurzeit? Eltern, die ihre Kinder in der Kindertagesstätte Erdmännli in Zürich betreuen lassen, bekommen seit November 2018 laufend Antworten auf solche und ähnliche Fragen. Dort und in zwei weiteren Kitas im Raum Zürich und Aargau wurde während drei Monaten die Web-App Nubana getestet, die Väter und Mütter in Echtzeit über den Tagesablauf ihrer Kinder auf dem Laufenden hält. Die App informiert darüber, wie lange die Kinder draussen waren und was sie dabei getan haben, ob sie geschlafen haben oder wie viel sie gegessen haben. Selbst der Stuhlgang der Kleinen wird dokumentiert. Und damit die Eltern keinesfalls verpassen, wenn der Nachwuchs was Schönes aus Sand kreiert, bekommen sie auch ein Foto – sofern sie eine entsprechende Datenschutzerklärung unterzeichnet haben.[76]

Doch die digitalen Möglichkeiten werden nicht nur genutzt, um die Kinder rund um die Uhr zu überwachen und zu kontrollieren, sondern auch dazu, sich – als Lehrkräfte und Eltern – nahezu pausenlos gegenseitig zu informieren, und dies selbst über jede noch banale Kleinigkeit. «Jede Kopflauskur, jede fixe Idee zum Klassenausflug, jedes vermisste Unterhemdchen wird», so berichtete der «Spiegel» am 28. September 2018, «schnell einmal rund um den Globus und an alle Eltern der Kita, der Klasse oder der Fussballmannschaft verschickt. Eine Mutter erzählte, sie hätte über Nacht allein 17 neue Nachrichten erhalten, nur weil ein Kind sein Freundebuch nicht mehr gefunden hätte. Vorbei sind auch die Zeiten, in denen die Kinder Informationen an die Eltern in Briefform mitbekamen und sich ihre Hausaufgaben in einem Büchlein notierten, weshalb sie dann gelegentlich auch mal vergessen gingen. So etwas ist heute nicht mehr möglich. Findige Eltern – so genannte ‹Helikoptereltern› – haben längst ‹Workarounds› entwickelt, um auch noch das letzte unzuverlässige System auszuschalten. Eltern fotografieren sogar Wandtafelbilder und stellen sie in die Gruppen. Und die WhatsApp-Gruppe brummt selbst samstagabends, an Weihnachten und in den Ferien.»

Auch der Schulweg gerät zunehmend ins Visier überbesorgter Eltern. Laut einer Erhebung des Verkehrsclubs Schweiz aus dem Jahre 2017 wird etwa jedes neunte Unterstufenkind, in manchen Gemeinden gar jedes dritte, regelmässig zur Schule chauffiert, Tendenz steigend.[77] Wobei diese Eltern damit paradoxerweise die Sicherheit, welche sie für ihre eigenen Kinder verbessern wollen, damit für andere umso mehr verschlechtern. Dabei wäre doch der Schulweg eine der wertvollsten Gelegenheiten für eigene, selbstbestimmte Lernerfahrungen, wie Urs Bühler im Magazin der «NZZ am Sonntag» vom 20. August 2023 eindrücklich schildert: «Von sämtlichen Lektionen, welche die Schulzeit für mich bereithielt, fanden die erinnerungswürdigsten ausserhalb des Klassenzimmers statt: Exkursionen aller Art, Lager und – mit weitaus grösster Regelmässigkeit – der Schulweg. Er gehört zu meinem Depot an unauslöschlichen Erfahrungen und Erinnerungen, wie bei so vielen Menschen rund um den Globus. Die paar Gehminuten durch ein im Grund wenig aufregendes Quartier am Zürichberg nährten meine Abenteuer- und Experimentierlust in vertrautem Umfeld, ausgekostet im von mir gewählten Tempo. Auch Tom Sawyer wäre nie zum Romanhelden geworden, wie wir ihn lieben, wenn er keinen Schulweg gehabt hätte, auf dem er eines Tages den Tunichtgut Huckleberry Finn kennenlernte. So manche Freundschaft wäre auch für mich weder geschmiedet noch in gemeinsamen Abenteuern gestählt worden ohne meinen Schulweg. Nie hätte ich, wäre ich mit dem Auto zur Schule gefahren worden, den Schritt vor jenem Haus verzögern können, in der

Hoffnung, durch ein Fenster das heimlich angehimmelte Mädchen zu erspähen, nie hätte ich dieses verbotene Gartentor aufgestossen, das sich mit ohrenbetäubendem Quietschen dafür rächte. Auch der berühmte deutsche Dichter Johann Wolfgang Goethe befand, die beste Bildung fände ein gescheiter Mensch auf Reisen. Deren frühestes und kleinstes Format bildet der Schulweg – und der kann prägender sein als so manch späterer Trip, der tausendmal länger ist.» Für ein Pilotprojekt liess die Gemeinde Rapperswil vor einigen Jahren Buben und Mädchen eines Kindergartens ihren Schulweg zeichnen. Diejenigen, die ihn eigenständig meisterten, zeichneten vor allem Blumen, Schmetterlinge und andere Buntheiten, während die regelmässig Chauffierten eher schwarze Striche malten. [78]

Und wiederum zeigen uns an vorderster Front die USA und China, die auch auf diesem Gebiet am «fortschrittlichsten» sind, wohin der Weg auch für uns früher oder später führen könnte. In den USA macht, wie die «NZZ am Sonntag» vom 18. März 2023 berichtete, «der Überwachungswahn nicht einmal mehr vor dem Babyzimmer Halt. Eine regelrechte Start-up-Szene hat sich der Überwachung des Kindswohls verschrieben. So bietet zum Beispiel die Firma Owlet eine smarte Socke an, die Puls und Blutsauerstoffgehalt des Babys misst. Der Säugling trägt das Gerät am Fuss. Die Daten gelangen per Bluetooth und internetfähige Basisstation zur App auf dem elterlichen Smartphone. Treten aussergewöhnliche Werte auf, schlägt die App Alarm. Bei der Firma Cocoon wiederum gibt es eine Nachtsichtkamera, die einen HD-Videostream des Babys aufs Smartphone schickt. Die Eltern sehen ihr Kind nicht nur, sondern bekommen auch eine optische Darstellung seiner Atemzüge pro Minute – per Algorithmus, abgeleitet aus den Videodaten. Fast schon banal mutet dagegen der Schnuller ‹Pacif-i Smart Dummy› von BlueMaestro an. Er löst auf dem Smartphone einen Alarm aus, wenn das Baby Fieber kriegt. Überwachungsgeräte anderer Anbieter sitzen an der Ferse, am

Handgelenk oder sind in der Kleidung integriert, Atemüberwachung gibt es auch schon per Radar.»

Und in China wurde bereits 2018 ein gross angelegter Test mit etwa 10'000 Kindern durchgeführt, bei dem ein Stirnband getragen werden musste, welches die Gehirnaktivitäten mass. So konnten die Lehrkräfte jederzeit die durchschnittliche Aufmerksamkeitsspanne ihrer Schülerinnen und Schüler feststellen. Ausserdem zeigten unterschiedlich farbige Lämpchen an den EEG-Stirnbändern an, wie konzentriert die Schülerinnen und Schüler bei der Sache waren. Begründet wurde das Experiment damit, dass man auf diese Weise am effizientesten herausfinden könnte, welche Schülerinnen und Schüler besondere Unterstützung benötigten. Dank dieses Experiments hätten sich die Noten der an der Studie Teilnehmenden um ganze zehn Prozent verbessert. [79]

IN DER STÄNDIGEN ANGST ETWAS FALSCH ZU MACHEN

Die Kinder, kaum sind sie geboren, miteinander vergleichen, aneinander messen, der Glaube an Durchschnitte und Normen, Frühförderung, Selbstoptimierung, Kontrollwahn: Wir können das alles wohl nur einordnen, wenn wir es in einem grösseren Zusammenhang sehen. Dieser grössere Zusammenhang ist das allgemeine Verhältnis zwischen Erwachsenen und Kindern und beschränkt sich nicht auf Überwachungskameras, Rayonabgrenzungen und GPS-Tracking. Es ist das, was man das grosse Erziehungsprogramm nennen könnte, das von Erwachsenen ausgedacht und ausgeübt wird und dem die Kinder mehr oder weniger schutzlos ausgeliefert sind, vom Säuglingsturnen über die Schule und Kurse aller Art für Kinder und Jugendliche bis hin zum Spitzensport, damit die Kinder nur ja nichts verpassen und stets «sinnvoll» beschäftigt sind – wobei fast ausschliesslich die Erwachsenen allein darüber befinden, was «sinnvoll» ist und was nicht. Dass die Normen nicht von den Kindern gesetzt werden, sondern von den Erwachsenen, zeigt sich immer dann besonders krass, wenn Eltern sich davon überzeugt zeigen, es sei nötig, ihren Kindern «Grenzen zu setzen», ihnen nicht allzu viele beliebige Freiheiten zu lassen, ihnen Bescheidenheit und Verzicht beizubringen – während sie selber schon am nächsten Tag im Supermarkt oder im Internet alle möglichen Dinge kaufen, die sie eigentlich gar nicht wirklich brauchen, schon bald ins nächste Flugzeug steigen und offensichtlich nie auf die Idee kommen, auch sich selber gelegentlich die eine oder andere Grenze zu setzen.

Wesentliches zu dieser Entwicklung hat insbesondere in den letzten 30 Jahren die psychologische und pädagogische Forschung beigetragen, mit ihrem starken Fokus auf die Formbarkeit des Kindes. «Diese Erkenntnisse», so schreibt das «Tagblatt» am 7. Februar 2022, «suggerieren, dass Eltern es zu einem guten Teil in der Hand haben, wie ihr Kind herauskommt und wie erfolgreich es einmal sein wird. Wenn es nicht den gesellschaftlichen Normen entspricht, ist das Urteil schnell gefällt: Die Eltern haben es falsch gemacht.» Deshalb sind viele Eltern so sehr darauf erpicht, alles im «Griff» und unter «Kontrolle» zu haben. So ergab eine von der Erziehungswissenschaftlerin Margrit Stamm bei 400 Müttern und Vätern durchgeführte Befragung, dass 65 Prozent sagten, sie hätten ihre Kinder «stets unter Kontrolle», während sie aber gleichzeitig die Aussage machten, sie wollten ihre Kinder zu selbständigen und autonomen Wesen erziehen, was auf eklatante Weise das ganze Ausmass des Dilemmas aufzeigt, in dem sich heutige Eltern befinden, auf der einen Seite unter dem Druck so unterschiedlicher von aussen an sie herangetragenen Erwartungen und Wertvorstellungen und auf der anderen Seite im Bemühen, eigene persönliche Idealvorstellungen umzusetzen. [80]

«In vielen westlichen Gesellschaften», so Margrit Stamm, «ist das Kind zum Projekt geworden. Zur Erfüllung eines Lebenstraums. Doch damit verhindern die Erwachsenen, dass das Kind Schritte in die Selbständigkeit wagt und in die Entwicklung seiner Persönlichkeit. Wenn das Kind rund um die Uhr beaufsichtigt und kontrolliert wird, dann vermittelt man ihm auf diese Weise permanent, dass es nicht fähig sei, auf eigene Faust durchs Leben zu kommen, und erzieht es zur Unselbständigkeit. Daher braucht unsere Gesellschaft eine grundsätzlich neue Kultur des Vertrauens und des Glaubens an die Widerstandsfähigkeit von Kindern, nur so können sie jene Autonomieerfahrungen machen, welche sie dazu befähigen, selbständig unterwegs sein zu können und ein positives Selbstwertgefühl aufzubauen.»[81] Auch Psychotherapeut Felix Hof, der in seiner Praxis regelmässig mit Familien zu tun hat, die auf die permanente Überwachung ihrer Kinder setzen, sagt: «Überwachte Kinder leben in der ständigen Angst, etwas falsch zu machen, und verlieren ihre ganze Selbständigkeit.»[82]

Immer häufiger lassen Eltern ihre Kinder selbst in der unmittelbaren Nachbarschaft nicht mehr unbeaufsichtigt spielen, aus lauter Angst, es könnte irgendetwas Schlimmes passieren. Dieser Entwicklung sieht Bernhard Kalicki, psychologischer Mitarbeiter des Münchner Jugendinstituts, mit grosser Besorgnis entgegen, gehe es dabei doch um Selbstbestimmung und darum, sich eigenständig auszuprobieren, Risiken einzugehen und diese sowie die eigenen Kompetenzen auszuloten. Wer nicht losziehen könne, finde sich später in der Welt viel schwerer zurecht. «Laut einer Studie aus den 1990er Jahren», so Kalicki, «verbrachten Kinder, die als Fünfjährige draussen unbeaufsichtigt mit Gleichaltrigen spielen durften, später deutlich mehr aktive Zeit im Freien, hatten mehr als doppelt so viele Freunde und bessere motorische sowie soziale Fertigkeiten als Kinder, denen das freie, unbeaufsichtigte Spiel von den Eltern verwehrt worden war.»[83]

Wenn ich an meine eigene Jugendzeit zurückdenke, so erinnere ich mich, dass ich oft stundenlang ganz alleine durch den Wald schweifte, irgendwo aus Ästen und Blättern eine Hütte baute und meinen Gedanken und Träumen nachhing – so etwas wäre heute, wo die Kinder schon im Alter von zehn oder zwölf Jahren dichtere Tagespläne haben als ihre Eltern, undenkbar. Wie können Kinder heute noch Streiche spielen, von denen niemand auf der Welt und schon gar nicht die eigenen Eltern etwas erfahren dürften, wenn zuhause das Smartphone bereits beim ersten kleinen Verlassen des zulässigen Rayons zu vibrieren beginnt? Wie könnte man noch das Geheimnis der ersten Liebe und die Begegnung mit dem Schulschätzchen ganz für sich alleine behalten? Wie könnte das Kind seine Eltern mit einem selbergepflückten Blumenstrauss überraschen, wenn diese schon wissen, dass es sich soeben auf einer Blumenwiese aufgehalten hat?

Mit Wehmut denken wir jetzt, 70 Jahre später, an die Kinder aus Bullerbü zurück, die ihren Eltern nie im Vornherein sagten, wohin ihre Abenteuerreisen führten, sondern stets erst im Nachhinein erzählten, wo sie gewesen waren und was sie alles erlebt hatten, wohl wissend, dass ihnen das eine oder andere selbst bei einem so grossen Grundvertrauen ihrer Eltern vielleicht doch noch hätte verboten werden können. «Eure Kinder», sagt der libanesische Dichter und Philosoph Kalil Gibran, «sind nicht eure Kinder. Es sind Söhne und Töchter von des Lebens Verlangen nach sich selber. Sie kommen durch euch, aber nicht von euch. Und sind sie auch bei euch, so gehören sie euch doch nicht.»

DIE SOZIALE FRAGE

Eine Kinder-GPS-Fitness-Tracker-Smartwatch mit Alarmfunktion und Kamera für 100 Franken. Digitale Lernprogramme für zusätzliches Üben zuhause. Privater Nachhilfeunterricht. Sommerferienkurse. Musikunterricht. Vorbereitungskurse für die Gymnasialprüfung. Lerncoaching. Das alles muss man sich erst mal leisten können. Und wer da nicht mithalten kann, ist schnell weg vom Fenster. So kommt es, schleichend und scheinbar unaufhaltsam, zu einer permanenten Vertiefung des sozialen Grabens, der auch ohne alle diese Exklusivitäten, rein durch die unterschiedliche soziale Herkunft der Kinder, schon mehr als genug einschneidend wäre. Eine immer dramatischere Ausgrenzung eines wachsenden Teils der Bevölkerung macht sich breit. Chancengleichheit für Kinder aus begüterten und weniger begüterten Familien ist bloss noch ein schönes Wort fern jeglicher Realität. Und die Steine, die man den an sich schon Benachteiligten in den Weg legt, werden von Jahr zu Jahr zahlreicher und schwerer. Und das Kind selber: Wie soll es um alles in der Welt verstehen können, warum es als einziges in der Klasse keine solche Smartwatch haben darf, von der alle anderen so begeistert schwärmen?

Damit nicht genug. Denn da gibt es zusätzlich nicht wenige Eltern, die sich schon ganz aus dem öffentlichen Schulsystem verabschiedet haben und ihre Kinder auf eine Privatschule schicken, die nicht genug teuer sein kann und wo in kleinen Klassen, in familiärer Atmosphäre und mit bester Ausstattung unter optimalen Verhältnissen gelernt werden kann, während die öffentlichen Schulen unter zunehmendem Spardruck stehen und nicht selten sogar aus finanziellen Gründen ausgerechnet Exkursionen, Klassenlager oder Projektwochen – die eigentlichen Highlights im Schulleben der meisten Kinder und Jugendlichen – aus dem Programm gestrichen werden. Und so kommt es zu einer immer deutlicheren Zweiteilung der Gesellschaft, die zunehmend durch alles hindurchgeht. Immer mehr Eltern und Kinder bleiben auf der Strecke. Für sie bleibt nur die Wahl zwischen Wut, Verzweiflung, Resignation und dem inneren Abschied von einer Gesellschaft, die sich so wenig um das Wohl des Ganzen kümmert.

«Früher», schreibt der Wirtschaftswissenschaftler Fabrizio Zibilotti in der «NZZ am Sonntag» vom 17. Februar 2019, «war die Gesellschaft entspannter. Seither ist alles viel kompetitiver geworden. Der Druck auf die Eltern hat zugenommen. Die Kosten, um im Leben erfolgreich zu sein, sind gestiegen, und in vielen Ländern hat die soziale Ungleichheit zugenommen. Kinder sind heute viel stärker sozialen Unterschieden ausgesetzt als früher. Fast überall sind die Wohngegenden sozial segregiert, und Kinder, die in einem förderlichen Umfeld aufwachsen, haben auch eine Familie, die sich um sie kümmert. In Zeiten, in denen der Wettbewerb um gute Aussichten für die Kinder so gross ist wie heute, können ärmere Eltern kaum mehr mithalten. Die Gefahr ist gross, dass sie mit der Zeit einfach aufgeben.»

Gleichzeitig öffnet sich damit ein immer grösseres Feld an Profitchancen für Institutionen und Firmen, die dank der Angst und der Sorge der Eltern um ihre Kinder ihr grosses Geschäft machen: Anbieter einer Flut von Lernmaterialien, die praktisch schon ab der Geburt eingesetzt werden können, jede Menge digitaler Lernwerkzeuge, Förder-, Vorbereitungs- und Nachhilfekurse, Privatschulen. Dabei tummeln sich an vorderster Front auch immer mehr Unternehmen, die mit pädagogischen oder lernpsychologischen Erkenntnissen auch nicht das Geringste am Hut haben und denen es einzig und allein darum geht, aus der ganzen Misere einen möglichst hohen finanziellen Profit herauszuholen. So wurde zum Beispiel, wie Richard David Precht in seinem Buch «Jäger, Hirten und Kritiker» schildert, schon zwischen 1997 und 2007 jedes dritte Kleinkind in den USA durch CDs und DVDs dabei unterstützt, seine Muttersprache zu lernen: «Mithilfe von ‹Brainy Baby› und ‹Baby Einstein› sollten die lieben Kleinen bestmöglich trainiert werden. Das Ergebnis war eine Katastrophe. Bei wissenschaftlichen Tests schnitten die solchermassen trainierten Kleinkinder auffallend schlecht ab. Denn um seine Muttersprache zu erlernen, reagiert das Kind nicht nur auf Worte, sondern ebenso sehr auf Augenkontakt, Mimik, Gesten und Zuwendungen. Dessen ungeachtet, erwirtschafteten Konzerne wie Disney mit derartigen Lernprodukten 400 Millionen US-Dollar Gewinn und hinterliessen ein desaströses Ergebnis bei den betroffenen Kindern.» Aber nicht nur in den USA, auch in der Schweiz laufen die Geschäfte gut. So wurden, wie Alex Hämmerli, Sprecher bei Digitec-Galaxus anfangs 2023 bekanntgab, im Jahre 2022 rund 50 Prozent mehr Smartwatches mit Tracking-Funktion verkauft als im Vorjahr. [84]

«Noch nie», so die «NZZ am Sonntag» vom 17. März 2024, «haben Eltern so viel Zeit in ihre Kinder investiert.» Dies zeige eine neue Studie, die das das Beratungsbüro BSS im Auftrag des Staatssekretariats für Wirtschaft erstellt hat. Laut dieser Studie kommen Eltern auf eine durchschnittliche Betreuungszeit von 31 Stunden pro Woche, sieben Stunden mehr als noch vor 25 Jahren. Dazu Studienautor Lukas Mergele: «Heute überlässt man das nicht mehr dem Schicksal, sondern plant alles minutiös.» Es sind vor allem Personen mit Hochschulabschluss, diese investieren 50 Prozent mehr Zeit in den Nachwuchs als solche mit geringer Bildung. Zunehmend, so der Zürcher Ökonomieprofessor Josef Zweimüller, werde eine gute Ausbildung als Teil des Erbes betrachtet, das die Eltern ihren Nachkommen weitergäben: «Der Anspruch, dass jedes Kind eine Topausbildung erhalten und später zu den Spitzenverdienern gehören soll, führt zu einem starken Konkurrenzkampf zwischen den Eltern.» Dass sich dieser Aufwand tatsächlich lohne, davon ist auch Fabrizio Zilibotti, Ökonom an der Universität Yale, überzeugt: Die Forschung zeige, dass Kinder im Schnitt eine bessere Ausbildung erreichen und seltener unter Suchtkrankheiten leiden würden, je mehr Zeit die Eltern mit ihnen verbringen. Allerdings werde der hierfür aufzubringende Aufwand immer grösser, würde sich der Druck auf die Eltern, den Kindern die bestmöglichen Starbedingungen zu bieten, insbesondere durch die sozialen Netzwerke doch immer weiter erhöhen.

Dies alles führt dazu, dass die soziale Schere zwischen über- und unterprivilegierten Kindern immer weiter auseinandergeht. Denn wenn Eltern mit geringerer Bildung weniger Zeit für ihre Kinder aufbringen, liegt der Grund dafür ja nicht darin, dass sie zu «faul» oder zu «gleichgültig» wären, sondern schlicht und einfach darin, dass sie gar keine Wahl haben und gezwungen sind, volle Erwerbsarbeit zu leisten, während Gutverdienende es sich viel besser leisten können, ihre Arbeitspensen zu reduzieren. Zudem geht all dies vor allem zu Lasten der Frauen, welche nicht zuletzt im Hinblick darauf, ihre Kinder bestmöglich zu fördern, bei ihren beruflichen Plänen oft zurückstecken oder diese gar gänzlich an den Nagel hängen.

GANZE FAMILIEN MONATELANG IM WAHNSINN

Bis zu 6000 Franken blättern Eltern im Kanton Zürich für private Vorbereitungskurse hin, damit ihre Kinder wenn irgend möglich die Aufnahmeprüfung ans Gymnasium bestehen. So etwa erteilt eine Privatlehrerin, wie die «Sonntagszeitung» vom 5. Februar berichtete, online Vorbereitungskurse. Ein Kurs dauert 21 Wochen, 2 bis 2,5 Stunden pro Woche. Die Kursleiterin legt den Eltern nahe, dass es sich lohnen könnte, das eine oder andere Hobby vorübergehend zu streichen, die Gymiprüfung sei eine harte Zeit. «Für die Kinder ein gewaltiger Stress, für die Eltern sechs Monate Ausnahmezustand», schreibt auch die «NZZ am Sonntag» vom 5. Februar 2023 und berichtet von einem Vater, der mehrere Wochen unbezahlten Urlaub eingeholt hätte, um mit seinem Sohn für die Prüfung zu üben, denn «für viele Eltern ist das Gymnasium das allein selig machende Nadelöhr, das die Kinder auf den schulischen Königsweg führt.» Weil aber immer mehr

Kinder ans Langzeitgymnasium drängen, führe dies zu einer Spirale mit immer höheren Vornoten, immer strengeren Bewertungen bei der Aufnahmeprüfung und immer mehr privaten Vorbereitungskursen, worauf die Vornoten noch höher würden und die Prüfungen noch strenger. Ab diesem Jahr liege der erforderliche Notenschnitt zum Bestehen der Prüfung bei 4,75 statt wie bisher bei 4,5. So treibe die Gymiprüfung «ganze Familien monatelang in den Wahnsinn.» Die Aufnahmeprüfung, so sagen manche Lehrkräfte, sei ohne spezielle Vorbereitung gar nicht mehr zu bestehen. Aber auch in jenen Kantonen, in der nicht eine Aufnahmeprüfung über die Aufnahme ans Gymnasium entscheidet, sondern die Vornoten aus der Primarschule, geht ohne Stützkurse und die tatkräftige und meist auch finanzielle Unterstützung durch die Eltern kaum mehr etwas. [85]

Eine ungeheure Last liegt auf den betroffenen Jugendlichen, die ja ihre Eltern auf keinen Fall enttäuschen wollen, wenn sie schon so viel Geld und Zeit investieren. Von einer Zwölfjährigen, die diesem Druck nicht mehr standgehalten hätte, berichtet Dagmar Pauli, stellvertretende Direktorin der Kinder- und Jugendpsychiatrie Zürich: Aus Angst, die Gymiprüfung nicht zu bestehen, hätte sie sich im Frühjahr 2019 das Leben genommen. [86] Und seither ist für die betroffenen Jugendlichen alles noch viel schlimmer geworden, und dies in der schönsten Zeit ihres Lebens, wo sie so viel Sinnvolleres tun könnten, als bis tief in die Nacht über Büchern zu sitzen und sich Wissen in den Kopf hineinzustopfen, von dem sie das Allermeiste in ihrem späteren Leben ohnehin nie mehr brauchen werden. Und erst recht bricht die ganze Welt für all jene zusammen, welche – und das ist rund die Hälfte von allen! – die Aufnahmeprüfung ans Gymnasium nicht bestehen. Ein halbes Jahr ihres Lebens haben sie geopfert, alles gegeben, was sie konnten, auf unzählige Stunden Schlaf verzichten müssen, vielleicht auch auf geliebte Hobbys – und das Einzige, was sie als Lohn dafür bekommen, sind die enttäuschten Blicke oder viel-

leicht allerhöchstens ein paar tröstende Worte ihrer Eltern wie:
Das Leben gehe trotz alledem weiter. Hier zeigt sich wieder die
absurde Logik des Selektionsprinzips in ihrem ganzen erbar-
mungslosen Ausmass: Die Jugendlichen könnten immer weiter
an ihre Grenzen gehen, nicht zwei, sondern zehn Stunden pro
Woche Privatkurse besuchen oder gar gänzlich auf ihren Schlaf
verzichten, am Ende würden doch wieder nur die 50 Prozent
«Besten» die Prüfung bestehen und die 50 Prozent «Schlechtesten» scheitern. Dabei ist jegliches auch nur annähernd vernünfti-
ges Mass längst schon überschritten. Nach wochenlangem Pauken
sind die Köpfe so voll, dass nichts mehr hineinpasst, und wenn,
dann nur, wenn anderes wieder hinausgeworfen wird. Wie vollge-
ladene Akkus: Sind sie erst einmal voll, müssten sie geradezu
explodieren, bis wieder Platz frei würde für Neues. Und tatsächlich: Der Prüfungserfolg, so ist in einem 2022 veröffentlichten
Gutachten der Universität Zürich zu lesen, hänge kaum von der
Intensität oder der Art der Vorbereitung ab, selbst Jugendliche,
die sich nur zuhause mit einem älteren Bruder vorbereitet hätten,
wären in der Prüfung nicht weniger erfolgreich wie jene aus den
Paukerkursen.[87]

Doch nicht einmal wenn die Prüfung geschafft ist, kommen die
Zwölf- oder Dreizehnjährigen zur Ruhe. Nein, dann geht der
Stress erst so richtig los, denn nun muss noch die Probezeit über-
standen werden. Besonders krass ist auch die Belastung durch
Hausaufgaben. Gemäss einer Umfrage an der Kantonsschule
Zürich arbeiten rund die Hälfte der Schülerinnen und Schüler
unter der Woche täglich zwei Stunden und mehr zu Hause für die
Schule, an den Wochenenden sind es vier Stunden, insgesamt also
14 Stunden pro Woche – da bleibt auch nicht mehr ein letzter Rest
an Zeit und Musse, in der die jungen Menschen eigene kreative
Ideen entfalten bzw. eigene, selber geplante Projekte verwirklichen könnten. Als Folge zeige sich, so Dagmar Pauli, eine zunehmende Anzahl von Depressionen, Schulvermeidung und Esstö-

rungen: «Wenn sie alles richtig machen wollen, was von ihnen verlangt wird, geraten die Jugendlichen zunehmend in eine Erschöpfung, weil ihnen der Ausgleich in Form jeglicher entspannter Freizeit fehlt.» Trotzdem planen der Bund und die kantonalen Erziehungsdirektionen eine Erhöhung der Anzahl Maturanoten, was den Druck zweifellos noch weiter verschärfen wird.[88] Zudem wurden unlängst an vielen Gymnasien die mündlichen Aufnahmeprüfungen abgeschafft, die manch einem Schüler, manch einer Schülerin die Chance verschafft hatten, mit einer hervorragenden mündlichen Leistung eine vermasselte schriftliche Prüfung einigermassen wettzumachen.[89] Ebenfalls wurde, an den Zürcher Gymnasien, ab dem Schuljahr 2023/24 die sogenannte «Zweite Chance» abgeschafft. Diese hatte es Schülerinnen und Schülern, welche in der Probezeit gescheitert waren, ermöglicht, im folgenden Schuljahr erneut prüfungsfrei ins Gymnasium einzutreten. Begründet wurde der Wegfall dieser zweiten Chance damit, dass damit die «Eigenmotivation» der Schülerinnen und Schüler gestärkt werden sollte. Im Klartext aber bedeutet es nichts anderes, als dass die Prüfungskandidatinnen und Prüfungskandidaten dadurch unter einem noch grösseren Druck stehen, alles zu tun, um möglichst nicht aus dem System «ausgespuckt» zu werden.[90]

Mittlerweile sind es beispielsweise im Kanton Zürich bereits 40 Prozent aller Gymnasialschülerinnen und –schüler, welche das Gymnasium gar nicht abschliessen und entweder während oder nach der Probezeit wieder aussteigen müssen. Weitere 20 Prozent bleiben sitzen und müssen eine oder mehrere Klassen repetieren. Die «Ausgespuckten» aber sind nun gezwungen, sich ganz von vorne noch einmal neu zu orientieren und sich unter grossem Zeitdruck mit der Wahl einer praktischen Berufslehre auseinandersetzen, was sie zuvor, ausschliesslich auf das Bildungsziel Gymnasium ausgerichtet, ganz und gar vernachlässigt hatten.[91] Da klingt es dann schon wie ein Hohn, wenn der Zürcher Regierungsrat – in seiner Antwort auf eine kritische Anfrage aus dem Kantonsrat betreffend Chancengleichheit beim Aufnahmeverfahren ans Gymnasium – allen Ernstes behaupten kann, das Zürcher Verfahren habe sich «wissenschaftlich gesehen als besonders effizient und fair» erwiesen. [92]

ZU SCHWACH FÜR DIESE WELT?

«Jeden Tag geht es um Leistung», erzählt die 17-jährige Gymnasiastin A. im «Magazin der NZZ am Sonntag» vom 12. November 2023, «15 Lehrerinnen und Lehrer wollen, dass ich es in ihrem Fach gut mache. Oft habe ich das Gefühl, in meinem Leben sei für nichts anderes Platz als fürs Lernen. Gerade kam wieder eine ungenügende Note zurück. Da musste ich weinen. Ich fühlte mich als Versagerin. Letzten Winter hatte ich Panikattacken. Ich war so erschöpft, dass ich tagelang nicht zur Schule gehen konnte. Meine Mutter brachte mich zur Ärztin. Statt auf meine Probleme einzugehen, fragte sie, ob ich Antidepressiva nehmen wolle. Vielen geht es gleich. Mental Breakdowns und Therapiebesuche gehören zum Alltag. Meine beste Freundin kämpft ebenfalls mit der Angst, nicht zu genügen. Anderen geht es ernsthaft schlecht, sie mussten wegen Essstörungen oder Suizidgedanken in die Klinik. Ein Schüler aus einer höheren Klasse hat sich gerade das Leben genommen. Ich spiele Querflöte. Eigentlich trete ich gerne auf, aber statt um Spass geht es am Ende auch hier nur um den perfekten Ton. Uns wurde gesagt, es sei unsere Aufgabe, uns in dieser Gesellschaft nützlich zu machen. Selten wird uns gesagt, worauf wir uns freuen sollen. Nur, dass dann an der Uni alles noch viel strenger sein wird. Wenn ich höre, wir seien zu schwach für diese Welt, dann denke ich: Wer sagt uns, dass wir nicht zerbrechen dürfen?»

Offensichtlich schrecken eine grosse Vielzahl von Eltern nicht davor zurück, ihren Kindern solche Leiden zuzumuten. Hauptsache, ihr Kind ist im Gymnasium und wird es eines Tages erfolgreich abschliessen, womit sich dann rückblickend auch alle Opfer gelohnt haben werden. Diese Haltung zeigt sich nicht zuletzt auch darin, dass immer mehr Eltern negative Prüfungsentscheide gerichtlich anfechten. Gab es im Jahr 2012 gemäss Zahlen der Bildungsdirektion Zürich noch 36 solche Beschwerden, waren es im Jahr 2019 bereits 89, seither dürfte die Zahl weiter angestiegen sein. «Es scheint», so Prüfungskoordinator Roland Lüthi, «dass der Wunsch, das eigene Kind am Gymnasium zu sehen, bei einzelnen Eltern so gross ist, dass man sogar so weit geht, juristische Mittel einzusetzen.» [93]

Doch was, wenn ein Jugendlicher es trotz aller Bemühungen nicht packt oder kurz vor der Matura seine ganze Lernmotivation verloren hat? Für alle, die genug Geld haben, ist selbst das kein Problem. So etwa verspricht, wie das Internetportal «Watson» am 3. Februar 2019 berichtete, eine im Kanton Tessin ansässige italienische Privatschule Abhilfe. Das Istituto Fogazzaro in Breganzona bei Lugano garantiert auch dem «unbegabtesten» Gymnasiasten eine Maturität. Voraussetzung: Er muss sich mindestens ein Jahr lang am Fogazzaro einschreiben. Rund 10'000 Franken Schulgebühr pro Schuljahr kostet das. Wer nicht das Zeug für einen üblichen Abschluss hat, den schickt die Luganeser Privatschule zur Abschlussprüfung nach Neapel. Gegen eine einmalige Gebühr von rund 3000 Euro liefert die süditalienische Partnerschule in Pomigliano d'Arco eine «Schummel-Matura». Den Schülerinnen und Schülern aus der Schweiz werden die Ergebnisse der Prüfungsfragen schon im Vorfeld zugeschoben. Diese braucht man dann nur in die Prüfungsbögen einzusetzen. Fertig ist die Maturität! Damit es nicht auffällt, wird den Prüflingen geraten, auch ein paar Fehler einzubauen. [94]

Der neueste Hit: In der 6. Klasse sitzen bleiben. Nicht weil der Stoff dieses Schuljahrs zu wenig gut gelernt wurde, sondern um die Chance, ein Jahr später den Sprung ins Gymnasium doch noch zu schaffen, zu erhöhen. Zahlen des Bildungsberichts Schweiz 2023 zeigen, dass diese Taktik zum Beispiel im Kanton Wallis, wo sie besonders häufig angewendet wird, bestens funktioniert: 80 Prozent aller Repetentinnen und Repetenten landen ein Jahr später tatsächlich im Gymnasium! Dass «Sitzenbleiben» in der Volksschule gesamtschweizerisch jährliche Kosten von rund 300 Millionen Franken verursacht, scheint dabei offensichtlich niemanden besonders zu stören. [95]

EIGENTLICH IST DAS GYMNASIUM DOCH SCHON LÄNGST ÜBERFLÜSSIG GEWORDEN

Doch wozu eigentlich der ganze Wahnsinn? Das Gymnasium ist doch, seitdem man jeden Beruf auch über den Weg einer Berufslehre mit nachfolgender Weiterbildung erlernen kann, schon längst überflüssig geworden, ist nur noch ein Relikt aus dem 19. Jahrhundert, als das sogenannte Bildungsbürgertum mit allen Mitteln bestrebt war, dafür zu sorgen, dass die Privilegien, über die man verfügte, möglichst nahtlos an die nachfolgende Generation weitergingen. Und tatsächlich ist dank des Gymnasiums die Chance eines Kindes akademisch gebildeter Eltern, selber wieder Akademiker oder Akademikerin zu werden, auch heute noch sieben Mal grösser als jene eines Kindes weniger gebildeter Eltern. [96] Dies ist nichts weniger als eine gravierende Menschenrechtsverletzung, die jeglichem gesellschaftlichem Anspruch auf die Chancengleichheit unterschiedlicher sozialer Schichten zutiefst widerspricht.

Wie tief und hartnäckig das Bild vom Gymnasium als «Königsweg» der Bildung immer noch in vielen Köpfen verankert ist, zeigt auf besonders drastische Weise die Aussage eines Universitätsprofessors, dessen Kinder mehrheitlich eine Lehre machten. Wiederholt sei der Professor von Kollegen gefragt worden, ob denn seine Kinder «behindert» seien.[97] «Die berufliche Grundausbildung», so Berufsbildungsfachmann Emil Wettstein im «Tagesanzeiger» vom 12. Dezember 2020, «wird immer noch im Vergleich mit den Mittelschulen als Weg der zweiten Wahl betrachtet. Das geht zurück bis die Antike, wo die praktische Arbeit Sache der Sklaven war, während die Herren sich auf das Denken beschränkten. Diese Wertung ist bis heute lebendig geblieben.»

Was für Nachteile hätte denn eine Abschaffung des Gymnasiums? Mir fällt auch nach längerem gründlichem Nachdenken nichts wirklich Stichhaltiges ein. Vorteile sehe ich dafür umso mehr.

Erstens würden *alle* jungen Menschen im Alter von etwa 16 Jahren eine praktische Berufslehre antreten und drei oder vier Jahre später über eine abgeschlossene Berufsausbildung verfügen, um sich bereits eine eigene Existenz aufbauen zu können. In dieser Zeit hätten sie täglich mit Erwachsenen zu tun gehabt und nach und nach immer mehr Verantwortung in der realen Arbeitswelt übernehmen müssen – im Gegensatz zu den Gymnastinnen und Gymnasten, für welche die Lehrerinnen und Lehrer bis zuletzt die einzigen erwachsenen Bezugspersonen sind und die nie wirklich aus ihrer meist eher passiven Schülerrolle herauskommen. Während andere schon mitten im Leben stehen, sitzen sie noch immer in der Schule. Wenn die heutige Gesellschaft von einer Spaltung in das, was man als «Elite» zu bezeichnen pflegt, und das, was man das «Volk» nennt, geprägt ist, so hat dies auch wesentlich damit zu tun, dass man junge Menschen schon im Alter von 13 oder 15 Jahren voneinander trennt und auf so unterschiedliche zukünftige Bildungswege schickt. Dies wurde mir so richtig bewusst, als ich eines Tages meinen ehemaligen Schüler Alex traf. Während ihrer gemeinsamen Zeit in der Volksschule hatten sich Marianne, seine beste Kollegin, und Alex stets wunderbar verstanden. Doch nach Abschluss der dritten Sekundarklasse hatten sich ihre Wege getrennt: Marianne wechselte ans Gymnasium, Alex begann eine Lehre als Forstwart. Bloss zwei Monate nach dem letzten gemeinsamen Schultag, so erzählte mir Alex, hätte er Marianne wieder getroffen. Doch es sei ihm richtig schwergefallen, sich mit ihr zu unterhalten. Es sei ihm vorgekommen, als spräche sie auf einmal eine ganz andere Sprache, als lebten sie beide in ganz verschiedenen Welten.

Zweitens würde der Entscheid, allenfalls nach der abgeschlossenen Berufslehre doch noch einen akademischen Weg einzuschlagen, erst in einem Alter erfolgen, in dem ein solcher Entscheid selbstbestimmt und ohne Einfluss der Eltern erfolgen würde, und nicht schon mit zwölf oder fünfzehn Jahren, wenn ein solcher Entscheid noch weitgehend durch die Eltern beeinflusst ist.

Drittens würde sich dadurch die Chancengerechtigkeit massiv erhöhen, denn ausschlaggebend für die längerfristige Berufsplanung wäre dann nicht mehr hauptsächlich der familiäre, soziale oder kulturelle Hintergrund, sondern die konkreten Berufserfahrungen in der Arbeitswelt, wo sich viele Jugendliche erfahrungsgemäss viel erfolgreicher entfalten können als im engen Korsett einer auf wenige «Hauptfächer» fixierten Lehrplan- und Jahrgangsklassenschule.

Viertens bildet eine Berufslehre in Kombination mit der Berufsschule ein viel ganzheitlicheres, Theorie und Praxis gleichermassen umfassendes Gefäss zum Erwerb von Fertigkeiten und Kenntnissen und zur Persönlichkeitsentwicklung, als dies in einem Gymnasium möglich ist, wo sich fast alles auf die Vermittlung theoretischer Inhalte beschränkt. Um an dieser Stelle wieder einmal Johann Heinrich Pestalozzi zu zitieren: Nachdrücklich plädierte er immer wieder für eine möglichst ganzheitliche, «Kopf», «Herz» und «Hand» gleichermassen umfassende Bildung, in der sich die Entfaltung der einen Kräfte mit der Entfaltung der anderen gegenseitig verstärken. Die Aufspaltung in «Kopfmenschen», welche ein Gymnasium besuchen, und «Körpermenschen», welche eine Lehre machen, ist völlig künstlich und willkürlich und widerspricht der Ausgewogenheit und Ganzheitlichkeit des Menschen zutiefst. So gesehen müsste man eigentlich schon heute die Berufslehre und nicht das Gymnasium als den eigentlichen «Königsweg» der Bildung bezeichnen.

WAS WIR UNS ALLES AN BELASTUNGEN UND SCHLAFLOSEN NÄCHTEN ERSPAREN KÖNNTEN

Doch das ist längst noch nicht alles. Fünftens würden, wenn es keine Gymnasien mehr gäbe, jene Lehrpersonen, die heute ausschliesslich an Gymnasien arbeiten, ihr besonderes Wissen und ihre hochspezialisierten Kenntnisse auch an alle jene jungen Menschen weitervermitteln können, die heute, parallel zur Lehre, eine Berufsschule besuchen, was nichts anderes bedeuten würde, als dass somit auch der zukünftige Handwerker und die zukünftige Floristin, zum Beispiel in Form von Freifächern, etwas von Philosophie, Literaturgeschichte oder anderem Spezialwissen erfahren könnten, was heute ausschliesslich, und oft bis zum Überdruss, ausschliesslich Gymnasiastinnen und Gymnasten vorbehalten ist.

Sechstens würde dadurch das Ansehen der handwerklichen und praktischen Berufe massiv ansteigen und niemand käme mehr auf die verrückte Idee, Jugendliche, welche sich für eine Berufslehre entscheiden, müssten in irgendeiner Weise «behindert» sein.

Siebtens wäre dies wohl auch die nachhaltigste Massnahme gegen den sogenannten «Fachkräftemangel», der genau daraus resultiert, dass immer mehr Jugendliche – meist auf Druck ihrer Eltern, oft aber auch aus Eigeninitiative – an die Gymnasien drängen, während eine wachsende Zahl von Firmen immer mehr Mühe bekunden, überhaupt noch genug Lehrlinge zu bekommen. So starteten im Jahr 2020 8,7 Prozent weniger Lernende ihre Ausbildung als im Jahre 2011, während parallel dazu die Zahl der Beschäftigten im gleichen Zeitraum zugenommen hat, was also bedeutet, dass immer weniger Lernende ausgebildet werden im Verhältnis zu den regulär Erwerbstätigen; auf 100 Vollzeitangestellte kamen 2020 im schweizweiten Durchschnitt nur noch 4,5 Lernende. Das Bundesamt für Statistik erwartet zwar für das Jahr 2024 ein Plus von 14 Prozent in der beruflichen Grundbildung, gleichzeitig aber einen noch grösseren Anstieg bei den Gymnasien, nämlich 19 Prozent. [98]

Achtens würden auch «höhere», akademische berufliche Tätigkeiten auf diese Weise auf einem weitaus festeren Fundament aufbauen, als wenn dieser «Unterbau» bloss aus einem vieljährigen Schulbesuch ohne Bezug zur Arbeitswelt beruht. Ich bin fast ganz sicher, dass der Architekt, der zuerst eine Zeitlang als Maurer oder Hochbauzeichner gearbeitet hat, die Kinderärztin, die zuvor als Pflegefachfrau tätig war, und der Hochschulprofessor, der in jungen Jahren an einer Werkbank stand oder auf einem Gemüsefeld arbeitete, für ihre spätere Berufsarbeit ganzheitlichere und bessere Voraussetzungen mitbringen würden, als wenn sie sich während dieser Zeit ausschliesslich mit Lateinvokabeln, der Lehre des Pythagoras oder der Zusammensetzung chemischer Elemente herumgeschlagen haben. Vor allem aber hätten sie einen ganz anderen Bezug zu den Menschen, welche die eigentliche wirtschaftliche und gesellschaftliche Basisarbeit leisten, wären sie doch selber eine Zeitlang Teil dieser Arbeitswelt gewesen.

«Vielleicht», sagt Matthias Zürcher, Leiter der höheren Berufsbildung am Strickhof, dem Schweizer Kompetenzzentrum für Agrar-, Lebensmittel- und Hauswirtschaft im Kanton Zürich, «sollte es auch mal gestattet sein, mehr fachliche Kompetenzen in der akademischen Welt zu erwarten. Die Lerninhalte einer Matura sind seit einer gefühlten Ewigkeit dieselben, während sich die Berufsschulen und die höhere Berufsbildung jedes Jahr mit der Industrie und der Wirtschaft weiterentwickeln müssen. Der Medizinstudent, der später einmal Chefarzt wird, was fehlt ihm? Bestimmt nicht die medizinischen, anatomischen oder chemischen Kompetenzen, sondern Praktisches: Sozial- und Führungskompetenzen, Resilienz, unternehmerisches Denken und Handeln, Selbstmanagement, Kollaborationsfähigkeiten. Dinge, die in einer Berufslehre vom ersten Tag an gelernt werden müssen, weil das Teil des sozialen Systems im Betrieb darstellt. An den Universitäten werden viel weniger echte Persönlichkeiten herangezogen als in der Berufslehre.» [99]

Dass viele oft schon bald 25-Jährige, welche eine Matura absolviert haben – bekanntlich stammt das Wort «Matura» vom lateinischen «maturus», was so viel wie «reif» bedeutet – tatsächlich immer noch nicht wirklich reif sind, immer noch nicht wissen, wie sie ihre berufliche Zukunft gestalten möchten und oft schon ein zweites oder drittes Studium begonnen haben, um es gleich wieder abzubrechen – während andere, die den Weg einer Berufslehre gewählt haben, schon längstens mitten im Erwerbsleben stehen –, zeigt, dass es eben nicht so sehr das Gymnasium ist, welches für das Leben «reif» macht, sondern vielmehr die praktischen Erfahrungen in der Arbeitswelt, welche durch eine Berufslehre vermittelt werden.

Im «Tagesanzeiger» vom 11. Dezember 2023 kamen mehrere Jugendliche zu Wort, die sich trotz überdurchschnittlichen Noten, die ihnen einen Zugang zum Gymnasium locker möglich gemacht hätten, bewusst für eine Berufslehre entschieden haben.

L.B., ein 17-jähriger Zimmermannslehrling, sagt: «Die kleine Werkstatt in unserem Keller hat auf mich immer schon eine magische Anziehungskraft ausgeübt. Bereits als Einjähriger werkelte ich an der ersten geschenkten Hobelbank. Im Schulalter sägte ich mit der Laubsäge an feinen Holzplatten, bis ich schliesslich richtige Möbel herstellte. Ich wartete während meiner ganzen Schulzeit, bis ich endlich nicht mehr rumsitzen musste. Ich bereue es nicht, mich für eine Berufslehre entschieden zu haben. Manchmal habe ich das Gefühl, dass meine Kollegen, die das Gymnasium besuchen, weniger im Leben stehen als ich.» Und I.M., ein 18-jähriger angehender Fachmann Gesundheit, meint: «Ich hatte immer schon ein Bedürfnis nach Eigenständigkeit und wollte mein eigenes Geld verdienen. Den Entscheid für die Berufslehre bereue ich nicht. Durch die Lehre wurde ich im Umgang mit meinen Mitmenschen sensibler, gleichzeitig aber auch belastbarer.» Es wäre wohl hilfreich, Jugendliche, welche vor der Entscheidung zwischen Gymnasium und Berufslehre stehen, würden auch solche Erfahrungsberichte zur Kenntnis nehmen und nicht nur Statistiken, aus denen sich ablesen lässt, mit welchem akademischen Grad man wie viel Geld verdienen kann.

Was könnten wir uns alles an Sorgen, Belastungen, Ängsten, unerfüllbaren Erwartungen, schlaflosen Nächten, Depressionen, Suizidgedanken, familiärem «Wahnsinn», Kosten für Privatunterricht und Therapien ersparen, wenn sich Jugendliche im Alter von zwölf oder 15 Jahren nicht mehr zwischen dem Gymnasium und einer Berufslehre entscheiden müssten, sondern nur, aufgrund ihrer tatsächlichen Begabungen und Interessen, zwischen der einen oder anderen Berufslehre, und sich dabei trotzdem, oder gerade deshalb, alle Optionen für ihre weitere berufliche Zukunft offenhalten könnten.

DUALES BILDUNGSSYSTEM: EIN WELT-ERFOLG

Bleiben wir einen Augenblick bei der praktischen Berufslehre und ihren Vorzügen gegenüber rein akademischen Bildungswegen.

Der markanteste Vorteil der Berufslehre liegt in der Verknüpfung von praktischer Berufsarbeit in der konkreten Arbeitswelt mit den theoretischen Inhalten, welche parallel dazu von den Berufsschulen vermittelt werden. Bei diesem Berufsbildungssystem handelt es sich tatsächlich um eine Art Vorzeigemodell, bei dem die Schweiz eine einzigartige Vorreiterrolle einnimmt und das weltweit bei Bildungsfachleuten auf grösste Bewunderung stösst. So etwa zeigt Indonesien, mit der bis 2045 prognostizierten fünftgrössten Volkswirtschaft der Welt, neuerdings grosses Interesse am dualen Bildungsmodell der Schweiz. «Wenn es gelänge, diese vielen jungen Menschen zu qualifizierten Arbeitskräften auszubilden», so Stefan Kammhuber, Leiter des Instituts für Kommunikation und interkulturelle Kompetenz der Fachhochschule OST, «würde das nicht nur der Wirtschaft helfen, sondern auch zur gesellschaftlichen Stabilität beitragen.» Nun erhält Kammhuber die Chance, im Rahmen eines Projekts des Staatssekretariats für Bildung, Forschung in Innovation (SBFI) der Berufslehre in Indonesien zum Durchbruch zu verhelfen. Gemeinsam mit Ben Hüter, Vorstandsmitglied der Schweizer Direktorinnen- und Direktorenkonferenz der Berufsfachschulen, wird er die Leitung eines Teams von Forscherinnen und Forschern aus der Schweiz und Indonesien übernehmen, die gemeinsam erarbeiten sollen, wie ein Berufsbildungssystem in Indonesien konkret aussehen könnte. [100]

Wie effizient das duale Bildungssystem insbesondere in Bezug auf die Qualität der ausgebildeten Berufsleute ist, zeigt sich alljährlich bei den «WorldSkills», den Weltmeisterschaften nicht akademisch gebildeter junger Berufsleute, wo die Schweiz regelmässig mit Spitzenresultaten glänzt. Grosses Staunen machte sich auch breit, als die Resultate der 2017 international durchgeführten Pisa-Studie genauer untersucht wurden und sich dabei herausstellte, dass die besten 25 Prozent der schweizerischen Lehrlinge in technisch-handwerklichen Berufen bei der Mathematikprüfung bessere Resultate erzielt hatten als die meisten Gymnasiastinnen und Gymnasiasten [101] – ein weiterer Beweis für die Wirksamkeit von Learning by Doing und einer möglichst engen Verflechtung von praktischem und theoretischem Lernen. Ginge die Tendenz einer zunehmenden Akademisierung bei gleichzeitig zunehmender Aushöhlung der praktischen Berufslehre im bisherigen Ausmass weiter, würde dies wohl nichts anderes bedeuten, als dass die Schweiz einen ihrer wichtigsten wirtschaftlichen Standortvorteile leichtfertig aufs Spiel setzen würde.

Leider besteht aber auch in den Berufsschulen die Tendenz, immer mehr Wissensstoff aufzupfropfen, der mit den tatsächlichen Anforderungen der Arbeitswelt nur wenig zu tun hat. Dies führt zu einer zusätzlichen Benachteiligung von Lehrlingen gegenüber jenen Jugendlichen, welche sich für einen akademischen Bildungsweg entscheiden: Lehrlinge spüren nicht nur den – wachsenden – Druck in der Arbeitswelt bei gleichzeitig zunehmend höheren Anforderungen in der Berufsschule, sie müssen sich auch mit viel kürzeren Ferien zufrieden geben und dazu kommen erst noch schlechtere finanzielle Zukunftsaussichten: Laut Daten des Bundes sind die realen Löhne der Berufstätigen mit abgeschlossener Lehre seit 2018 um ein Prozent gesunken, während der Verdienst der Universitätsabsolventinnen und Universitätsabsolventen im gleichen Zeitraum real um zwei Prozent zugenommen hat. [102]

Wie sehr die Ansprüche der Berufsschule und die Ansprüche der tatsächlichen Arbeitswelt auseinanderklaffen, zeigt sich auch darin, dass nicht wenige Jugendliche von einem Lehrabbruch oder einer nicht bestandenen Schlussprüfung nicht etwa deshalb betroffen sind, weil sie den Anforderungen am Arbeitsplatz nicht gewachsen wären, sondern weil sie von den schulischen Inhalten überfordert sind. «Noch nie», schreibt der «Tagesanzeiger» am 1.Dezember 2022, «sind derart viele junge Menschen von einer Lehrvertragsauflösung betroffen gewesen. Von sämtlichen Jugendlichen, die 2017 ihre Lehre begonnen haben, ist es bei 22,4 %, also bei fast 12'000 Lernenden, in der Zwischenzeit zu einem Lehrabbruch gekommen. Die Hauptgründe sind die hohen körperlichen Anforderungen, aber auch schulische Überforderung.» 6600 junge Leute schafften im Jahre 2022 gesamtschweizerisch die Lehrabschlussprüfung nicht, das sind 9,1 %, in einzelnen Berufen sogar 30 % und mehr. Sie alle, so der Bildungsforscher Thomas Bolli, Direktor des Swiss Education Lab der ETH Zürich, «schweben im Nirwana. Viele von ihnen landen bei der Sozialhilfe oder bei der Invalidenversicherung. Und es kann der sogenannte Drehtüreffekt entstehen: Die jungen Leute treten in eine soziale Institution ein, gehen wieder raus und wieder rein. Und so weiter.» [103]

«Der Anspruch an die Bildungsleistung im Arbeitsmarkt steigt ständig», so Thomas Bolli. Im Klartext: Werden die Hürden immer höher gestellt, müssen automatisch auch immer mehr Läuferinnen und Läufer, die darüber springen sollen, scheitern. Was schon in der Primarschule begann, wird hier bis zum bitteren Ende weitergezogen, nur dass dann Tausende junge Menschen am Ende ihrer gescheiterten Bildungskarriere tatsächlich endgültig aus dem System fallen. Wer sagt denn eigentlich und warum glauben es alle widerspruchslos, dass die Ansprüche und die Anforderungen «ständig steigen müssen»? Ist das irgendeine höhere Macht, die uns das vorschreibt und der wir, wie einem Naturereignis, hilflos ausgeliefert wären? Sind die Menschen für die Wirtschaft da oder sollte nicht viel mehr die Wirtschaft für die Menschen da sein? Können wir aus den Menschen mehr herauspressen, als an Fähigkeiten und Begabungen in ihnen tatsächlich vorhanden ist? Sollte nicht *jeder* junge Mensch mit *seinem* Potenzial das Recht darauf haben, ein vollwertiges, anerkanntes Mitglied der Gesellschaft zu sein? Weshalb ist es nicht möglich, *jeder* junge Mensch so hilfreich zu unterstützen und ihm bei der Entfaltung *seiner* individuellen Kräfte so viel Mut zu machen, dass man ihm dann, nach drei oder vier Jahren, auf die Schultern klopfen und sagen kann: Gut, du hast alles gegeben, mehr ging nicht, jetzt bist du am Ziel – ohne stets «Schwächere» mit «Stärkeren» zu vergleichen, ohne stets Ranglisten und Vergleiche anzustellen und ohne stets Menschen an einem immer weiter von ihnen entfernten Idealbild zu messen, dem sie mit noch so grosser Anstrengung ohnehin nie zu genügen vermögen.

Dass es auch anders geht, zeigte die Diplomfeier der 74 Absolventinnen und Absolventen aus den unterschiedlichsten technischen Berufen im Fürstentum Liechtenstein am 4. Juli 2023 im Vaduzer Saal, wo zu Beginn der Feier Tina Turners Song «You're simply the best» erklang. Und tatsächlich: *Alle* 74 Lehrabgängerinnen und Lehrabgänger hatten die Abschlussprüfung erfolgreich bestanden. [104] So muss es sein, auf jeder Stufe des Bildungssystems, vom Kindergarten bis zur Universität. Nicht *alle* müssen *jedes* Ziel erreichen, aber alle sollten die Chance haben, ihre individuellen Begabungen und Fähigkeiten in einer so wohlwollenden und ermutigenden Umgebung zu verwirklichen, dass am Ende niemand zurückbleibt. An die Stelle einer immer noch viel zu stark verbreiteten Philosophie des Scheiterns müsste eine allumfassende, niemanden ausschliessende Philosophie des Gelingens treten. Denn einer Gesellschaft kann es als Ganzes nur dann gut gehen, wenn es auch jedem Einzelnen, der in ihr lebt, gut geht. «Berufsbildende», so Niklas Baer, fachlicher Leiter des «Zentrums Arbeit und psychische Gesundheit» in Zusammenarbeit mit der Psychiatrie Baselland, «können nicht verhindern, dass jemand krank wird. Aber sie können dazu beitragen, dass die Lehre eine Chance ist, trotz psychischer Probleme erfolgreich zu sein. Entscheidend ist, dass Lernende lernen, stolz auf sich zu sein, sich als kompetent zu erleben und eine Berufsidentität zu entwickeln.» [105]

EBENSO GUT KÖNNTE MAN ERBSEN MITEINANDER VERGLEICHEN

Ebenso gut könntest du eine Schale mit Erbsen nehmen, die auf den ersten Blick alle gleich aussehen. Wenn du sie aber genau anschaust, wirst du mithilfe exakter Messmethoden feststellen, dass keine von ihnen genau gleich gross ist wie irgendeine andere. Und du könntest eine Rangliste aufstellen von der grössten bis zur kleinsten Erbse, mit der jeweiligen Grössenangabe auf Tausendstel Millimeter genau.

Exakt auf dieser Absurdität beruht die weltweit alle drei Jahre durchgeführte Pisa-Studie, mit der die schulischen Leistungen von Kindern und Jugendlichen aus den beteiligten Ländern – es sind mittlerweile deren 79, und immer mehr kommen nach und nach dazu – miteinander verglichen und daraus dann in Bezug auf die einzelnen Schulfächer Ranglisten erstellt werden. Auch hier geht es nicht um die Lernleistungen als solche, sondern nur um die Differenz zwischen ihnen, so winzig diese auch sein mögen. Wie bei einem Skirennen, wo zwar alle Beteiligten eine unmenschliche Leistung vollbringen, dennoch, aufgrund ihrer sich um Tausendstelsekunden unterscheidenden Laufzeiten, eine Rangliste vom Ersten bis zum Letzten aufgestellt wird.

Doch so absurd nur schon die Grundidee von Ranglisten ist, so fatal sind ihre Auswirkungen, gerade wenn sie insbesondere auch im Bildungsbereich eine so zentrale Rolle spielen, obwohl doch gerade hier aufgrund der Individualität jeglicher Lernprozesse Dinge miteinander verglichen werden, die sich letztlich gar nicht vergleichen lassen. Denn Ranglisten führen automatisch zu einem Konkurrenzkampf, will doch jeder, der «unten» ist, möglichst weiter nach «oben» kommen, was aber nichts anderes zur Folge hat, als dass bei einer nächsten Pisa-Studie ganz einfach die Reihenfolge eine andere sein wird und der gegenseitige Wettlauf um die Spitzenplätze dadurch nicht ein Ende findet, sondern im Gegenteil immer noch weiter angeheizt wird: Noch mehr Leistung wird gefordert, noch mehr Druck, noch weniger Freizeit, noch mehr Kinder und Jugendliche, die auch noch die allerletzte verbliebene Freude am Lernen verlieren.

Was die Pisa-Studie bewirkt, ist nichts weniger als ein globales pädagogisches Wettrüsten, das immer verheerendere Ausmasse annimmt. Kaum werden jeweils die neuesten Ergebnisse der aktuellen Pisa-Studie veröffentlicht, erheben schon die Vertreterinnen und Vertreter jener Fachbereiche, wo unterdurchschnittliche Werte erzielt wurden, die Forderung nach einer Erhöhung der betreffenden Lektionenzahlen, nach mehr Drill und Üben, nach einem früheren Schuleintrittsalter, nach einer Erweiterung schulischer Lerninhalte schon im Kindergarten oder nach einer Verkürzung der Ferienzeiten. So etwa plante der Walliser Bildungsminister Christoph Darbellay im Oktober 2018 aufgrund der unterdurchschnittlichen Ergebnisse der Pisa-Studie in seinem Kanton eine Erhöhung der wöchentlichen Stundenzahlen von 12 auf 16 im ersten und von 24 auf 28 im zweiten Kindergartenjahr und begründete sein Ansinnen mit folgenden Worten: «Die ersten Schuljahre sind für die zukünftige Bildung der Schülerinnen und Schüler von enormer Bedeutung. Wenn unser Bildungssystem an der Spitze bleiben will, müssen wir von Anfang an mehr als bisher machen.»[106] Selbstredend, dass es dabei fast ausschliesslich um die hauptsächlich von der Pisa-Studie erfassten Fachbereiche der Sprachen, der Mathematik, der Naturwissenschaften und der Informatik geht und die ohnehin schon im Abseits stehende Förderung handwerklicher, musischer oder sozialer Befähigungen dadurch noch weiter ins Hintertreffen gerät. Und dabei helfen die Schweizer Bildungsbehörden sogar selber noch eifrig mit: Hätte bei der Pisa-Studie 2022 erstmals die Möglichkeit bestanden, sich zusätzlich zu den Bereichen Sprache, Mathematik und Naturwissenschaften freiwillig noch beim Bereich Kreativität zu beteiligen, so hat die Schweiz auf diese Möglichkeit bewusst verzichtet. [107]

Kurz gesagt: Man schafft – durch die Sinnlosigkeit der Ranglisten – zunächst das Übel und versucht es dann ausgerechnet mit jenen Mitteln zu bekämpfen, die es nur noch schlimmer machen. So wird auf dem Buckel von Kindern und Jugendlichen der gegenseitige Wettkampf zwischen den Nationen um wirtschaftlichen Erfolg, Macht und Prestige unerbittlich ausgetragen. Schickte man früher die Soldaten in den Krieg, so schickt man heute die Kinder in einen gegenseitigen Vernichtungskampf, der nichts weniger zerstört als ihre Kindheit, ihre Lebensfreude und nicht selten sogar ihr ganzes Leben, bevor sie nur ansatzweise begreifen können, welches denn überhaupt die eigentlichen Ursachen dieses ganzen Wahnsinns sind.

So werden beispielsweise, um das Maximum aus den Schülerinnen und Schülern herauszupressen, in chinesischen Schulen in Gruppendiskussionen alle Antworten der Schülerinnen und Schüler gefilmt und es wird genau gemessen, wie konzentriert sie dabei sind. An vielen Schulen im Einsatz sind zudem sogenannte «Smartdesks», Lampen mit integrierter Kamera auf dem Schreibtisch des Kindes, das dort seine Hausaufgaben erledigt. Das Kamerabild wird gleichzeitig an die Applikation seines Lehrers oder seiner Lehrerin übertragen, die auf diese Weise kontrollieren kann, wie sorgfältig das Kind seine Hausaufgaben erledigt und wie viel Zeit es dafür aufwendet. Zudem wird eifrig an der totalen Überwachung der Klassenzimmer gearbeitet: «Smarte» Kameras sollen sämtliche Unterrichtseinheiten aufzeichnen, jedes gesagte Wort in einem Online-Archiv speichern und die kleinste Unkon-

zentriertheit der Schülerinnen und Schüler sofort bemerken. [108]
Während das chinesische Bildungssystem vor allem darauf ausgerichtet ist, während der vorhandenen Schulzeit das Maximum aus
den Kindern und Jugendlichen herauszupressen, setzt etwa
Hongkong immer mehr auf das Instrument von «Nachhilfeunterricht»: Bereits besuchen drei Viertel aller Kinder und Jugendlichen nach der Schule am Abend Zusatzunterricht, da bleibt für
Spass und Unterhaltung keine Zeit – kein Wunder, verzeichnet
die Statistik jährlich rund 15 Suizide sowie zahlreiche Suizidversuche infolge des geradezu unmenschlichen Leistungsdrucks. [109]

Welches der Preis ist, den die Kinder und Jugendlichen zu
bezahlen haben, wenn ihr Land bei den Pisa-Studien ganz vorne
mit dabei sein will, zeigt auf besonders drastische Weise das Beispiel von Südkorea. Kein Land belegt in den Pisa-Studien solche
Spitzenplätze, aber auch in keinem anderen Land ist der Leistungsdruck, der auf den Kindern und Jugendlichen lastet, so
gross. In Südkorea sind zwölf Unterrichtsstunden pro Tag keine
Seltenheit. Der Unterricht besteht fast ausschliesslich aus Auswendiglernen. «Das verhindert», so die 15-jährige Schülerin
Dohyeon Kim, «dass wir eigene Ideen entwickeln und ausdrücken
können. Wir werden nur aufgrund von Zahlen beurteilt und nicht
als Personen wahrgenommen.» Die grosse Mehrheit der südkoreanischen Schüler und Schülerinnen besucht nach der Schule noch
privaten Nachhilfeunterricht oft bis Mitternacht oder 1.00 Uhr
morgens. Für Hobbys bleibt da begreiflicherweise keine Zeit. Die
Freizeit wird ausschliesslich dafür gebraucht, sich für die Prüfungen vorzubereiten. Viele Jugendliche klagen über Versagens-
ängste und Südkorea hat die weltweit höchste Kindersuizidrate.
Doch nicht nur in den südkoreanischen Schulen, sondern in der
ganzen Gesellschaft herrscht ein permanenter Wettkampf aller
gegen alle, jeder soll der Beste, Gescheiteste, Reichste und
Schönste sein. Und wer da nicht mithalten kann, bleibt gnadenlos
auf der Strecke. Die 16-jährige Schülerin Soeun Ryn bringt es auf

den Punkt: «Es ist wirklich schwierig, erfolgreich zu sein, wenn alle ehrgeizig sind. Eine Gesellschaft glücklich zu machen, wäre doch viel einfacher, als alles bloss darauf zu setzen, einer Minderheit auf Kosten einer Mehrheit zum individuellen Erfolg zu verhelfen.» [110]

KOTA, DIE «STADT DER LERNTOTEN»

Saloni Awand hat eine schwere Zeit hinter sich. Seit zwei Jahren hat die 18-jährige Inderin kaum etwas anderes gemacht, als zu lernen, während sechs, oft sieben Tagen pro Woche und bis zu 18 Stunden täglich, sechs Stunden Unterricht und bis zu zwölf Stunden Hausaufgaben. Als Saloni vor zwei Jahren aus dem Zug stieg, trug sie in jeder Hand einen Koffer und auf den Schultern die Erwartungen ihrer gesamten Grossfamilie. Ihr Vater ist ein kleiner Beamter in der Stadtverwaltung ihres Heimatsorts, aus seiner Tochter mit den exzellenten Schulnoten soll etwas Besseres werden: Saloni soll Medizin studieren, und zwar am staatlichen All India Institute for Medical Science (AIIMS), wo es eine Weltklasseausbildung zum Nulltarif gibt. Und deshalb wurde Saloni von ihrer Familie nach Kota geschickt, 31 Zugstunden von ihrem Heimatort entfernt, in jene Stadt, die Nachhilfe zu ihrem Geschäftsmodell gemacht hat. Denn der Aufnahmetest an die AIIMS ist so schwer, dass man ihn nur mit intensiver Vorbereitung schaffen kann.

«Freundschaften gibt es in Kota kaum», sagt Saloni, «zu gross ist der gegenseitige Konkurrenzdruck. Und keins der anderen Mädchen hier spricht meine Muttersprache. Auch die Unterrichtssprache verstehe ich nur teilweise. Es ist das erste Mal, dass ich so weit von zu Hause weg bin. Am Anfang habe ich jeden Abend geweint», erzählt die junge Inderin und schielt dabei auf die Uhr: Die nächste Unterrichtsstunde fängt gleich an, Saloni hat wenig Zeit, darüber nachzudenken, wie unglücklich sie ist.

Um sich auf die Aufnahmetests an die begehrten Universitäten vorzubereiten, nehmen 71 Millionen Schülerinnen und Schüler in Indien jedes Jahr an Kursprogrammen teil, die von privaten «Coaching Institutes» angeboten werden. Indische Eltern geben im Schnitt zehn bis zwölf Prozent ihres Budgets für solchen Zusatzunterricht aus, wie die Statistikbehörde in Neu-Delhi ermittelt hat. Kota ist nur einer von zahlreichen Orten, wo diese Form von Prüfungsvorbereitung angeboten wird, freilich der begehrteste. Deshalb geben die Teenager, die hierherkommen, ihr gesamtes bisheriges Leben auf, schmeissen die reguläre Schule und büffeln in jeder wachen Stunde für die knallharten Aufnahmeprüfungen der Elite-Universitäten. Jedoch stehen die Chancen der Kandidatinnen und Kandidaten, die in Kota pauken, von Anfang an schlecht: Rund 300'000 Schülerinnen und Schülern stehen nur etwa 700 Plätze an der AIIMS gegenüber, was einer Aufnahmequote von 0,25 Prozent entspricht. Diejenigen, die es nicht schaffen, stehen mit 18 Jahren vor den Scherben ihrer Träume, viele kehren geschlagen nach Hause zurück. «Die besten Talente Indiens werden so verheizt», sagt Sanjay Srivastava, der als Soziologe an der University of Delhi zum Thema Coaching forscht. Dies umso mehr, als in Kota ausschliesslich auf Prüfungen getrimmt und nichts gelernt wird, was in anderen, nicht akademischen Berufen von Nutzen sein könnte.

Wenn die Schülerinnen und Schüler zu Hause anrufen, weil sie überfordert sind und getröstet werden wollen, werden sie oft angeschrien: «Warum haben wir Land verkauft und Schulden aufgenommen, wenn du jetzt versagst?» Je ärmer die Familie, desto grösser der Druck auf die Jugendlichen, bis zum Umfallen zu lernen. Nur etwa ein Zehntel sämtlicher Schülerinnen und Schüler in Kota sind nicht von psychischen Problemen wie Magersucht, Isolation oder Depressionen betroffen. Viele sind sogar so verzweifelt, dass sie ihrem Leben ein Ende setzen: Allein in Kota wurden innerhalb von fünf Jahren 77 Suizide von Jugendlichen registriert, weshalb Kota auch oft als «Stadt der Lerntoten» bezeichnet wird.

Saloni hat seit ihrer Ankunft in Kota bereits sieben Kilo abgenommen. «Ich träume davon, einmal auszuschlafen», hat sie auf den Wunschstein geschrieben, wo all das aufgeschrieben werden darf, wonach man sich am meisten sehnt. Doch darauf muss sie wohl mindestens noch vier Wochen warten. «Wenn ich den Test geschrieben habe», sagt sie, «lege ich mich ins Bett und fasse kein Buch mehr an.» [111]

Gewiss ist Kota ein extremes Beispiel. Und doch ist es im Grunde nichts anderes als ein Abbild des weltweiten Bildungssystems als Ganzem. Dieses könnte man mit einer Treppe vergleichen, deren Stufen gegen oben immer schmaler werden, sodass über deren Ränder immer mehr Kinder und Jugendliche früher oder später hinunterpurzeln, um einigen wenigen den Zugang zu den höchsten Stufen zu ermöglichen. Ein System, das auf einem immer heftigeren gegenseitigen Konkurrenzkampf beruht und auf dem Scheitern vieler zu Gunsten des Erfolgs einiger weniger.

BILDUNG, WAS IST DAS EIGENTLICH?

Wenn wir jemanden bitten, uns eine «gebildete» Person zu nennen, dann würde er oder sie wahrscheinlich einen Geschichtsprofessor oder eine Augenärztin als Beispiel nennen. Oder eine Person, die möglichst viele Bücher gelesen hat. Eine «ungebildete» Person wäre hingegen etwa ein Strassenkehrer oder eine Servicehilfskraft ohne jegliche berufliche Ausbildung, vielleicht nicht einmal mit einem regulären Volksschulabschluss. «Gebildetsein» bedeutet in der öffentlichen, allgemein verbreiteten Wahrnehmung, einen möglichst hohen Schulabschluss erreicht zu haben, wenn möglich sogar eine Universität besucht und vielleicht sogar einen Doktortitel erlangt zu haben. Alle anderen, die das nicht geschafft haben, sind dann die sogenannt «Ungebildeten».

Meine persönliche Erfahrung ist eine ganz andere. Ich kenne unzählige Menschen, die ich aufgrund ihrer sozialen Befähigungen, ihrer Menschenkenntnis, ihres Einfühlungsvermögens, ihrer Kreativität, ihres Humors, ihrer Feinfühligkeit, ihres handwerklichen Geschicks oder ihrer Lebenserfahrung als überaus gebildet bezeichnen würde, obwohl sie nie eine Universität von innen gesehen oder vielleicht sogar nicht einmal die neunjährige Schulpflicht absolviert haben. Ist es vielleicht nicht oft gerade umgekehrt? Dient das, was man allgemein als «Bildung» bezeichnet, nicht häufig bloss dazu, sich als etwas «Besseres», «Höherwertiges» zu fühlen und sich damit vom Rest der Bevölkerung abzuheben? Müsste man das, was landläufig als «Bildung» angesehen wird, nicht ehrlicherweise in vielen Fällen zutreffender als «Verbildung», «Scheinbildung» oder «Einbildung» bezeichnen, nicht selten verbunden mit einer gehörigen Portion Arroganz oder Überheblichkeit gegenüber all jenen, die scheinbar weniger oder gar nicht «gebildet» sein sollen? «Dummheit», so der deutsche Neurowissenschaftler Henning Beck, «entsteht oft gerade bei sogenannt intelligenten Menschen, Menschen, die hochgebildet und so intelligent sind, dass sie in jedem IQ-Test überdurchschnittlich abschneiden. Man sollte meinen, dass die ja wissen müssten, dass man auf gute Ideen kommt, wenn man besonders vielfältige Perspektiven einnimmt, anderen Menschen zuhört und sich auch mal hinterfragt. Tatsächlich aber zeigen Studien, dass gerade gut gebildete Menschen häufig besonders intolerant sind und am dogmatischsten argumentieren. Sie sind am wenigsten offen für andere Meinungen.» [112]

Dies hat gewiss auch damit zu tun, dass sich die Ausbildung an den Hochschulen viel zu eng nur auf den individuellen Wissenserwerb ohne Bezug zu gesamtgesellschaftlichen Themen fokussiert. «Was an Hochschulen vor allem gelehrt wird», so Piet Baumgartner, Berner Theatermacher und Regisseur des Dokumentarfilms «The Driven Ones», der typische Karrierenverläufe von Studierenden an der Wirtschaftshochschule St.Gallen thematisiert, «ist, unter riesigem Zeitdruck sehr schnell zu entscheiden. Einer der Protagonisten in meinem Film sagt, den Studierenden werde so viel Stoff angeworfen, dass sie ihn gar nicht verarbeiten könnten. In diesem Studiengang sind Leute, die später an der Spitze globaler Unternehmen sitzen und sehr viel Macht haben werden. In Anbetracht dessen werden an der Hochschule zu wenige Denkräume angeboten, um über gesellschaftliche Verantwortung nachzudenken.» [113]

Die, oft vielleicht nicht einmal bewusst zur Schau getragene, «Überheblichkeit» sogenannt «höher Gebildeter», die sich meist auch sprachlich sehr selbstsicher darzustellen vermögen, kann bei anderen, «weniger gebildeten» und sprachlich weniger gewandten Menschen nicht selten dazu führen, dass sich diese «minderwertig», «weniger gescheit» oder gar «dumm» fühlen. Dies kann bis in den ganz gewöhnlichen Alltag hineinwirken. Ich kenne nicht wenige Menschen, die Gesprächen und Diskussionen mit aus ihrer Sicht «gescheiteren» Menschen bewusst aus dem Weg gehen, weil sie sich diesen nicht gewachsen fühlen – obwohl sie oft viel Wertvolleres und Wichtigeres zu sagen hätten, wenn man ihnen nur genug aufmerksam und respektvoll zuhören und Bildung nicht bloss mit möglichst grossem Wissen, möglichst langem Schulbesuch, dem Beherrschen möglichst vieler Fremdwörter und einem möglichst «hohen» sozialen Status gleichsetzen würde.

Geradezu despektierlich und in höchstem Masse überheblich ist auch der Begriff der sogenannten «Bildungsferne», meistens verwendet von Menschen, die das Privileg haben, in ihrem eigenen Land aufgewachsen zu sein, gegenüber Menschen, die aus einem anderen Land eingewandert sind, deren Sprachkenntnisse noch nicht perfekt sind und die allenfalls nur über mangelndes

Wissen über die Geschichte oder Sitten und Bräuche ihrer neuen Heimat verfügen. In unzähligen Elterngesprächen mit Menschen aus Kroatien, Kosovo, Serbien oder anderen Herkunftsländern habe ich immer wieder gestaunt, über wie grosse Kenntnisse betreffend Geschichte und Kultur ihrer früheren Heimat diese Menschen verfügen, dabei spielen auch traditionelle Festlichkeiten, Gastfreundschaft und gutes Essen eine zentrale Rolle. Ich als «biederer» Schweizer kam mir da manchmal sogar etwas «bildungsferner» vor als meine Gesprächspartner, die manchmal gar nicht mehr aufhören wollten, ihre manchmal sogar gerade unglaublichen und faszinierenden Geschichten zu erzählen. Dass man solche Menschen als «bildungsfern» zu bezeichnen pflegt, statt einfach wahrzunehmen, dass sie vielleicht bloss schlicht und einfach eine *andere* Bildung und ein *anderes* Kulturverständnis haben als wir «Einheimische», ist mir seither schleierhaft.

Der Grundirrtum besteht darin, anzunehmen, Bildung sei sozusagen die Folge der Summe jener Zeit, die ein Mensch im Verlaufe seines Lebens in der Schule, in weiteren Bildungsinstitutionen oder an einer Universität verbracht hat. Dieser Grundirrtum klammert ganz und gar die Tatsache aus, dass nicht in erster Linie Schulen und andere Bildungsstätten, sondern vor allem das Leben selber eine zutiefst prägende bildende Kraft hat. «Überall», so der russische Schriftsteller Leo Tolstoi in seinen im Jahre 1911 erschienenen «Pädagogischen Schriften», «erwerben sich die Menschen den grössten Teil ihrer Bildung nicht in der Schule, sondern im Leben.» Diese Grundtatsache zu missachten und ganz und gar aus dem öffentlichen Diskurs verdrängt zu haben, hat nicht zuletzt zur himmelschreienden, unfassbaren sozialen Ungerechtigkeit geführt, dass ein Akademiker oder eine Akademikerin für jedes zusätzliche Jahr, dass sie in einer Schule oder an einer Universität verbringt, mit einem höheren Einkommen belohnt wird, während der Strassenarbeiter, der Koch, die Verkäuferin, die Gärtnerin oder die Serviceangestellte, die ihre beruflichen Fertigkeiten «nur» durch tägliche Knochenarbeit bei Hitze und Kälte und nicht selten unter grossem Zeitdruck autodidaktisch laufend weiter perfektionieren, am Ende des Jahres oft noch weniger Lohn in der Tasche haben als im Jahr zuvor.

«BILDUNG» ALS WARE AUF DEM KAPITALISTISCHEN MARKT VON ANGEBOT UND NACHFRAGE

Wer in seine Weiterbildung «investiert», kann dafür früher oder später mit einem entsprechenden «Mehrwert» rechnen, sprich mit einem höheren Lohn und meist auch höherer gesellschaftlicher Wertschätzung, so wird es immer wieder öffentlich propagiert: «Bildung» als eine von vielen Waren, mit denen sich auf dem kapitalistischen Markt von Angebot und Nachfrage Geld verdienen lässt, nicht nur von denen, die «Bildung» erwerben, sondern auch von all jenen, die sie für teures Geld verkaufen.

«Geldsegen mit jedem Bildungsjahr», so der Titel eines Artikels über den Zusammenhang zwischen Ausbildungsdauer und Lohnniveau im «Tagblatt» vom 3. Mai 2023: «Doch die Rendite dank längerer Ausbildungsdauer ist nicht überall gleich gross. Je höher der Abschluss, umso höher der Lohn: Beträgt der Medianlohn nach einem Abschluss an der Universität oder der ETH 10'175 Franken, so liegt er bei Absolventinnen und Absolventen einer abgeschlossenen Berufsausbildung bei 6'079 Franken, in einzelnen Berufen wie den Coiffeuren und den Kosmetikerinnen sogar nur bei 4'200 Franken.»

Doch was hat das, was als «Bildung» verkauft wird, mit tatsächlicher Bildung im weitesten Sinne des Begriffs zu tun? Kann sich «Bildung» allen Ernstes darauf beschränken, möglichst viele Vorlesungen abzusitzen, an möglichst vielen Kolloquien teilzunehmen und möglichst umfangreiche «wissenschaftliche» Arbeiten zu verfassen, die zumeist am Ende keinerlei gesellschaftlichen Mehrwert haben und von niemandem gelesen werden ausser dem jeweils zuständigen Dozenten oder der jeweils zuständigen Dozentin? Schaut man sich das Ergebnis von Semester-, Diplom- oder Doktorarbeiten etwas genauer an, so stellt man eine erschreckende Gleichförmigkeit fest: In aller Regel handelt es sich um Texte, die mehr oder weniger im reinen Wiederkäuen und Zusammenfassen bereits bestehender Texte bestehen und dermassen stark von der Vorgabe sogenannt «wissenschaftlicher» Kriterien bestimmt werden, dass eine jegliche Chance zu echter Innovation und Kreativität, um etwas wirklich Neues zu schaffen, schon von Anfang im Keim erstickt wird. Dazu kommt, dass seit der vielbeschworenen «Bolognareform» das Erreichen eines jeweiligen Bildungsziels eine zuvor definierte Anzahl von Punkten voraussetzt, welche die Studierenden durch Teilnahme an Kursen, Vorlesungen usw. sammeln können, was verständlicherweise dazu führt, dass oft nur zu gerne die möglichst bequemsten Wege gewählt werden, um so mit möglichst wenig Aufwand möglichst viele Punkte zu erwerben, denn der allgemeine Leistungsdruck ist so gross, dass dies einen gewissen «Minimalismus» – um den Anforderungen überhaupt einigermassen standhalten zu können – fast zwangsläufig zur Folge hat.

Wie gross dieser Leistungsdruck, wie auf allen anderen Stufen des Bildungssystems, auch an den Universitäten ist, zeigt sich in den Statistiken der psychologischen Beratungsstellen an sämtlichen Hochschulen der Schweiz, die von Jahr zu Jahr eine massiv wachsende Zahl von Studierenden aufweisen, welche, vor allem infolge von Burnout und Depressionen, psychologische Hilfe in Anspruch nehmen müssen. [114]

«Bildung» als Ware auf dem kapitalistischen Markt verkümmert letztlich zum Instrument bereits Privilegierter, sich auch zukünftige Privilegien abzusichern und scheinbar «wissenschaftlich» zu legitimieren, um die Klassengesellschaft von Generation zu Generation weiterzuführen und den sozialen Graben zwischen Privilegierten und Unterprivilegierten, zwischen «Gebildeten» und «Ungebildeten», zwischen Reichtum und Armut immer weiter zu verfestigen. Zudem sendet ein so einseitiger Bildungsbegriff ein verheerendes Signal an die gesamte Gesellschaft aus: Wer es zu etwas bringen will, muss sich einfach möglichst lange weiterbilden – bis als letzte Konsequenz irgendwann *alle* nur noch in Schulen und an Universitäten sitzen und wir gezwungen sein werden, die Menschen, welche die eigentliche Basisarbeit in Wirtschaft und Gesellschaft leisten, aus immer weiter entfernten Teilen der Welt ins Land zu holen.

Zudem bewirkt der permanent propagierte «Bildungswahn», dass immer mehr Zeit, welche früher für das Zusammensein mit Kolleginnen und Kollegen, für kreative Freizeitgestaltung, für politisches Engagement oder für wertvolles ehrenamtliches Engagement – man denke nur etwa an die Pfadfinder und andere Jugendorganisationen – zur Verfügung stand, vom Dogma, sich lebenslang weiterbilden zu müssen, immer mehr weggefressen wird, was nicht zuletzt zur Folge hat, dass auch der gesellschaftliche Zusammenhalt insgesamt immer mehr verloren geht. Was dem Einzelnen an scheinbarem «Mehrwert» zugutekommt, geht gleichzeitig der Gesellschaft als ganzer verloren.

Der allgegenwärtige Bildungswahn führt auch zu einer zunehmenden Aushöhlung praktischer und handwerklicher Berufe, die nur noch als Sprungbrett für eine spätere Weiterbildung propagiert werden und nicht mehr als eigenständige, gesellschaftlich voll anerkannte Berufsbilder. Anzeigen wie «Lerne Maurer, werde Karatelehrer» oder «Lerne Floristin, werde Lehrerin» suggerieren, dass Berufe wie Maurer oder Floristin eben nicht wirklich «richtige» Berufe sind, sondern nur eine vorübergehend in Kauf genommene Notwendigkeit, um dann früher oder spätere in «höhere» Gefilde aufsteigen zu können.

ERST DANN WERDEN WIR ERKENNEN, DASS MAN VON BILDUNG ALLEIN NICHT LEBEN KANN

Doch auch innerhalb eines jeden einzelnen Berufes findet schleichend eine zunehmende Akademisierung statt: «Heute», schreibt Mathias Binswanger, Professor für Volkswirtschaftslehre an der Fachhochschule Nordwestschweiz, im «Tagesanzeiger» vom 2. August 2022, «muss eine angehende Kindergärtnerin einen ‹Bachelor of Arts in Preprimary und Primary Education› machen und ein zukünftiger Hauswart studiert ‹Facility Management›. Eine groteske Entwicklung, denn wer studiert, weiss noch lange nicht, wie man mit kleinen Kindern umgeht. Praxiserfahrung ist da viel wichtiger als das Verfassen einer mit Inhalten aus dem Internet zusammengeschusterten Bachelorarbeit. Und es entstehen dadurch auch falsche Anreize, denn zum Beispiel eine Pflegerin, die einen Bachelor macht, ist danach meist nicht mehr in der Pflege tätig, sondern landet in der Pflegebürokratie. Es ist einfach nicht so, dass alle Probleme nur mit immer mehr Bildung gelöst werden können. Verheerend wirkt sich auch aus, dass der Bund die Universitäten und Fachhochschulen nach Anzahl der Studierenden und der Abschlüsse bezahlt, Also geht es diesen darum, möglichst viele Studierende mit möglichst vielen Abschlüssen zu haben.»

Schon im Jahre 2018 schrieb die «NZZ»: «Schweizerinnen und Schweizer sind immer besser gebildet.» [115] Und am 4. August 2019 konnte man in der «Sonntagszeitung» lesen: «In den letzten über 100 Jahren ist die durchschnittliche Intelligenz der Bevölkerung weltweit um 30 Punkte gestiegen. Deshalb müssen die IQ-Tests ständig nachnormiert werden, damit die Menschen im Mittel weiterhin 100 Punkte erreichen und nicht auf einmal sämtliche Menschen als hochbegabt gelten.» Doch wenn wir uns vor Augen führen, wohin uns all die wachsende «Bildung» und die immer höheren IQ-Werte bisher geführt haben und dass es die Menschheit trotz alledem bisher nicht geschafft hat, die drängendsten Probleme wie Armut, Hunger, soziale Ungleichheit, Umweltzerstörung und Kriege in den Griff zu bekommen, dann ist die Frage, ob das herrschende Verständnis von «Bildung» und «Intelligenz» nicht radikal hinterfragt werden müsste, wohl nur allzu berechtigt. «Erst wenn der letzte Baum gerodet ist», so eine Weissagung des nordamerikanischen Volkes der Cree, «der letzte Fluss vergiftet und der letzte Fisch gefangen ist, werdet ihr merken, dass man Geld nicht essen kann.» Heute könnten wir hinzufügen: Erst wenn die letzte Universität gebaut ist, die letzten Dissertationen geschrieben sind und der letzte McDonalds-Angestellte einen Doktortitel braucht, um seinen Beruf ausüben zu können, werden wir merken, dass man von Bildung allein nicht leben kann.

Statt immer mehr «Bildung» für eine privilegierte Minderheit und immer höheren Barrieren für jene, die davon ausgeschlossen sind, müsste so etwas wie «Volksbildung» weitaus mehr als bisher gefördert werden. Doch gemäss dem 2017 in Kraft getretenen schweizerischen Bundesgesetz über die Weiterbildung gibt es für Volkshochschulen, die sich an eine breite, auch «nichtakademische» Bevölkerung richten, finanzielle Unterstützung nur für sogenannt «nützliche» Leistungen wie Lesen und Schreiben, Informations- und Kommunikationstechnologien sowie Mathematik, nicht aber für wissenschaftlich-kulturelle Allgemeinbildung oder Sprachen jenseits von Deutsch, Französisch oder Italienisch für Fremdsprachige. Hier besteht dringender Handlungsbedarf, denn, wie auch Christoph Reichenau, Präsident des Vereins schweizerischer Volkshochschulen, argumentiert: «Die Leistungen der Volkshochschulen scheinen mehr und mehr verteidigungsbedürftig zu sein, obwohl sie ganz und gar der ursprünglichen Idee von Erwachsenenbildung entsprechen. Doch heute wird fast nur noch von ‹Weiterbildung› gesprochen. Wir aber stehen ein für das zweckfreie Wissen. Man muss nicht mit

allem Wissen beruflich oder ausserberuflich etwas anstellen können. Im Zentrum sollte das Interesse der Menschen stehen, etwas
besser verstehen zu können, einen Sachverhalt oder Fachbereich
zu durchdringen bzw. schlicht aus Freude zu verstehen.» [116]

Das schönste Beispiel für Bildung, die nichts mit akademischen
Titeln zu tun hat, sondern einzig und allein mit praktischen
Fähigkeiten, Lebenstüchtigkeit und der Leidenschaft, seine eigenen besten Kräfte zu verwirklichen, durfte ich unlängst kennenlernen, als mir Markus sein Haus zeigte, das er über mehrere Jahre
hinweg vom Keller bis zum Dachgeschoss in Eigenregie, unter
Beizug nur ganz vereinzelter Handwerker, umgebaut hatte. Ein
bis ins Letzte ausgeklügeltes alternatives Energie- und Heizsys-
tem, Bodenheizung im ganzen Haus, individuell steuerbare und
raffiniert aufeinander abgestimmte Beleuchtungskörper, ein selber entworfener Kachelofen, sanitäre Installationen auf höchstem
technischem Niveau, Schiebetüren aus Glas anstelle der früheren
schweren Holztüren, ein Treppenaufgang mit kunstvollem
Metallgeländer, Einbauschränke, hölzerne Deckenverkleidun-
gen, ein Esstisch in einer so speziellen und doch zugleich harmo-
nischen Form, dass man etwas Vergleichbares wohl nicht einmal
im besten Fachgeschäft finden könnte, bis hin zu Lichtschaltern
knapp über dem Fussboden, speziell für das Enkelkind – alles in
einer geradezu atemberaubenden Perfektion und Ästhetik, in der
handwerkliches Können und der visionäre Blick auf das Grosse
und Ganze miteinander sozusagen zu einem regelrechten Kunstwerk verschmolzen waren. Und all das Wissen und all die Fertigkeiten, die es dafür gebraucht hatte und die andernorts von mindestens einem Dutzend auf verschiedensten Gebieten ausgewählten Handwerkern bewältigt worden wären, hatte sich Markus im
Verlaufe seines Lebens über Jahrzehnte hinweg nach und nach
angeeignet, durch selbsttätiges Tun, Ausprobieren, Versuch und
Irrtum, Learning by Doing, ohne je auch nur etwas davon in einer
Schule gelernt zu haben. In diesem Augenblick kam ich mir mit

meiner Matura und meinem Universitätsdiplom winziger vor als
je zuvor in meinem ganzen Leben.

Wohin die zunehmende Akademisierung bei gleichzeitiger
Aushöhlung der handwerklichen Berufe in letzter Konsequenz
führt, zeigt folgendes Beispiel aus dem afrikanischen Burundi,
von dem mir ein Bekannter kürzlich erzählte: Auch in diesem
Land gibt es bereits einen Akademikerüberfluss, während Fachkräfte für elementarste, lebenswichtige Tätigkeiten fehlen. Er
hätte, so der Bekannte, von einem Fall gehört, bei dem ein lokales
Elektrizitätswerk einen an der Universität ausgebildeten Elekt-
rofachmann angestellt hätte. Da dieser aber nur theoretische
Kenntnisse besass und kaum in der Lage war, eine Glühbirne aus-
zuwechseln, geschweige denn eine kaputte Stromleitung zu fli-
cken, sei zusätzlich ein Mann angestellt worden, der zwar über
keinerlei Ausbildung verfügte, aber dafür bekannt war, in seiner
Nachbarschaft so ziemlich alle Probleme in Zusammenhang mit
Stromversorgung und Elektrizität lösen zu können. Und so
waren die beiden dann von Haus zu Haus unterwegs. Der Mann
von der Strasse reparierte die kaputten Sachen, der Uniabsolvent
stand daneben und schaute auf die Uhr, denn die Arbeiten sollten
ja so schnell wie möglich erledigt werden. Wenn es hochkam,
leistete der Uniabsolvent sogar noch einen eigenen Beitrag,
indem er mit seiner Taschenlampe den jeweiligen Arbeitsplatz
beleuchtete. Wer aber am Abend den höheren Lohn einkassierte?
Zwei Mal raten …

LERNFORSCHUNG AUF ABWEGEN

«Bildung» als Weitergabe traditioneller Denkvorstellungen mit
allen damit verbundenen Privilegien im Elfenbeinturm von Universitäten wirkt sich auf dem Gebiet der Pädagogik ganz beson-

ders verheerend aus. Eigentlich müssten von Hochschulen die professionellsten und innovativsten Denkanstösse ausgehen, um bestehende Strukturen immer wieder kritisch zu hinterfragen und wissenschaftlich zu überprüfen. Nur schon die Schriften Johann Heinrich Pestalozzis müssten, nähme man ihre Aussagen ernst, geradezu zu einer Revolution des bestehenden Bildungssystems führen, gar nicht zu reden von all den Studien und Forschungsergebnissen, welche seit Jahrzehnten allesamt zum genau gleichen Schluss kommen, nämlich, dass sich vergleichende Leistungsbeurteilungen auf den Lernerfolg höchst negativ auswirken. Doch tragischerweise ist genau das Gegenteil der Fall: Hochschulen scheinen am Zementieren bestehender Strukturen weitaus mehr Interesse zu zeigen als an einer mutigen und unkonventionellen Denkweise. Sie begnügen sich offensichtlich lieber mit der blossen Symptombekämpfung der allerschlimmsten Übel, statt die tatsächlichen Ursachen und Grundmuster eines weitgehend kinder- und lernfeindlichen Schulsystems aufzudecken und radikal neue pädagogische Modelle in Angriff zu nehmen.

Wie lernresistent ausgerechnet jene Institutionen immer noch zu sein scheinen, denen auf diesem Gebiet doch eine eigentliche Vorreiterrolle zukommen müsste, wurde mir anlässlich des Vortrags einer ETH-Dozentin im Rahmen einer öffentlichen Veranstaltung im Oktober 2023 einmal mehr schlagartig bewusst. Allen Ernstes behauptete die Referentin, die Entwicklung von Lernen und Intelligenz sei ausschliesslich ein Resultat von Vererbung auf der einen und Umwelteinflüssen auf der anderen Seite, eine These, die mir fast genau mit den gleichen Worten schon vor über 50 Jahren in meiner Lehrerausbildung vermittelt wurde und in mir die Frage aufwarf, ob es denn tatsächlich im Laufe dieser 50 Jahre in der pädagogischen Forschung keine neueren Erkenntnisse gegeben hätte. Dass Lernen und Intelligenz nicht allein das Resultat von Vererbung und Umwelteinflüssen sein kann, erschliesst sich doch nur schon dem gesunden Menschenverstand.

Denn wenn es tatsächlich so wäre, dann müssten ja eineiige Zwillinge, welche genau die gleichen Gene haben und in der genau gleichen Umgebung – gleiche Eltern, gleiche Wohnung, gleiche Spielsachen, usw. – aufwachsen, genau den gleichen Entwicklungsverlauf in Bezug auf ihr Lernen und ihre Intelligenz aufweisen. Wir wissen alle, dass dem nicht so ist. Ohne allen Zweifel muss es etwas Drittes geben, welches man vielleicht als «Persönlichkeit» bezeichnen könnte oder als Geheimnis, welches wir wohl nie zur Gänze ergründen können und das sich vermutlich auch in Zukunft jeglicher «wissenschaftlicher» Erklärung entziehen wird, dem man aber trotzdem oder gerade deshalb in der pädagogischen Lehre einen ganz besonders zentralen Platz einräumen müsste.

Besonders gravierend muss sich die Vorstellung, alles sei nur eine Frage von Vererbung und Umwelteinflüssen, auf all jene jungen Menschen auswirken, die in einer ärmlichen Umgebung, mit sogenannt «ungebildeten» oder «bildungsfernen» Eltern, aufwachsen. Sie müssten ja dann zwangsläufig zum Schluss gelangen, dass sie, selbst wenn sie sich noch so viel Mühe gäben, kaum je eine Chance haben würden, aus dieser negativen Vorbestimmung jemals auszubrechen. Die Folge wäre purer Fatalismus, Schicksalsgläubigkeit und schon zum Vornherein die Zerstörung jeglichen Selbstvertrauens in das eigene Entwicklungspotenzial. Erst dadurch, und nicht durch «schlechte» Gene oder fehlende Anregungen von aussen, verbauen sich viele Menschen ihre eigene Zukunft und können sich zeitlebens nicht vom Gefühl befreien, weniger «wertvoll» zu sein als andere. Dabei gäbe es mehr als genug Beispiele von Menschen, die in ärmlichsten Verhältnissen aufgewachsen sind und dennoch in ihrem späteren Leben mit ungeahnten, nach und nach ans Tageslicht gekommenen Stärken, Begabungen und Fähigkeit ihre Mitwelt in Staunen versetzten. Nicht weil es sich dabei bloss um Ausnahmen oder Zufälle handelte, sondern nur, weil sie allen Vorurteilen und

Widerständen zum Trotz den Glauben an sich selber nicht verloren hatten. Es ist genau das, was im zuvor beschriebenen Film «Radical» so eindrücklich gezeigt wird: Was der Glaube an das verborgene Potenzial eines jedes Menschen und die Grundüberzeugung, dass «Genie überall ist», an wahren Wundern zu bewirken vermag.

Wie engstirnig, technologiegläubig und auf rein «wissenschaftlich» belegbares Zahlenmaterial fixiert pädagogische und lernpsychologische Forschung über weite Strecken heute offensichtlich immer noch ist, konnte man auf erschreckende Weise auch in einem Beitrag des Schweizer Fernsehens SRF1 vom 9. November 2023 im Rahmen der Wissenschaftssendung «Einstein» beobachten. Im Film war ein vierjähriges Mädchen zu sehen, das sich in einem amerikanischen Lernforschungslabor befand. Auf dem Kopf trug es eine Kappe voller Sensoren, die über eine Vielzahl von Kabeln mit einem grossen Messgerät verbunden waren. Der Raum, in dem das Experiment stattfand, war in ein durch und durch steriles, spitalartiges Weiss gekleidet, ebenso wie die Forscherinnen und Forscher, die sich darin aufhielten, und strotzte von technischen Geräten aller Art, das pure Gegenteil dessen, was sich wohl ein vierjähriges Mädchen als ideale Lernumgebung wünschen würde. Und so war es auch kein Wunder, dass das Kind, statt den Blick zu heben, stumm und wie betäubt vor sich hin auf den Boden starrte – ihre einzige Möglichkeit, ihre tiefe Abneigung gegen die Lage, in die man sie hineingezwungen hatte, kundzutun. Das Experiment bestand nun darin, dass gleichzeitig und in gleicher Lautstärke zwei verschiedene Geschichten aus zwei voneinander getrennten Lautsprechern abgespielt wurden, wobei das Kind versuchen sollte, sich bewusst auf die eine der beiden Geschichten zu konzentrieren und die andere möglichst auszublenden. Anschliessend wurde mittels der Messgeräte eruiert, wie gut das dem Kind gelungen war, und dieses Resultat dann mit dem Inhalt der Geschichte verglichen, wie sie vom Kind anschliessend wiedergegeben wurde. Während das Kind verzweifelt nach Worten rang, musste es immer wieder gähnen, seine Augen wirkten matt und ausdruckslos und es konnte einem nur unendlich leidtun. Es lief mir kalt über den Rücken. Man tut alles, um ein vierjähriges Kind in eine Situation zu zwingen, die unerträglicher gar nicht sein könnte, und will dann scheinbar «wissenschaftlich» über das Lernen dieses Kindes etwas Relevantes herausfinden? Haben Forscherinnen und Forscher, die solche Experimente durchführen, denn ihren eigenen Verstand gänzlich verloren? Wissen sie nicht, dass es für gutes Lernen vor allem eine freundliche Umgebung, viel Lebensfreude und viel Liebe braucht? Hätten sie die Resultate, die sie in ihrem Labor generierten, nicht viel leichter und besser herausgefunden, wenn sie Kinder bei ihrem täglichen Lernen und Leben ganz einfach aufmerksam und liebevoll beobachtet hätten?

VON ALBERT EINSTEIN BIS OLIVIA RODRIGO

Endlos wäre die Liste, würde man sämtliche sogenannte «Schulversagerinnen» und «Schulversager» aufzählen, die es dennoch in ihrem späteren Leben zu viel oder sogar sehr viel brachten. Deshalb kann es sich im Folgenden nur um eine kleine Auswahl von Beispielen handeln.

Der Berühmteste unter ihnen ist zweifellos Albert Einstein, einer der bedeutendsten Physiker aller Zeiten. Er begann erst im Alter von drei Jahren zu sprechen, äusserte sich auch dann nur zögerlich und wurde von seinem Umfeld zunächst für begriffsstutzig gehalten. Seine Lehrer, auf die er einen besonders zurückhaltenden und verträumten Eindruck machte, erklärten seinen Eltern, Alberts geistige und soziale Entwicklung sei offensichtlich verlangsamt. [117] Auch Leonardo da Vinci, eines der grössten Universalgenies, die es jemals gab, galt als Schüler, der nur mässig lesen, schreiben und rechnen konnte, und besuchte die Grundschule nur wenige Jahre lang. [118] Thomas Alva Edison war praktisch taub, galt deshalb als dumm, wurde von seinem Lehrer als «Holzkopf» beschimpft und schon nach wenigen Wochen als «geistig zurückgeblieben» von der Schule gewiesen. Selber fand er diese Bildungsbiographie «ideal», denn sie hätte ihn davor bewahrt, Theorien anderer zu glauben. Er glaubte nur, was er selber herausgefunden hatte. Thomas Alva Edison, der «Holzkopf», gilt heute als einer der bedeutendsten Erfinder, dem wir unter anderem die erste brauchbare Glühlampe und den ersten Phonographen zur Aufzeichnung und Wiedergabe von Schallwellen verdanken, zudem verbesserte er den Telegrafen und schuf in New York das erste öffentliche Elektrizitätswerk der Welt. [119]

Federica de Cesco galt als aufmüpfige Schülerin, kam, obwohl es verboten war, in Hosen zum Unterricht, legte sich mit allen ihren Lehrern an und flog schliesslich von der Schule – um im Alter von 15 Jahren ihr erstes und zugleich eines ihrer berühmtesten Bücher zu schreiben: «Der rote Seidenschal». Jahre später sagte sie in einem Interview, dass sie eben lieber selber Geschichten geschrieben hätte als ihren Lehrern zuzuhören. Dies war der Beginn ihrer Karriere zu einer der weltweit erfolgreichsten Jugendschriftstellerinnen aller Zeiten. [120] Auffallend viele später erfolgreiche Schriftstellerinnen und Schriftsteller galten oder gelten überdies als Legasthenikerinnen bzw. Legastheniker und erlebten ihre Schulzeit als grosse Belastung, so etwa Johann Wolfgang Goethe, Agatha Christie, Hans Christian Andersen, Peter Bichsel sowie der berühmte britische Star- und Fernsehkoch Jamie Oliver, der bisher schon über 50 Millionen Bücher verkauft hat. [121]

Alessandro Michele, heute Kreativchef des Modehauses Gucci, übte sich als Jugendlicher während sechs Jahren in der Rebellion gegen jeden und gegen alles, sodass seine Mutter immer wieder in die Schule zitiert wurde, weil die Lehrer wissen wollten, was mit ihrem Sohn nicht stimme. [122] Auch zahlreiche später erfolgreiche Unternehmer waren «Schulversager», einige von ihnen flogen oft gleich mehrfach von der Schule, brachen ihre Studien frühzeitig ab oder machten ihren Lehrern und Lehrerinnen das Leben schwer, so zum Beispiel der Swatch-Miterfinder Elmar Mock, der Microsoft-Gründer Bill Gates und Sam Keller, der Direktor der Fondation Beyeler. [123]

Anita Pallenberg, eine der bemerkenswertesten Rockmusikerinnen, zeichnete sich durch eine überschäumende Lebensfreude, hohe Intelligenz, Charisma und Humor aus. Obwohl sie vorzeitig aus der Schule geworfen wurde, beherrschte sie vier Sprachen akzentfrei, las sich bemerkenswertes Wissen an, tauschte sich mit Künstlern wie Federico Fellini, Pier Paolo Pasolini, Andy Warhol und William Burroughs aus und spielte in Filmen von Volker Schlöndorff, Nicholas Roeg und Roger Wadim. [124]

Besonders unter Künstlerinnen und Künstlern begegnen wir auffallend vielen Menschen, die auf schlechte Erfahrungen mit ihrer Schulzeit zurückblicken, vermutlich, weil sich Kreativität und Originalität nur schlecht mit einem Umfeld vertragen, wo vorgegebene Pläne und von aussen aufgezwungene Regeln an oberster Stelle stehen. Emil Steinberger, der wohl berühmteste Schweizer Kabarettist, musste oft am freien Mittwochnachmittag nachsitzen, weil er im Unterricht immer wieder Faxen machte. [125] Der Popsänger Baschi, bekannt durch seine urtümliche, unverwechselbare Stimme und seine tiefgründigen Songs, musste eine Klasse wiederholen, schaffte den Sekundarschulabschluss nur mit Ach und Krach und musste eine Attestlehre nach kurzer Zeit wieder abbrechen. [126] Anna Rossinelli, ebenfalls eine der ganz Grossen in der aktuellen Schweizer Musikszene, flog aus der Diplommittelschule. [127] Und Olivia Rodrigo, Pop-Überfliegerin des Jahres 2023, die mit acht Jahren ihren ersten Song schrieb, ging überhaupt nie in eine Schule. [128]

SCHLECHT IN DER SCHULE, ERFOLG-REICH IM LEBEN

Doch nicht nur Persönlichkeiten, die später berühmt geworden sind, zeigen uns, wie himmelweit Schulerfolg und Erfolg in Leben und Beruf auseinanderklaffen können.

Auch Oskar, der Schulhauswart. Er war in Französisch so schlecht, dass sein Lehrer eines Tages verzweifelt aufgab und ihn fortan stets während der Französischstunden in den Schulgarten schickte, um ihn dort Unkraut jäten zu lassen. Heute ist Oskar dank seines handwerklichen Geschicks, seiner von A bis Z selber geplanten und gebauten Modellbauschiffe im Massstab von 1:6, seiner Passion für amerikanische Oldtimer, seines Humors, seiner positiven Lebenseinstellung, seines pädagogischen Flairs und seines kreativen Talents, mit dem er jedes noch so banale Material in ein wunderbares Kunstwerk zu verwandeln vermag, bei den Jugendlichen seines Schulhauses so beliebt, dass schon manch einer extra im Unterricht Dummheiten anstellte, nur um am freien Mittwochnachmittag zur «Strafe» bei Oskar arbeiten zu können. Auch Emina, die Angestellte im Supermarkt. Ich sehe sie schon vor mir, wie sie gelangweilt, lustlos und ohne Bezug zu ihren eigenen Stärken in der Schulbank sass. Jetzt läuft sie flink wie ein Wiesel von Gestell zu Gestell, füllt unermüdlich die leergekauften Regale auf und hat trotz der kräftezehrenden Arbeit immer noch für alle ihre Kundinnen und Kunden ein herzerfrischendes Lächeln auf dem Gesicht. Auch Kerstin, die Coiffeuse. Vermutlich war auch sie alles andere als eine Spitzenschülerin. Und doch beherrscht sie die Kunst des Haareschneidens in höchster Perfektion, verfügt über eine erstaunliche Fingerfertigkeit und grösste körperliche Ausdauer, muss sie doch jeden Tag acht oder neun Stunden lang auf den Beinen stehen, und hat obendrein noch ein phänomenales Gedächtnis, weiss sie doch auch noch sechs Wochen später, nachdem sie in der Zwischenzeit hun-

derte andere Kundinnen und Kunden bedient hat, immer noch
buchstäblich haargenau, was für eine Frisur sie dir letztes Mal
verpasste und wo du in der Zwischenzeit in den Ferien gewesen
bist. Auch Tina, die Serviceangestellte. In der Schule konnte sie
sich nicht einmal die zehn längsten Flüsse und die zehn höchsten
Berge der Schweiz merken, jetzt bedient sie, ohne sich die Bestellungen zu notieren, zwanzig Gäste zur gleichen Zeit und weiss
dennoch stets mit unfehlbarer Sicherheit, wer an welchem Tisch
welches Getränk bestellt hat. Auch Beni, der Bauarbeiter. Ich kann
mir nicht vorstellen, dass er während seiner Schulzeit im Mathe-
matik- und Geometrieunterricht besonders glänzte. Doch jetzt
zieht er Mauern millimetergenau in die Höhe, giesst Betonböden
ohne die geringste Abweichung von der Horizontalen und weiss
ganz genau, wie dick die Balken und Stangen sein müssen, um
dieses oder jenes Gewicht zu tragen. Und auch Toni, der in sämtlichen Schulfächern zu den Schlechtesten seiner Klasse gehörte,
ausser im Turnen, wo ihm niemand das Wasser reichen konnte.
Heute arbeitet Toni als Dachdecker und ist, weil er sich selbst auf
den steilsten Dächern äusserst geschickt und ohne Angst zu bewegen vermag, einer der wertvollsten Mitarbeiter seines Chefs.

Und so schliesst sich der Kreis zwischen den ersten Lebensjahren, die von unerschöpflicher Lernfreude und der totalen Identifikation mit den täglichen Beschäftigungen geprägt waren, und der
späteren beruflichen Karriere der allermeisten Menschen, ganz
unabhängig davon, ob sie nun ihre Begabungen als Showstars,
Physikgenies, als Schulhauswarte oder als Angestellte in einem
Supermarkt verwirklichen. Nur die Schule lag wie ein riesiger
Felsbrocken auf dem Weg zwischen dem Anfang und dem Ende.
Ein Felsbrocken, den einige Kinder und Jugendliche mit Leichtigkeit übersprangen, der anderen aber unendlich viel Bauchweh,
viele Ängste, viel Verlust an Selbstvertrauen und viele schlaflose
Nächte bereitete, und der für wieder andere Kinder und Jugendli-
che so traumatische Ausmasse annahm, dass sie sich zeitlebens

nicht mehr davon zu erholen vermögen. «Bei ihrer Geburt», so der Gehirnforscher Gerald Hüther, «sind 98 Prozent aller Menschen hochbegabt, nach der Schulzeit sind es nur noch zwei Prozent.» [129] Mit anderen Worten: Während neun Jahren wurden 96 Prozent der anfänglich in den Kindern vorhandenen Begabungen durch eine Schule, die auf purer Gleichmacherei und dem gegenseitigen Wettkampf um Noten und Zukunftschancen aufbaut, systematisch verschüttet und müssen anschliessend aus eigener Kraft aus dem angerichteten Trümmerhaufen mühsam wieder hervorgeklaubt werden.

Was läge daher näher, als diesen Felsbrocken – damit es schon gar nicht erst so weit kommt – endlich für immer aus jenem Weg zu räumen, auf dem jeder junge Mensch keine grössere Sehnsucht hat, als die in ihm schlummernden Begabungen in einer Mut machenden und liebevollen Umgebung zu entfalten, wo kein Kind mit dem anderen verglichen wird, sondern stets nur jedes mit sich selber, und in der alle Kinder und Jugendlichen mit ebenso viel Freude, Lust und Erfolg weiterlernen können, wie das in den allerersten Lebensjahren so hoffnungsvoll begonnen hatte.

DAS ZEPTER DEN KINDERN ÜBERGEBEN

Ende Juli 2023 sitze ich in einem Strassencafé in der Churer Altstadt. Unweit von mir spritzt Wasser abwechslungsweise in einer Vielzahl von Fontänen aus dem Boden, das, was Kinder in abertausenden kleineren und grösseren Städten rund um den Globus so lieben. Ein etwa siebenjähriges Mädchen mit langen blonden Haaren in einem blumigen Sommerkleid springt zwischen den Wassersäulen hin und her, immer wieder ist ihr helles Lachen zu hören. Dann beginnt sie ein Lied zu singen, das ich noch nie gehört habe und das sie vielleicht gerade in diesem Augenblick selber erfunden hat. Singend und tanzend geht das Spiel weiter, mit – mir fällt kein anderes Wort ein – göttlichen Bewegungen ihres Körpers, ihrer Arme und ihrer Hände, die wohl auch der talentierteste Erwachsene in dieser Vollkommenheit niemals nachzuahmen vermöchte. Ihre Mama und ihr Papa sitzen im Café, schauen ihr zu, mit einem wunderbaren Lächeln im Gesicht. Grossartige Eltern. Sie scheinen keinen Augenblick daran zu denken, ihrem Kind das fröhliche Spiel zu untersagen, obwohl es mittlerweile bis auf die Haut durchnässt ist und auch schon dunkle Wolken über den Bergen ein nahendes Gewitter anzukündigen drohen. Es gibt Momente, da wünscht man sich, die Erde würde stillstehen und sich fortan in die genau entgegengesetzte Richtung zu drehen beginnen.

Während Jahrtausenden wurde die immer gleiche Geschichte weitererzählt, wonach der Mensch – und gemeint war damit stets der erwachsene Mann – die eigentliche «Krone» der Schöpfung sei. Frauen seien weniger wert. Und noch weniger wert seien Kinder und Jugendliche, diese seien noch unfertige, vorläufige Wesen, die erst noch zur Reife gebracht, erzogen und zu jener Vollkommenheit herangebildet werden müssten, welche eben nur er, der erwachsene Mann, tatsächlich verkörpere. Verknüpft damit war das Bild von der sogenannten «Erbsünde», wonach der Mensch als ein von Natur aus sündiges Wesen geboren würde und erst durch irgendeine höhere Macht davon erlöst werden könnte. Bis hin zu dem neunjährigen Mädchen, dessen Mutter mir erzählte, es könne am Abend nicht mehr einschlafen, seit seine Religionslehrerin im Unterricht erzählte hätte, bei jedem bösen Gedanken, den ein Kind habe, gäbe es in seinem Herzen einen schwarzen Punkt und leider seien schon die Herzen fast aller Menschen ganz schwarz. Heute spricht zwar niemand mehr von der Erbsünde, aber tief in uns ist diese Vorstellung immer noch nicht wirklich ausgelöscht und wird das Kind auch heute noch weitgehend als etwas angesehen, dessen einzige Bestimmung darin liege, möglichst schnell möglichst «vernünftig», «gebildet» und «erwachsen» zu werden. Das gleiche Weltbild besagt, dass Tiere *noch* weniger wert seien als der Mensch und Pflanzen *noch* weniger wert als Tiere.

Doch vielleicht ist ja alles gerade umgekehrt. «In der geheimnisvollen Welt der Pflanzen», schreibt Samantha Siegfried im Magazin des «Tagesanzeigers» vom 24. November 2018, «sind wir umgeben von einem ständigen Murmeln und Wispern. Bäume und Pflanzen reden miteinander. Wurzeln teilen ihr Essen. Blätter sind in der Lage, ihre Feinde in die Flucht zu schlagen und ihre Freunde um Hilfe zu rufen. In dieser Welt ist nichts isoliert. Alles ist lebendig, vernetzt und bildet ein dynamisches Geflecht, das vibriert und interagiert. Und der Mensch, von der Biomasse her ein Winzling im Vergleich zu den Pflanzen, steht etwas plump in der Gegend und ist nicht ansatzweise imstande, diese Vorgänge wahrzunehmen. Wenn er es könnte, wäre sein Konzept von dem, was Leben ausmacht, vielleicht ein ganz anderes.»

«When the children sing then the new world begins», singt White Lion in seinem wunderschönen Lied «When Children Cry». Nicht auszudenken, was sich alles verändern würde, wenn wir das Zepter aus den Händen der Erwachsenen in die Hände der Kinder legen würden. Die Schule ist nichts weniger als der eigentliche Brennpunkt, wo ein solcher Wertewandel stattfinden könnte und sich heute schon immer deutlicher abzeichnet, auch wenn sich die alten Kräfte noch einmal in aller Blindheit dagegen aufzubäumen versuchen. Eine zutiefst neue Schule oder gar die Auflösung der traditionellen, von Erwachsenen für Kinder gemachten Schule zugunsten einer grossen, weiten, offenen Welt lustvollen und selbstbestimmten Lernens wäre daher nicht nur der Schlüssel zu einer Wiederentdeckung jenes wunderbaren Lernens der ersten Lebensjahre. Sie wäre zugleich der Schlüssel zu nichts weniger als einer neuen Epoche in der Geschichte der Menschheit.

Weitere Informationen, Hintergrundmaterial und
Texte zu pädagogischen und gesellschaftspolitischen Themen:
www.petersutter.ch

Peter Sutter
Wiedenstrasse 32
9470 Buchs SG
T+ 41 81 756 45 45
info@petersutter.ch

DANKSAGUNG

Ein grosses Dankeschön für die aufmerksame Durchsicht des Manuskripts geht an Elisabeth, Helen, Hildegard, Karin, Markus und Ruschka. Ihre wertvollen Anregungen haben mir die Augen für so manchen Aspekt des Themas geöffnet, dem ich anfänglich noch zu wenig Beachtung geschenkt hatte. Luana danke ich für die grafische Gestaltung des Buches.

QUELLENVERZEICHNIS

1   Johann Heinrich Pestalozzi,
    Pädagogische Schriften
2   Johann Heinrich Pestalozzi,
    Pädagogische Schriften
3   St. Galler Tagblatt, 21.2.09
4   Tagesanzeiger, 20.12.23
5   Beobachter, 17.2.05
6   VCS-Zeitung 5 / 15
7   Tagesanzeiger, 16.9.22
8   NZZ am Sonntag, 18.11.23
9   20minuten, 7.12.23
10 Tagesanzeiger, 6.12.23
11 St. Galler Tagblatt, 7.3.24
12 St. Galler Tagblatt, 8.3.24
13 St. Galler Tagblatt, 31.3.23
14 Tagesanzeiger, 7.2.24
15 Tagesanzeiger, 27.11.23
16 St. Galler Tagblatt, 16.11.23
17 TAM 6 / 12
18 Tagesanzeiger, 6.1.14
19 www.adhs-ratgeber.com
20 www.adhs.info.ch
21 Tagesanzeiger, 13.9.22
22 NZZ, 19.9.20
23 Sonntagszeitung, 1.10.23
24 Margrit Stamm,
    Sonntagszeitung, 3.3.24
25 NZZ, 8.2.10
26 Blick, 17.7.18
27 St. Galler Tagblatt, 12.8.23
28 Zürcher Gesundheits-
    befragung, November 2023
29 Zürcher Gesundheits-
    befragung, November 2023
30 Zürcher Gesundheits-
    befragung, November 2023
31 Aargauer Zeitung, 16.1.23
32 Tagesanzeiger, 4.3.23
33 Tagesanzeiger, 21.3.24

34 Tagesanzeiger, 28.2.24
35 Tagesanzeiger, 28.11.23
36 NZZ am Sonntag, 21.5.23
37 www.colearning.ch
38 Ivan Illich, Entschulung
    der Gesellschaft
39 Liechtensteiner
    Woche, 23.9.18
40 Birgit Querengässer, myself,
    Januar / Februar 23
41 St. Galler Tagblatt, 21.12.23
42 Tagesanzeiger, 21.12.23
43 Radio SRF1, 24.7.17
44 NZZ am Sonntag, 24.3.19
45 Tagesanzeiger, 5.1.19
46 Tagesanzeiger, 14.7.23
47 NZZ am Sonntag, 29.10.23
48 Tagesanzeiger, 6.2.24
49 www.thekidshouldsee.com
50 www.jugend-forscht.de
51 Tagesanzeiger, 9.4.23
52 www.revue.gesamath.net
53 20minuten, 10.7.18
54 www.srf.ch, 6.12.18
55 www.shanti-schweiz.ch
56 www.lernhaussole.ch
57 www.mini-roots.ch
58 www.lernstattschule.ch
59 www.lanave-schule.ch
60 St. Galler Tagblatt, 22.3.24
61 www.drop.box.com
62 SRF1, Treffpunkt, 15.10.23
63 Sansra Steffan, SRF, 16.3.24
64 St. Galler Tagblatt, 19.3.24
65 www.einfachachtsam.de
66 St. Galler Tagblatt, 16.5.18
67 Jochen Mariss,
    www.jochenmariss.de
68 Sonntagszeitung, 25.7.21

69 Sonntagszeitung, 31.12.23
70 Tagesanzeiger, 22.7.21
71 20minuten, 25.6.19
72 Tagesanzeiger, 13.8.19
73 NZZ am Sonntag, 2.7.23
74 10 vor 10, SRF1, 28.11.18
75 Tagesanzeiger, 24.10.23
76 Tagesanzeiger, 7.2.19
77 Magazin NZZ am Sonntag, 20.8.23
78 Magazin NZZ am Sonntag, 20.8.23
79 www.spiegel.de, 22.1.19
80 St. Galler Tagblatt, 7.2.22
81 St. Galler Tagblatt, 7.2.22
82 20minuten, 6.2.23
83 Sonntagszeitung, 31.12.23
84 20minuten, 6.2.23
85 Margrit Stamm, Sonntagszeitung, 3.3.24
86 Dok, SRF1, 11.4.19
87 Tagesanzeiger, 24.2.24
88 NZZ am Sonntag, 12.3.23
89 Tagesanzeiger, 24.2.24
90 Tagesanzeiger, 27.2.24
91 Margrit Stamm, Sonntagszeitung, 3.3.24
92 Tagesanzeiger, 24.2.24
93 Tagesanzeiger, 5.3.20
94 www.watson.ch, 3.2.19
95 St. Galler Tagblatt, 12.8.23
96 Schweizer Wissenschaftsrat, St. Galler Tagblatt, 12.1.19
97 NZZ am Sonntag, 5.2.23
98 St. Galler Tagblatt, 2.8.23
99 Tagesanzeiger, 7.9.23
100 St. Galler Tagblatt, 1.3.24
101 NZZ, 5.4.18
102 Sonntagszeitung, 12.2.23

103 Tagesanzeiger, 14.7.23
104 St. Galler Tagblatt, 6.7.23
105 Alpha, Beilage des Tagesanzeigers, 17.2.24
106 SRF, 20.10.18
107 www.srf.ch
108 St. Galler Tagblatt, 7.6.21
109 10 vor 10, SRF1, 21.12.18
110 NZZ-Format, 18.4.19
111 www.nzz.ch, Ulrike Potz, 15.9.18
112 Sonntagszeitung, 27.8.23
113 St. Galler Tagblatt, 7.11.23
114 Berner Zeitung, 21.7.19
115 NZZ, 21.7.18
116 www.up-vhs.ch
117 www.wikipedia.org
118 www.lernhelfer.de
119 St. Galler Tagblatt, 5.7.21
120 NZZ am Sonntag, 14.12.03
121 Tagesanzeiger, 5.6.23
122 Tagesanzeiger-Magazin, 21.4.18
123 Tagesanzeiger, 4.4.15
124 Tagesanzeiger, 2.12.23
125 VCS-Magazin 5 / 15
126 www.zeit.de, 7.9.23
127 Blick, 10.2.16
128 20minuten, 14.9.23
129 www.fritzundfraenzi.ch